“十二五”职业教育国家规划教材
经全国职业教育教材审定委员会审定

Qiaohan Gongcheng Jiance Jishu

桥涵工程检测技术

（第二版）

朱芳芳　于忠涛　主　编
张美娜　张永丹　副主编
马焕林［中铁一九局集团有限公司］　主　审

人民交通出版社股份有限公司
China Communications Press Co.,Ltd.

内 容 提 要

本书为“十二五”职业教育国家规划教材，经全国职业教育教材审定委员会审定。全书共有 5 个学习情境，分别为：桥梁基础及下部构造检测，桥梁上部构造检测，支座、桥面系、附属工程和总体检测，旧桥检测，涵洞工程检测。

本书可供道路桥梁工程技术、公路工程检测等专业教学使用，也可供从事公路设计、施工、养护和管理的相关人员学习和参考。

* 本书配有教学课件，读者可于人民交通出版社股份有限公司网站下载。

图书在版编目(CIP)数据

桥涵工程检测技术/朱芳芳，于忠涛主编. --2 版
--北京：人民交通出版社股份有限公司，2015.5
ISBN 978-7-114-12135-7

I. ①桥… II. ①朱…②于… III. ①桥涵工程－检测 IV. ①U446

中国版本图书馆 CIP 数据核字(2015)第 057549 号

“十二五”职业教育国家规划教材

书　　名：桥涵工程检测技术（第二版）
著 作 者：朱芳芳　于忠涛
责任编辑：卢仲贤　袁　方
出版发行：人民交通出版社股份有限公司
地　　址：(100011) 北京市朝阳区安定门外外馆斜街 3 号
网　　址：http://www.ccpress.com.cn
销售电话：(010) 59757973
总 经 销：人民交通出版社股份有限公司发行部
经　　销：各地新华书店
印　　刷：北京武英文博科技有限公司
开　　本：787×1092　1/16
印　　张：15
字　　数：350 千
版　　次：2010 年 10 月　第 1 版
　　　　　2015 年 5 月　第 2 版
印　　次：2023 年 2 月　第 4 次印刷　总第 8 次印刷
书　　号：ISBN 978-7-114-12135-7
定　　价：42.00 元

前　言

本教材第一版于2010年1月出版，系“国家示范性高等职业院校课程改革教材”。

根据2013年8月教育部《关于“十二五”职业教育国家规划教材选题立项的函》[教职成司函(2013)184号]，本教材获得“十二五”职业教育国家规划教材选题立项。

本教材编写人员在认真学习领会《教育部关于“十二五”职业教育教材建设的若干意见》(教职成[2012]9号)、《高等职业学校专业教学标准(试行)》《关于开展“十二五”职业教育国家规划教材选题立项工作的通知》(教职成司[2012]237号)等有关文件的基础上，结合当前高等职业教育发展和公路行业发展的实际情况，对第一版作了全面修订，形成了本教材第二版。

本教材的主要特色有如下几个方面：

(1)完全贯彻公路行业最新技术标准或规范

本教材编写人员对书中所涉及的检测技术按新标准进行修订，同时增加了部分工程案例。

(2)内容紧贴公路工程检测人员职业资格要求

本教材第二版根据近年来公路工程检测人员资格考试的变化，对相关内容作了调整，使得本教材顺应交通类职业院校人才培养规格和教学改革的要求，突出专业培养的针对性和实用性，为学生今后获取职业资格奠定了基础。

(3)行业专家学者全面参与本教材的编审

“工学结合、校企合作”是职业教育健康发展的基础。本教材在编写过程中，邀请了国内知名的工程检测专家参与编审工作。如中铁十九局集团有限公司马焕林为本教材的编写提供了悉心的指导和无私的帮助，在此表示衷心感谢。

本教材共分五个学习情境，内容包括：桥梁基础及下部构造检测，桥梁上部构造检测，支座、桥面系、附属工程和总体检测，旧桥检测，涵洞工程检测。教师在具体授课时，应根据授课对象的不同，依据大纲的要求选择相关内容进行讲授。

本教材学习情境1、学习情境2由辽宁省交通高等专科学校朱芳芳编写，学习情境3由辽宁省交通高等专科学校于忠涛编写，学习情境4由辽宁省交通高等专科学校张永丹编写，学习情境5由辽宁省交通高等专科学校张美娜编写。全书由朱芳芳、于忠涛担任主编，张美娜、张永丹担任副主编，中铁十九局集团有限公司马焕林担任主审。

由于编者水平有限，时间仓促，书中谬误及疏漏之处在所难免，敬请读者给予批评指正。

编　者

2015年1月

目　　录

学习情境 1 桥梁基础及下部构造检测

情境导入

按照桥梁施工顺序，桥梁工程施工的第一项分部工程是桥梁基础及下部构造。桥梁基础及下部构造施工检测内容包括扩大基础检测，桩基础检测，其他类型基础检测，墩、台身和盖梁检测。施工中，每一个分项工程按照施工准备阶段、施工阶段和竣工验收阶段进行试验检测评定，避免不合格的材料和产品流入下一道工序。只有保证每一道工序的质量才能保证整个工程的质量。

学习目标

【知识目标】 完成本学习情境的学习，学生能够知道桥梁基础及下部构造中的扩大基础、桩基础、其他类型基础，墩台身和盖梁等各项检测任务的目的和检测方法、步骤以及试验原理；熟悉与所检测项目相关的技术标准、技术规范和技术规程；能用定量的方法科学地评定桥梁各种基础及下部构造的施工质量。

【能力目标】 学生能够按照施工准备阶段、施工阶段、分项工程质量检验评定的工作过程，明确桥梁基础及下部构造各分项工程在各施工阶段中所要进行的各种检测项目；能熟练操作各种检测仪器进行试验，正确填写原始记录和检验评定表，能够对工程质量做出正确评价。

任务 1.1 扩大基础检测

任务导入

当浅层地基土较好时，扩大基础是桥梁基础的首选类型。试验检测是保证工程质量的重要手段。客观、准确、规范、及时的试验检测数据，是指导、控制和评定工程质量的科学依据。

桥梁扩大基础在施工准备阶段、施工阶段、竣工验收阶段的试验检测任务有哪些内容呢？让我们来学一学吧。

任务目的

扩大基础施工中，按照施工准备阶段、施工阶段和竣工验收阶段进行试验检测评定，避免不合格的材料和产品流入下一道工序。只有保证施工过程中每一道工序的质量才能保证整个工程的质量。

任务实施

一、施工准备阶段检测

1. 检测项目

施工准备阶段主要对原材料及各种配合比进行试验检测，避免不合格的材料用于工程，为开工做好前期准备工作。扩大基础施工准备阶段需检测的项目见表 1-1-1。

扩大基础施工准备阶段需检测的项目 表 1-1-1

基础类型	序号	检 测 项 目	采用规程（标准）
钢筋混凝土扩大基础	1	水泥物理力学性能试验	《公路工程水泥及水泥混凝土试验规程》（JTG E30—2005）、《公路工程质量检验评定标准（土建工程）》（JTG F80/1—2004）
	2	外掺剂技术性能试验	
	3	混凝土拌和物性能试验	
	4	混凝土抗压强度试验	
	5	粗集料技术性能试验	《公路工程集料试验规程》（JTG E42—2005）
	6	细集料技术性能试验	
	7	混凝土配合比设计	《普通混凝土配合比设计规程》（JGJ 55—2000）、《公路工程水泥及水泥混凝土试验规程》（JTG E30—2005）
	8	钢筋拉伸试验	《金属材料室温拉伸试验方法》（GB 228—2002）《金属材料弯曲试验方法》（GB/T 232—1999）
	9	钢筋冷弯试验	
砌体扩大基础	1	岩石抗压强度、抗冻性试验	《公路工程岩石试验规程》（JTG E41—2005）
	2	水泥物理力学性能试验	《公路工程水泥及水泥混凝土试验规程》（JTG E30—2005）
	3	细集料技术性能试验	
	4	外掺剂技术性能试验	
	5	砂浆配合比设计	《砌筑砂浆配合比设计规程》（JGJ/98—2000）、《砖石工程施工及验收规范》（GBJ 203—83）
	6	水泥砂浆稠度、分层度试验	
	7	水泥砂浆抗压强度试验	

2. 检测方法

扩大基础施工准备阶段的检测项目依据表 1-1-1 中相应规程（标准），参照《道路建筑材料》课程进行试验检测。

二、扩大基础施工阶段检测

1. 检测项目

扩大基础施工阶段的检测项目除了按试验检测频率对准备阶段的项目进行检测外，还需对表 1-1-2 中的项目进行检测。

扩大基础施工阶段的检测项目　　表 1-1-2

序号	检 测 项 目	采用规程(标准)
1	地基检验	《公路桥涵地基与基础设计规范》(JTG D63—2007)
2	地基承载力检测	
3	钢筋加工及安装质量检测	《公路工程质量检验评定标准(土建工程)》(JTG F80/1—2004)、《金属材料室温拉伸试验方法》(GB 228—2002)、《金属材料弯曲试验方法》(GB/T 232—1999)、《钢筋焊接及验收规程》(JGJ 18)、《公路桥涵施工技术规范》(JTG/T F50—2011)
4	模板、支架、拱架制作及安装质量检测	《公路桥涵施工技术规范》(JTG/T F50—2011)
5	混凝土浇筑质量检测	《公路桥涵施工技术规范》(JTG/T F50—2011)、《公路工程水泥及水泥混凝土试验规程》(JTG E30—2005)

2. 检测方法

1) 地基检验

检验内容如下：

(1) 检查基底平面位置、尺寸大小、基底高程；

(2) 检查基底地质情况和承载力是否与设计资料相符；

(3) 检查基底处理和排水情况是否符合规范要求；

(4) 检查施工记录及有关试验资料等。

基底平面位置和高程允许偏差规定如下：

①平面周线位置：不小于设计要求；

②基底高程：土质基坑为 ±50mm；石质基坑为 +50mm、-200mm。

2) 地基承载力检测

地基承载力是指地基土单位面积上所能承受荷载的能力，以 kN/m^2 计。研究地基承载力的目的，是在工程设计中必须限制建筑物基础底面的压力，使其不得超过地基的允许承载力，以保证地基土不会发生剪切破坏而失去稳定；同时也使建筑物不致因基础产生过大的沉降和差异沉降，而影响其正常使用。标准贯入试验是确定地基承载力的常用方法。

拓展提高

标准贯入试验

标准贯入试验(SPT)是一种重型动力触探法，采用质量为63.5kg的穿心锤，以 76cm 的落距，将一定规格的标准贯入器先打入土中 15cm；然后开始记录锤击数目，将标准贯入器再打入土中 30cm，用此 30cm 的锤击数作为标准贯入试验的指标 N。标准贯入试验是国内外广泛应用的一种现场原位测试手段，该试验法方便经济，不仅用于砂土，亦可用于黏性土的测试。标准贯入锤击数 N，可用于判定砂土的密实度、黏性土的稠度、地基土的容许承载力、砂土的振动液化、桩基承载力等，是检验地基处理效果的重要手段。

(1) 试验设备

标准贯入试验装置的重要部件为：

①落锤，质量为63.5kg的穿心锤；

②贯入器，形状和尺寸见图1-1-1；

③探杆，直径42mm的钻杆；

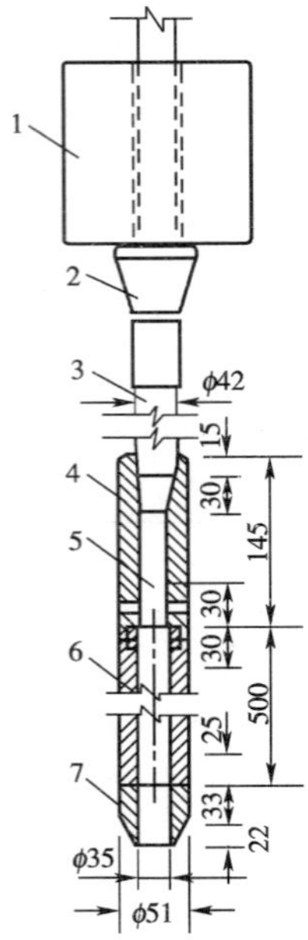

图1-1-1　标准贯入试验设备
（尺寸单位：mm）
1-穿心锤；2-锤垫；3-触探杆；4-贯入器头；5-出水孔；6-由两根半圆管合成的贯入器身；7-贯入器靴

④锤垫和导向杆；

⑤自动落锤装置。

(2)试验方法

①将贯入器打入土中，贯入速率为15～30击/min，并记录锤击数，包括先打15cm的预打击数，后30cm中每10cm的锤击数以及30cm的累计锤击数N。如锤击数超过50，则按下式换算锤击数N：

$$N = \frac{30n}{\Delta s} \qquad (1\text{-}1\text{-}1)$$

式中：n——所选取的锤击数；

Δs——相应于锤击数的贯入量，cm。

②旋转探杆，提出贯入器，并取出贯入器中的土样进行鉴别、描述、记录，必要时送试验室分析。

③由于钻杆的弹性压缩会引起功能损耗，钻杆过长时传入贯入器的功能降低，因而减少每击的贯入深度，亦即提高了锤击数，所以需要根据杆长对锤击数修正。

$$N_{63.5} = \alpha_1 \cdot N_{s,63.5} \qquad (1\text{-}1\text{-}2)$$

式中：$N_{63.5}$——修正后的重型圆锥动力触探锤击数；

α_1——修正系数，按表1-1-3取值；

$N_{s,63.5}$——实测重型圆锥动力触探锤击数。

重型圆锥动力触探锤击数修正系数α_1　　表1-1-3

L(m) \ $N_{s,63.5}$	5	10	15	20	25	30	35	40	≥50
2	1.00	1.00	1.00	1.00	1.00	1.00	1.00	1.00	—
4	0.96	0.95	0.93	0.92	0.90	0.89	0.87	0.86	0.84
6	0.93	0.90	0.88	0.85	0.83	0.81	0.79	0.78	0.75
8	0.90	0.86	0.83	0.80	0.77	0.75	0.73	0.71	0.67
10	0.88	0.83	0.79	0.75	0.72	0.69	0.67	0.64	0.61
12	0.85	0.79	0.75	0.70	0.67	0.64	0.61	0.59	0.55
14	0.82	0.76	0.71	0.66	0.62	0.58	0.56	0.53	0.50
16	0.79	0.73	0.67	0.62	0.57	0.54	0.51	0.48	0.45
18	0.77	0.70	0.63	0.57	0.53	0.49	0.46	0.43	0.40
20	0.75	0.67	0.59	0.53	0.48	0.44	0.41	0.39	0.36

注：表中L为杆长。

④对于同一土层应进行多次试验，然后取锤击数的平均值。

(3)标准贯入试验的应用

关于标准贯入试验，国内外已积累了大量的实践资料，给出了砂性土和黏性土一些物理性质和标准贯入试验锤击数的经验关系，可供工程中使用。

①根据 N 估计砂土的密实度，见表1-1-4。

砂土密实度 表1-1-4

分级		相对密度 D_r	实测平均锤击数 N
密实		$D_r \geq 0.67$	30～50
稍密		$0.33 \leq D_r < 0.67$	10～29
松散	稍松	$0.33 \leq D_r < 0.67$	5～9
松散	极松	$D_r < 0.20$	<5

②根据 N 估计天然地基的容许承载力 $[\sigma_0]$，见表1-1-5和表1-1-6。

砂土承载力容许值 $[\sigma_0]$(kPa) 表1-1-5

N	10～15	15～30	30～50
$[\sigma_0]$	140～180	180～340	340～500

一般黏性土和老黏性土的承载力容许值 $[\sigma_0]$(kPa) 表1-1-6

N	3	5	7	9	11	13	15	17	19	21	23
$[\sigma_0]$	120	160	200	240	280	320	360	420	500	580	660

③根据 N 估计黏性土的状态，见表1-1-7。

N 与黏性土稠度状态的关系 表1-1-7

N	<2	2～4	4～7	7～18	18～35	>35
液性指数 I_L	>1	1～0.75	0.75～0.5	0.5～0.25	0.25～0	<0
稠度状态	流塑	软塑	可塑	可塑～硬塑	硬塑	坚硬

④根据 N 估计土的内摩擦角 φ，见表1-1-8。

N 值与土的内摩擦角 φ 的关系 表1-1-8

研究者 \ N 值	<4	4～10	10～30	30～50	>50
Peck	<28.5°	28.5°～30°	30°～36°	36°～41°	>41°
Meyerhof	<30°	30°～35°	35°～40°	40°～45°	>45°

(4)标准贯入试验记录

标准贯入试验记录表，见表1-1-9。

标准贯入试验记录表 表1-1-9

检测部位	贯入深度	锤击数	试验结果(kPa)	设计要求(kPa)

试验： 计算： 复核： 试验日期：

拓展提高

现场荷载试验确定地基承载力的方法是更为精确的方法，但费时费力，故工地上不常采用。

荷载板试验

荷载板试验是原位测试方法之一。原位测试是指在岩石土体原有的位置上，在保持土的天然结构、天然含水率以及天然应力状态下测定岩石性质。

(1)试验原理

荷载板试验就是在欲试验的土层表面放置一定规格的方形或圆形承压板，在其上逐级施加荷载，每级荷载增量持续时间相同或接近，测记每级荷载作用下荷载板沉降量的稳定值，加载至总沉降量为25mm，或达到加载设备的最大容量为止；然后卸载，记录土的回弹值，持续时间应不小于一级荷载增量的持续时间。根据试验记录绘制荷载P和沉降量S的关系曲线(图1-1-2)，分析研究地基土的强度与变形特性，求得地基土容许承载力与变形模量等力学数据。地基在荷载作用下达到破坏状态的过程可以分为3个阶段(图1-1-3)：

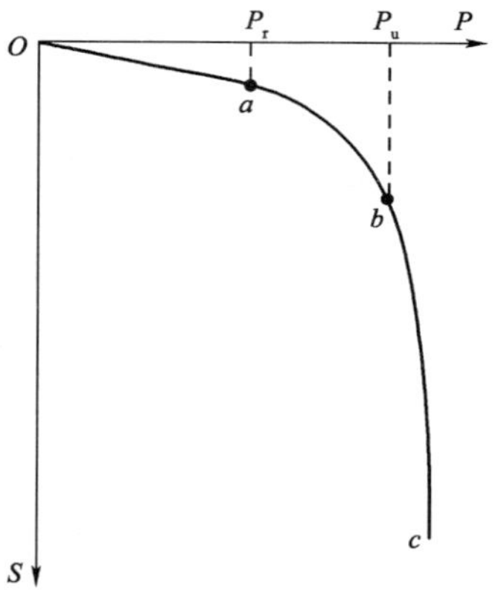

图1-1-2　荷载与沉降量的关系

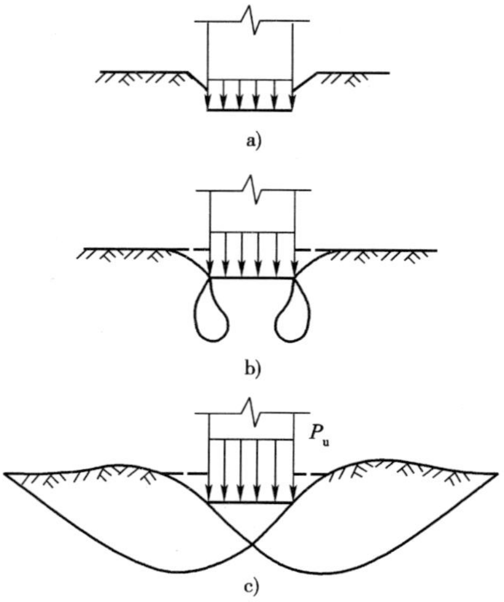

图1-1-3　地基破坏过程的3个阶段

a)压密阶段；b)剪切阶段；c)破坏阶段

①压密阶段(直线变形阶段)：相当于P-S曲线上的oa段。P-S曲线接近于直线，土中各点的剪应力均小于土的抗剪强度，土体处于弹性平衡状态；这一阶段荷载板的沉降主要是由于土中孔隙的减少引起，土颗粒主要是竖向变位，且随时间渐趋稳定而土体压密，所以也称压密阶段。曲线上相应于a点的荷载称为比例界限P_r。

②剪切阶段：相当于P-S曲线上的ab段。这一阶段P-S曲线已不再保持线性关系，沉降的增长率$\frac{\Delta S}{\Delta P}$随荷载的增加而增大。在这个阶段，除土体的压密外，在承压板边缘已有小范围局部土体的剪应力达到或超过了土的抗剪强度，并开始向周围土体发生剪切破坏(产生塑性变形区)；土体的变形是由于土中孔隙的压缩和土颗粒剪切移动同时引起的，土粒同时

发生竖向和侧向变位，且随时间推移不易稳定，故称之为局部剪切阶段。随着荷载的继续增加，土中塑性区的范围也逐步扩大，直到土中形成连续的滑动面，由荷载板两侧挤出而破坏。因此，剪切阶段也是地基中塑性区的发生及发展阶段。相应于 P-S 曲线上 b 点的荷载称为极限荷载 P_u。

③破坏阶段：相当于 P-S 曲线上的 bc 段。当荷载超过极限荷载后，荷载板急剧下沉，即使不增加荷载，沉降也不能稳定，同时土中形成连续的滑动面，土从承压板下挤出，在承压板周围土体发生隆起及环状或放射状裂隙，故称之为破坏阶段。该阶段，在滑动土体范围内各点的剪应力达到或超过土体的抗剪强度；土体变形主要由土颗粒剪切变位引起，土粒主要是侧向移动，且随时间推移不能达到稳定，地基土因失稳而被破坏。

(2)试验设备

图1-1-4是目前常用的荷载板试验时加载方式之一。根据现场具体情况，还可采用地锚代替荷重的方式，也可以二者兼用，但总的原则是：加荷、卸荷既简便又安全，同时对沉降量的观测无影响。荷载板一般用刚性的方形板或圆形板，承压板面积不应小于 $0.25m^2$，对于软土地基不应小于 $0.5m^2$，目前工程上常用的是 50cm×50cm 或 70.7cm×70.7cm 的方板。

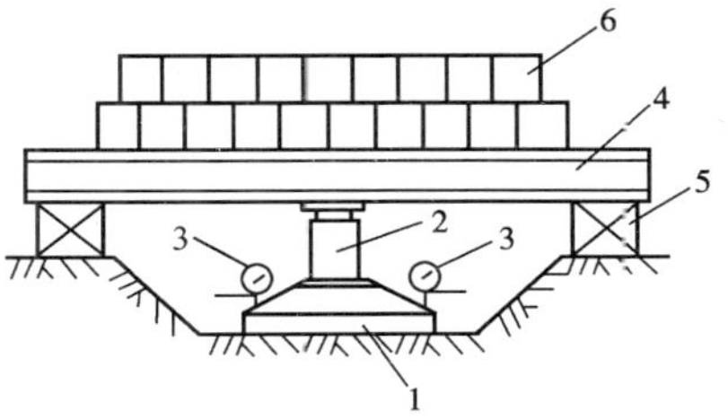

图1-1-4　现场荷载试验

1-荷载板；2-千斤顶；3-百分表；4-反力架；5-枕木垛；6-压重

用油压千斤顶加荷、卸荷虽然方便，但由于受力后会出现地锚上拔、设备本身变形、千斤顶漏油和荷载板下沉，在试验过程中，千斤顶的压力不易稳定，会出现松压现象，因此，必须随时调节压力以保持一定的恒压。

目前，已有一些勘察单位研制成几种类型的稳压器。有的增加一活塞油缸，通过齿轮齿条或杠杆等传动方式，加一定压力于活塞上，使油缸内的油压保持一定；当千斤顶油压松压时，油缸就自动补给千斤顶，使千斤顶保持恒压。有的是通过继电器控制电动油泵的启闭，来保持千斤顶恒压，稳压精度达1.8%。同时，这些勘察单位对沉降观测还研制了自动记录装置，可自行给出连续的沉降与时间关系曲线，进一步保证了操作安全和试验质量。

试验基坑宽度不应小于承压板宽度 b 或直径 d 的3倍；应保持试验土层的原状结构和天然湿度，宜在拟试压表面用厚度不超过20mm的粗砂或中砂层找平。

(3)试验方法

试验加荷方法应采用分级维持荷载沉降相对稳定法(慢速法)或沉降非稳定法(快速法)。试验的加荷标准如下：试验的第一级荷载(包括设备重力)应接近卸去土的自重力。加荷分级不应少于8级。最大加载量不应小于设计要求的2倍。每级荷载增量(即加荷等级)一般取被试地基土层预估极限承载力的1/10～1/8。荷载的测量精度应达到最大荷载的1%，沉降值的测量精度应达到0.01mm。

每级加载后，按间隔10min、10min、10min、15min、15min，以后为每隔半小时测读一次沉降量。当在连续两小时内，每小时的沉降量小于0.1mm时，则认为已趋稳定，可加下一级荷载。

试验点附近应有取土孔提供土工试验指标或其他原位测试资料。试验后，应在承压板中心向下开挖取土试验，并描述2倍承压板直径(或宽度)范围内土层的结构变化。

当出现下列情况之一时，即可终止加载：

①承压板周围的土明显地侧向挤出；

②沉降 S 急骤增大，荷载-沉降（P-S）关系曲线出现陡降段；

③在某一级荷载下，24h 内沉降速率不能达到稳定；

④沉降量与承压板宽度或直径之比大于或等于 0.06。

当满足前 3 种情况之一时，其对应的前一级荷载定为极限荷载。

（4）试验数据处理

①地基土的承载力。当 P-S 关系曲线上有比例界限时，取该比例界限所对应的荷载值；当极限荷载小于对应比例界限的荷载值的 2 倍时，取极限荷载值的一半；当不能按上述两种要求确定时，当压板面积为 $0.25 \sim 0.50\text{m}^2$，可取 S/b（或 S/d）$=0.01 \sim 0.015$ 所对应的荷载，但其值不应大于最大加载量的一半。

在饱和软土地基中，P-S 关系曲线拐点往往不明显，此时可用绘制 $\lg P$-$\lg S$ 曲线，利用 $\lg P$-$\lg S$ 曲线的良好线性关系很容易确定拐点；也可以应用相对沉降法确定地基土的承载力。

同一土层参加统计的试验点不应少于 3 个点，当试验实测值的极差不超过其平均值的 30% 时，取此平均值作为该土层的地基承载力基本容许值 $[f_{a0}]$。

②地基土的变形模量 E_0。一般取 P-S 关系曲线的直线段，用下式计算：

$$E_0 = (1-\mu^2)\frac{\pi B}{4}\cdot\frac{\Delta P}{\Delta S} \tag{1-1-3}$$

式中：B——承压板直径，m；当为方形板时，$B=2\sqrt{\dfrac{A}{\pi}}$，A 为方形板面积，m^2；

$\dfrac{\Delta P}{\Delta S}$——$P$-$S$ 关系曲线直线段斜率，kPa/m；

μ——地基土的泊松比，对于砂土和粉土，$\mu=0.33$；可塑-硬塑黏性土，$\mu=0.38$；对于软塑-流塑黏性土和淤泥质黏性土，$\mu=0.41$。

当 P-S 关系曲线的直线段不明显时，可用前面讲述的确定地基土承载力的方法所确定地基承载力的基本值与相应的沉降量代入式（1-1-3）计算 E_0，但此时，应与其他原位测试资料比较，综合确定 E_0 值。

利用 P-S 关系曲线还可以估算地基土的不排水抗剪强度和地基土基床反力系数等。

（5）注意问题

①荷载板试验的受荷面积比较小，加荷后受影响的深度不会超过 2 倍承压板边长或直径，而且加荷时间也比较短，因此，不能通过荷载板试验提供建筑物的长期沉降资料。

②在沿海软黏土分布地区，地表往往有一层“硬壳层”，当用小尺寸的承压板时，常常受压范围还在地表“硬壳层”内，其下软弱土层还未受到承压板的影响，而对于实际建筑物的大尺寸基础，下部软弱土层对建筑物沉降起着主要的影响。因此，静力荷载试验资料的应用是有条件的，在进行荷载试验时，要充分估计到试验影响范围的局限性，注意分析试验成果与实际建筑地基之间可能存在的差异。

③当地基压缩层范围内土层单一而且均匀时，可以直接在基础埋置高程处进行荷载板试验；如果地基压缩层范围内土层是成层变化的，或者是不均匀的，则要进行不同尺寸承压板或不同深度的荷载板试验。遇到这种情况时，可以采用其他原位测试和室内土工试验来

确定荷载板试验影响不到的土层的工程力学性质。

④如果地基土层起伏变化很大时，还应在不同地点做荷载板试验。

3)钢筋加工及安装质量检测

(1)普通钢筋的力学性能标准

钢筋混凝土中的钢筋和预应力混凝土中的非预应力钢筋有光圆钢筋、热轧带肋钢筋、冷轧带肋钢筋、低碳钢热轧圆盘条，在工程中需要做拉伸试验和弯曲试验。普通常用圆钢筋截面积、质量见表1-1-10。普通钢筋的力学性能标准见表1-1-11。表面质量要求：钢筋外表有严重锈蚀、麻坑、裂纹夹砂和夹层等缺陷时，应予剔除，不得使用。

普通常用圆钢筋截面积、质量表　　表1-1-10

直径(mm)	钢筋截面面积(mm^2)	质量(kg/m)	直径(mm)	钢筋截面面积(mm^2)	质量(kg/m)
6	28.27	0.222	22	380.10	2.980
8	50.27	0.395	25	490.90	3.850
10	78.54	0.617	28	615.80	4.830
12	113.10	0.888	32	804.20	6.310
14	153.90	1.210	36	1 018.00	7.990
16	201.10	1.580	40	1 257.00	9.870
18	254.50	2.000	50	1 964.00	15.420
20	314.20	2.470			

普通钢筋的力学性能标准(GB 1499.1—2008，GB 1499.2—2007)　　表1-1-11

表面形状	牌号	公称直径(mm)	屈服强度 R_{el}(MPa)	抗拉强度 R_m(MPa)	伸长率 δ_5(%)	最大力总伸长率(%)	弯心直径	冷弯试验
			不小于					
热轧光圆	HPB235	6~22	235	370	25	10	d	180°
	HPB300		300	420				
普通热轧带肋	HRB335 HRBF335	6~25	335	455	17	7.5	$3d$	180°
		28~40					$4d$	
		>40~50					$5d$	
	HRB400 HRBF400	6~25	400	540	16		$4d$	130°
		28~40					$5d$	
		>40~50					$6d$	
	HRB500 HRBF400	6~25	500	630	15		$6d$	180°
		28~40					$7d$	
		>40~50					$8d$	
冷轧带肋	CRB550	4~12	500	550	8.0	—	$3d$	180°
	CRB650	4、5、6			—	4.0	—	
	CRB800				—	4.0	—	
	CRB970				—	4.0	—	

续上表

表面形状	牌号	公称直径（mm）	屈服强度 R_{el}（MPa）	抗拉强度 R_m（MPa）	伸长率 δ_5（%）	最大力总伸长率（%）	弯心直径	冷弯试验
			不小于					
低碳钢热轧圆盘条	Q195	≤12	—	410	30	—	0	180°
	Q215			435	28		0	
	Q235			500	23		0.5d	
	Q275			540	21		1.5d	

注：d 为钢筋直径。

（2）普通钢筋力学性能试验检测

普通钢筋力学性能试验包括钢筋拉伸试验和冷弯试验，其试验方法见《道路建筑材料》教材。在此介绍钢筋拉伸试验和冷弯试验的组批规则、取样数量、注意事项、复验与判定规则。

①组批规则：钢筋应按批进行检查和验收，每批应由同一牌号、同一外形、同一规格、同一生产工艺和同一交货状态的钢筋组成，每批数量不大于 60t；超过 60t 的部分，每增加 40t（或不足 40t 的余数）应增加一个拉伸和一个弯曲试验试件。

②取样数量：各类钢筋每组试件数量见表 1-1-12。

各类钢筋每组试件数量 表 1-1-12

钢 筋 种 类	每 组 钢 筋 数 量		
	拉伸试验	弯曲试验	反向(复)弯曲
热轧带肋钢筋	2 根	2 根	每批 1 根（反向弯曲）
热轧光圆钢筋	2 根	2 根	
低碳热轧圆盘条	1 根	2 根	
余热处理钢筋	2 根	2 根	
冷轧带肋钢筋	逐盘 1 个	每批 2 个	每批 2 个(反向弯曲)

试件截取长度为：

拉伸试件：$L \geqslant 10d + 200\text{mm}$；

冷弯试件：$L \geqslant 5d + 150\text{mm}$。

③复验与判定规则：

a. 屈服强度、抗拉强度和伸长率评定。屈服强度、抗拉强度和伸长率均应符合相应标准中规定的指标。在做拉力检验的两根试件中，如一根试件的屈服强度、抗拉强度、伸长率三个指标中，有一个指标不符合标准时，即为拉力试验不合格，应取双倍试件重新测定；在第二次拉力试验中，如仍有一个指标不符合规定，不论这个指标在第一次试验中是否合格，判定拉力试验项目仍不合格，表示该批钢筋为不合格品。

b. 冷弯试验评定。冷弯试验后，弯曲外侧表面无裂纹、断裂或起层，即判为合格。做冷弯的两根试件中，如有一根试件不合格，可取双倍数量试件重新做冷弯试验，第二次冷弯试验中，如仍有一根不合格，即判该批钢筋为不合格品。这里应注意，弯曲表面金属体上出现的开裂,其长度大于2mm而小于等于5mm,宽度大于0.2mm而小于0.5mm时称裂纹。

c.反复弯曲试验结果评定。弯曲次数达到或超过有关标准中所规定的弯曲次数判为合格。

注意事项

- 凡表1-1-12中规定取两个试件的(低碳钢热轧圆盘条冷弯试件除外),均应从任意两根(两盘)中分别切取,每根钢筋上切取一个拉力试件、一个冷弯试件;
- 低碳钢热轧圆盘条,冷弯试件应取自同盘的两端;
- 试件切取时,应在钢筋或盘条的任意一端截去500mm后切取。

(3)焊接钢筋的质量检验

钢筋接头一般应采用焊接,螺纹筋可采用挤压套管接头。钢筋的焊接应优先选用闪光对焊,当缺乏闪光对焊条件时,也可采用电弧焊、电渣压力焊、气压焊等。钢筋在焊接前必须根据施工条件进行试焊,按不同的焊接方法抽取试样进行力学性能试验,即拉伸和弯曲试验。

①焊接钢筋的质量检测内容和标准。不同焊接方式的质量检测内容和标准见表1-1-13;钢筋电弧焊接头尺寸偏差及缺陷允许值见表1-1-14。

钢筋焊接接头的检验标准　　表1-1-13

焊接方式 检验项目	钢筋闪光对焊接头	钢筋电弧焊接头
批量	同班组、同一焊工、同一焊接参数以300个接头作一批,或连续焊接在一周内不足300个接头时亦按一批	300个同类型接头作一批,或不足300个接头时亦按一批
外观验收	每批抽查10%个接头,并不少于10个; 接头无横向裂纹,接头弯折不大于3°; 接头处钢筋轴线偏移不大于0.1倍钢筋直径,且不得大于2mm; 其中一个接头达不到上述要求时,接头全查;不合格品切除重焊后再次验收	接头处逐个检测; 接头处无裂纹,无较大凹陷、焊瘤,接头偏差及缺陷不超过规定值; 外观不合格的接头,可修复或补强后再次验收
强度检验	从成品中每批分别切取3个试件做拉伸试验,3个试件做弯曲试验。 ①3个试件抗拉强度均不得低于该级别钢筋的强度; ②至少有2个试件断于焊接之外并呈塑性断裂; ③弯曲试验时,1~4级钢筋弯心直径的分别为$2d$、$4d$、$5d$和$7d$。弯曲到90°时,接头两侧不得出现宽度大于0.15mm的横向裂纹	从成品中每批切取3个试件做拉伸试验。 ①3个试件抗拉强度均不得低于该级别钢筋规定的强度; ②至少有2个试件呈塑性断裂
复验要求	拉伸试验结果有1个试件抗拉强度小于规定值或有2个试件脆断在焊缝或热影响区,应再取6个试件复验,其结果仍有一个试件抗拉强度低于规定值或有3个试件脆断于焊缝或热影响区,该批接头不合格。 弯曲试验结果有2个试件发生破断,再取6个试件复验,其结果仍有3个试件破断,则该批接头不合格	检验结果有1个试件的抗拉强度低于规定值或有2个试件脆性断裂,应取双倍数量试件复验,其结果仍有1个试件的抗拉强度低于规定值,或有1个试件断于焊缝,或有3个试件呈脆性断裂,则该批接头不合格

<table>
<caption>钢筋电弧焊接头质量检验（逐个接头检查）　表 1-1-14</caption>
<tr><th colspan="2" rowspan="2">名　称</th><th rowspan="2">单位</th><th colspan="5">允许偏差及缺陷允许值</th></tr>
<tr><th colspan="2">绑条焊</th><th>搭接焊</th><th colspan="2">坡口焊及熔槽绑条焊</th></tr>
<tr><td colspan="2">绑条沿接头纵向偏移</td><td>mm</td><td colspan="5">$0.5d$</td></tr>
<tr><td colspan="2">接头处弯折</td><td>°</td><td colspan="2">4</td><td>4</td><td colspan="2">4</td></tr>
<tr><td colspan="2" rowspan="2">接头处钢筋轴线的偏移</td><td rowspan="2">mm</td><td colspan="2">$0.1d$</td><td>$0.1d$</td><td colspan="2">$0.1d$</td></tr>
<tr><td colspan="2">3</td><td>3</td><td colspan="2">3</td></tr>
<tr><td colspan="2">焊缝厚度</td><td>mm</td><td colspan="2">$+0.05d$　0</td><td>$+0.05d$　0</td><td colspan="2"></td></tr>
<tr><td colspan="2">焊缝宽度</td><td>mm</td><td colspan="2">$+0.1d$　0</td><td>$+0.1d$　0</td><td colspan="2"></td></tr>
<tr><td colspan="2">焊缝长度</td><td>mm</td><td colspan="2">$-0.5d$</td><td>$-0.5d$</td><td colspan="2"></td></tr>
<tr><td colspan="2">横向咬边深度</td><td>mm</td><td colspan="2">0.5</td><td>0.5</td><td colspan="2">0.5</td></tr>
<tr><td rowspan="4">焊缝气孔及夹渣的数量和大小</td><td colspan="2" rowspan="2">在长 $2d$ 的焊缝表面上</td><td>数量</td><td>个</td><td>2</td><td>2</td><td></td></tr>
<tr><td>面积</td><td>mm^2</td><td>6</td><td>6</td><td></td></tr>
<tr><td colspan="2" rowspan="2">在全部焊缝上</td><td>数量</td><td>个</td><td></td><td></td><td>2</td></tr>
<tr><td>面积</td><td>mm^2</td><td></td><td></td><td>6</td></tr>
</table>

②钢筋焊接试验记录（表 1-1-15）。

<table>
<caption>钢筋焊接试验记录　表 1-1-15</caption>
<tr><td colspan="2">材料产地</td><td colspan="3"></td><td colspan="3"></td></tr>
<tr><td colspan="2">代表数量</td><td colspan="3"></td><td colspan="3"></td></tr>
<tr><td colspan="2">强度等级或牌号</td><td colspan="3"></td><td colspan="3"></td></tr>
<tr><td colspan="2">焊接类型</td><td colspan="3"></td><td colspan="3"></td></tr>
<tr><td colspan="2">试样编号</td><td></td><td></td><td></td><td></td><td></td><td></td></tr>
<tr><td rowspan="4">试样尺寸</td><td>直径（mm）</td><td colspan="3"></td><td colspan="3"></td></tr>
<tr><td>焊接长度（mm）</td><td></td><td></td><td></td><td></td><td></td><td></td></tr>
<tr><td>焊口直径（mm）</td><td></td><td></td><td></td><td></td><td></td><td></td></tr>
<tr><td>母材截面积（mm^2）</td><td colspan="3"></td><td colspan="3"></td></tr>
<tr><td colspan="2">断口形式</td><td colspan="3"></td><td colspan="3"></td></tr>
<tr><td colspan="2">断口部位距焊缝距离（mm）</td><td></td><td></td><td></td><td></td><td></td><td></td></tr>
<tr><td colspan="2">极限荷载（kN）</td><td></td><td></td><td></td><td></td><td></td><td></td></tr>
<tr><td colspan="2">极限强度（MPa）</td><td></td><td></td><td></td><td></td><td></td><td></td></tr>
<tr><td rowspan="3">冷弯</td><td>弯心直径（mm）</td><td></td><td></td><td></td><td></td><td></td><td></td></tr>
<tr><td>弯曲角度（°）</td><td></td><td></td><td></td><td></td><td></td><td></td></tr>
<tr><td>结果</td><td></td><td></td><td></td><td></td><td></td><td></td></tr>
<tr><td colspan="2">焊接质量评述</td><td colspan="3"></td><td colspan="3"></td></tr>
</table>

（4）钢筋加工与安装质量检测

①一般规定如下：

a. 钢筋须按不同钢种、等级、牌号、规格及生产厂家分批验收，分别堆存，不得混杂，且应设立识别标志，存放的时间不宜超过 6 个月。钢筋宜堆置在仓库（棚）内，露天堆置时，应垫高并加遮盖。

b. 钢筋应具有出厂质量证明书和试验报告单。对桥涵所用的钢筋应抽取试样做力学性能试验。

c. 预制构件的吊环必须采用未经冷拉的热轧光圆钢筋制作，严禁使用冷加工钢筋。每个吊环按两肢截面计算，在构件自重标准值作用下，吊环的拉应力不应大于 50MPa。吊环埋入混凝土的深度不应小于 35 倍吊环直径，端部应做成 180°弯钩，且应与构件内钢筋焊接或绑扎。吊环内直径不应小于 3 倍钢筋直径，且不应小于 60mm。

②钢筋的加工。钢筋调直和清除污锈应符合下列要求：

a. 钢筋的表面应洁净，使用前应将表面油渍、漆皮、鳞锈等清除干净；

b. 钢筋应平直，无局部弯折，成盘的钢筋和弯曲的钢筋均应调直；

c. 采用冷拉方法调直钢筋时，HPB235 钢筋的冷拉率不宜大于 2%；HRB335、HRB400 牌号钢筋的冷拉率不宜大于 1%。

钢筋的弯制和末端的弯钩应符合设计要求，如设计无规定时，应符合表 1-1-16 的要求。

受力主钢筋制作和末端弯钩形状 表 1-1-16

弯曲部位	弯曲角度	形 状 图	钢筋种类	公称直径 d(mm)	弯曲直径 D	平直段长度
末端弯钩	180°	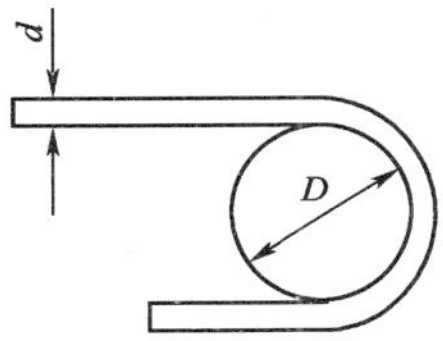	HPB235 HPB300	6 ~ 22	≥2.5d	≥3d
	135°	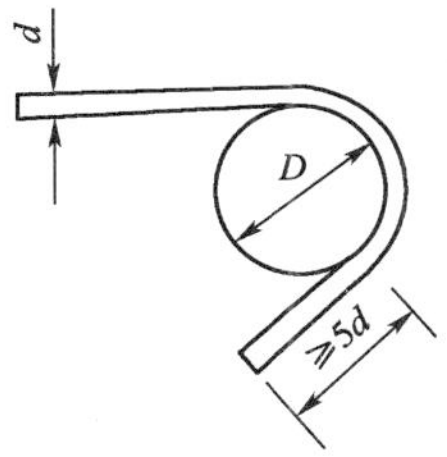	HRB335	6 ~ 25	≥3d	≥5d
				28 ~ 40	≥4d	
				50	≥5d	
			HRB400	6 ~ 25	≥4d	
				28 ~ 40	≥5d	
				50	≥6d	
			RRB400	8 ~ 25	≥3d	
				28 ~ 40	≥4d	
	90°	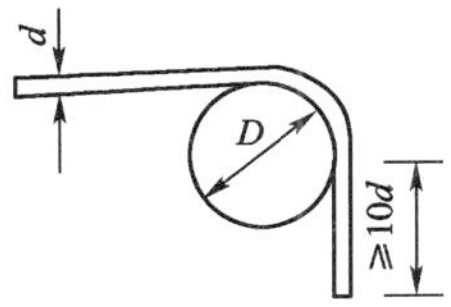	HRB335	6 ~ 25	≥3d	≥10d
				28 ~ 40	≥4d	
				50	≥5d	
			HRB400	6 ~ 25	≥4d	
				28 ~ 40	≥5d	
				50	≥6d	
			RRB400	8 ~ 25	≥3d	
				28 ~ 40	≥4d	

续上表

弯曲部位	弯曲角度	形 状 图	钢筋种类	公称直径 d(mm)	弯曲直径 D	平直段长度
中间弯钩	≤90°	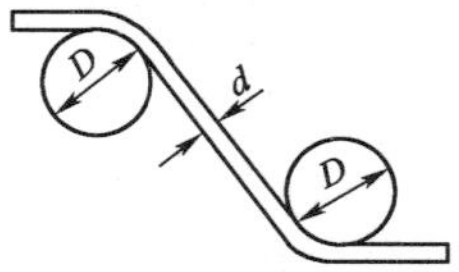	各类钢筋		≥$20d$	—

注：环氧树脂涂层钢筋当进行弯曲加工时，对直径 d 不大于 20mm 的钢筋，其弯曲直径应小于 $4d$，对直径 d 大于 20mm 的钢筋，其弯曲直径不小于 $6d$；直线段长度不应小于 $5d$。

箍筋的末端应做弯钩。弯钩的角度可取 135°。弯钩的弯曲直径应大于被箍受力主钢筋的直径，且 HPB235 钢筋不应小于箍筋直径的 2.5 倍，HRB335 钢筋不应小于箍筋直径的 4 倍。弯钩平直部分的长度，一般结构不宜小于箍筋直径的 5 倍；抗震结构，不应小于箍筋直径的 10 倍。

③钢筋的焊接与绑扎接头。

a. 轴心受拉和小偏心受拉杆件中的钢筋接头，不宜绑接。普通混凝土中直径大于 25mm 的钢筋，宜采用焊接。

b. 钢筋的纵向焊接应采用闪光对焊（HRB500 钢筋必须采用闪光对焊）。当缺乏闪光对焊条件时，可采用电弧焊、电渣压力焊、气压焊。钢筋的交叉连接，无电阻点焊机时，可采用手工电弧焊。各种预埋件 T 形接头钢筋与钢板的焊接，也可采用预埋件钢筋埋弧压力焊。电渣压力焊只适用于竖向钢筋的连接，不得用作水平钢筋和斜筋的连接。钢筋焊接的接头形式、焊接方法、适用范围应符合现行《钢筋焊接及验收规程》（JGJ 18—2012）的规定。质量验收标准见《公路桥涵施工技术规范》（JTG/T F50—2011）附录 A1。

c. 钢筋焊接前，必须根据施工条件进行试焊，合格后方可正式施焊。焊工必须持焊工考试合格证上岗。

d. 钢筋接头采用搭接或绑条电弧焊时，宜采用双面焊缝。双面焊缝困难时，可采用单面焊缝。

e. 钢筋接头采用搭接电弧焊时，两钢筋搭接端部应预先折向一侧，使两接合钢筋轴线一致。接头双面焊缝的长度不应小于 $5d$，单面焊缝的长度不应小于 $10d$（d 为钢筋直径）。钢筋接头采用绑条电弧焊时，绑条应采用与主筋同级别的钢筋，其总截面面积不应小于被焊钢筋的截面积。绑条长度，如用双面焊缝不应小于 $5d$，如用单面焊缝不应小于 $10d$（d 为钢筋直径）。

f. 凡施焊的各种钢筋、钢板均应有材质证明书或试验报告单。焊条、焊剂应有合格证；各种焊接材料的性能应符合现行《钢筋焊接及验收规程》（JGJ 18—2012）的规定。各种焊接材料应分类存放和妥善管理，并应采取防止腐蚀、受潮变质的措施。

g. 电渣压力焊、气压焊、预埋件钢筋埋弧压力焊的技术规定及电弧焊中的坡口焊、窄间隙焊、熔槽绑条焊和钢筋与钢板焊接的技术规定，均参照现行《钢筋焊接及验收规程》（JGJ 18—2012）的规定执行。

h. 受力钢筋焊接或绑扎接头应设置在内力较小处，并错开布置；对于绑扎接头，两接头间距离不小于 1.3 倍搭接长度。对于焊接接头，在接头长度区段内，同一根钢筋不得有两个接头；配置在接头长度区段内的受力钢筋，其接头没有的截面面积占总截面面积的百分率应符合表 1-1-17 的规定。对于绑扎接头，其接头的截面面积占总截面面积的百分率，亦应符合表 1-1-17 的规定。

i. 电弧焊接和绑扎接头与钢筋弯曲处的距离不应小于10倍钢筋直径，也不宜位于构件的最大弯矩处。

j. 焊接时，对施焊场地应有适当的防风、雨、雪及防严寒设施。

接头长度区段内受力钢筋接头面积的最大百分率 表1-1-17

接头形式	接头面积最大百分率(%)	
	受拉区	受压区
主钢筋绑扎接头	25	50
主钢筋焊接接头	50	不限制

注：①焊接接头长度区段内是指35d(d为钢筋直径)长度范围内，但不得小于500mm，绑扎接头长度区段是指1.3倍搭接长度。

②在同一根钢筋上应尽量少设接头。

③装配式构件连接处的受力钢筋焊接接头可不受此限制。

④绑扎接头中钢筋的横向净距不应小于钢筋直径且不应小于25mm。

⑤环氧树脂涂层钢筋绑扎搭接长度，对受拉钢筋应至少为涂层钢筋锚固长度的1.5倍且不小于375mm；对受压钢筋为无涂层钢筋锚固长度的1.0倍且不小于250mm。

k. 受拉钢筋绑扎接头的搭接长度，应符合表1-1-18的规定；受压钢筋绑扎接头的搭接长度，应取受拉钢筋绑扎接头搭接长度的0.7倍。

受拉钢筋绑扎接头的搭接长度 表1-1-18

钢筋类型	混凝土强度等级		
	C20	C25	高于C25
HPB235钢筋	35d	30d	25d
HRB335钢筋	45d	40d	35d
RRB400、HRB400钢筋	55d	50d	45d

注：①当带肋钢筋直径d不大于25mm时，其受拉钢筋的搭接长度应按表中值减少5d采用；当带肋钢筋直径d大于25mm时，其受拉钢筋的搭接长度应按表中值增加5d采用。

②当混凝土在凝固过程中受力钢筋易受扰动时，其搭接长度应增加5d。

③在任何情况下，纵向受拉钢筋的搭接长度不应小于300mm；受压钢筋的搭接长度不应小于200mm。

④环氧树脂涂层钢筋的绑扎接头搭接长度，受拉钢筋按表值的1.5倍采用。

⑤两根不同直径的钢筋的搭接长度，以较细的钢筋直径计算。

l. 受拉区内HPB235钢筋绑扎接头的末端应做弯钩，HRB335、HRB400、RRB400牌号钢筋的绑扎接头末端可不做弯钩。

直径等于和小于12mm的受压HPB235钢筋的末端，可不做弯钩，但搭接长度不应小于钢筋直径的30倍。钢筋搭接处，应在中心和两端用铁丝扎牢。加工钢筋的偏差不得超过表1-1-19。

加工钢筋的允许偏差 表1-1-19

项目	允许偏差(mm)	项目	允许偏差(mm)
受力钢筋顺长度方向加工后的全长	±10	箍筋、螺旋筋各部分尺寸	±5
弯起钢筋各部分尺寸	±20		

m. 焊接钢筋网和焊接骨架的偏差不得超过表1-1-20的规定。

焊接网及焊接骨架的允许偏差　　表 1-1-20

项　　目	允许偏差(mm)	项　　目	允许偏差(mm)
网的长、宽	±10	骨架的宽及高	±5
网眼的尺寸	±10	骨架的长	±10
网眼的对角线差	15	箍筋间距	±10

n. 安装钢筋的允许偏差。钢筋的级别、直径、根数和间距均应符合设计要求。绑扎或焊接的钢筋网和钢筋骨架不得有变形、松脱和开焊。钢筋位置的偏差不得超过表 1-1-21 的规定。

钢筋位置允许偏差　　表 1-1-21

检 查 项 目			允许偏差(mm)
受力钢筋间距	两排以上排距		±5
	同排	梁、板、拱肋	±10
		基础、锚碇、墩台、柱	±20
	灌注桩		±10
箍筋、横向水平钢筋、螺旋筋间距			±10
钢筋骨架尺寸	长		±10
	宽、高或直径		±5
弯起钢筋位置			±20
保护层厚度	柱、梁、拱肋		±5
	基础、锚碇、墩台		±10
	板		±3

④钢筋加工及安装的质量评定。钢筋加工质量检验见表 1-1-22；钢筋安装质量检验评定见表 1-1-23；钢筋网质量检验评定见表 1-1-24。钢筋混凝土结构及预应力混凝土结构施工中都包含“钢筋加工及安装”这一个分项工程，以后不再赘述。

钢筋加工质量检验表　　表 1-1-22

工程合同段：　　工程部位：　　工程名称：

施工单位：　　监理单位：　　检验日期：

检 查 项 目	规定值或允许偏差	检查方法和频率	检验结果
受力钢筋顺长度方向加工后的全长(mm)	±10	尺量：检查 30%	
弯起钢筋各部分尺寸(mm)	±20	尺量：检查 30%	
箍筋、螺旋筋各部分尺寸(mm)	±5	尺量：检查 30%	

拓展提高

钢筋拉伸试验

依据国家标准《金属材料室温拉伸试验方法》(GB/T 228.1—2010)对钢筋的拉伸试验作一介绍。

1. 试验目的

检测钢筋原材料的屈服点、抗拉强度和伸长率，以评定钢筋的力学性能指标是否满足标

表 1-1-23

钢筋安装质量检验评定表

分项工程名称：钢筋安装　　所属分部工程名称：　　所属建设项目：　　工程合同段：

工程部位：　　施工单位：　　监理单位：　　编号：

（桩号、墩台号、孔号）

基本要求	1）钢筋、机械连接器、焊条等的品种、规格和技术性能应符合国家现行标准规定和设计要求；2）冷拉钢筋的机械性能必须符合规范要求，钢筋平直，表面不应有裂皮和油污；3）受力钢筋同一截面的接头数量、搭接长度、焊接和机械接头质量应符合施工技术规范要求；4）钢筋安装时，必须保证设计要求的钢筋根数；5）受力钢筋应平直，表面不得有裂纹及其他损伤									
项次	检查项目			规定值或允许偏差	检查方法和频率	权值	检查实测值	平均值代表值	合格率（%）	得分
1△	受力钢筋间距（mm）	两排以上排距		±5	尺量：每构件检查2个断面	3				
		同排	梁、板、拱肋	±10						
			基础、锚碇、墩台、柱	±20						
		灌注桩		±20						
2	箍筋、横向水平钢筋、螺旋筋间距（mm）			±10	尺量：每构件检查5~10个间距	2				
3	钢筋骨架尺寸（mm）	长		±10	尺量：按骨架总数30%抽查	1				
		宽、高或直径		±5						
4	弯起钢筋位置（mm）			±20	尺量：每骨架抽查30%	2				
5	保护层厚度（mm）	柱、梁、拱肋		±5	尺量：每构件沿模板周边检查8处	3				
		基础、锚碇、墩台		±10						
		板		±3						
分项工程得分										
外观鉴定	钢筋表面无铁锈及焊渣。不符合要求时，减1~3分					减分		监理意见		
	多层钢筋网要有足够的钢筋支撑，保证骨架的施工刚度。不符合要求时，减1~3分									
质量保证资料	资料、图表残缺，缺乏最基本数据，有伪造涂改者，不予检验和评定。资料不全者，视情况每款减1~3分					减分				
分项工程质量等级评定	评分值：				质量等级：					

检测负责人：　　检测：　　记录：　　复核：　　年　月　日

注：①小型构件的钢筋安装按总数抽查30%。

②在海水或腐蚀环境中，保护层不应出现负值。

表 1-1-24

钢筋网质量检验评定表

分项工程名称:钢筋网　　所属分部工程名称:　　所属建设项目:　　工程合同段:

工程部位:　　施工单位:　　监理单位:　　编号:

(桩号、墩台号、孔号)

<table>
<tr><td>基本要求</td><td colspan="8">1)钢筋、机械连接器、焊条等的品种、规格和技术性能应符合国家现行标准规定和设计要求;2)冷拉钢筋的机械性能必须符合规范要求,钢筋平直,表面不应有裂皮和油污;3)受力钢筋同一截面的接头数量、搭接长度、焊接和机械接头质量应符合施工技术规范要求;4)钢筋安装时,必须保证设计要求的钢筋根数;5)受力钢筋应平直,表面不得有裂纹及其他损伤</td></tr>
<tr><td>项次</td><td>检 查 项 目</td><td>规定值或允许偏差</td><td>检查方法和频率</td><td>权值</td><td>检查实测值</td><td>平均值代表值</td><td>合格率(%)</td><td>得分</td></tr>
<tr><td>1</td><td>网的长、宽(mm)</td><td>±10</td><td>尺量:全部</td><td>1</td><td></td><td></td><td></td><td></td></tr>
<tr><td>2</td><td>网眼尺寸(mm)</td><td>±10</td><td>尺量:抽查 3 个网眼</td><td>1</td><td></td><td></td><td></td><td></td></tr>
<tr><td>3</td><td>对角线差(mm)</td><td>15</td><td>尺量:抽查 3 个网眼对角线</td><td>1</td><td></td><td></td><td></td><td></td></tr>
<tr><td colspan="4">分项工程得分</td><td></td><td colspan="4"></td></tr>
<tr><td rowspan="2">外观鉴定</td><td colspan="3">钢筋表面无铁锈及焊渣。不符合要求时,减 1 ~ 3 分</td><td rowspan="2">减分</td><td rowspan="2"></td><td rowspan="3">监理意见</td><td rowspan="3" colspan="2"></td></tr>
<tr><td colspan="3">多层钢筋网要有足够的钢筋支撑,保证骨架的施工刚度。不符合要求时,减 1 ~ 3 分</td></tr>
<tr><td>质量保证资料</td><td colspan="3">资料、图表残缺,缺乏最基本数据,有伪造涂改者,不予检验和评定。资料不全者,视情况每款减 1 ~ 3 分</td><td>减分</td><td></td></tr>
<tr><td>分项工程质量等级评定</td><td colspan="4">评分值:</td><td colspan="4">质量等级:</td></tr>
</table>

检测负责人:　　检测:　　记录:　　复核:　　年　月　日

准要求。

2. 性能指标

(1) 屈服强度

钢筋在拉伸过程中负荷不再增加而试样仍继续发生变形的现象称为“屈服”。

发生屈服现象的应力，即开始出现塑性变形时的应力，称为屈服点或屈服强度，用 R_{eL} 表示，单位为 MPa。屈服强度按下式计算：

$$R_{eL} = \frac{F_e}{S_0} \tag{1-1-4}$$

式中：F_e——钢筋屈服时的负荷；

S_0——试样原横截面面积。

(2) 抗拉强度

钢筋拉伸时，在断裂前所承受的最大应力称为抗拉强度。它表示钢筋在拉力作用下，抵抗大量塑性变形和破坏的能力，是钢筋的重要技术指标。抗拉强度用 R_m 表示，单位为 MPa。其计算公式为：

$$R_m = \frac{F_m}{S_0} \tag{1-1-5}$$

式中：F_m——试样拉断前的最大负荷；

S_0——试样原横截面面积。

(3) 伸长率

钢筋在拉伸试验时，试样拉断后，其标距部分增加的长度与原标距长度的百分比称为伸长率。伸长率用 δ_5 表示，按下式计算：

$$\delta_5 = \frac{L_u - L_0}{L_0} \times 100 \tag{1-1-6}$$

式中：L_u——试样断裂后的标距；

L_0——施力前的试样标距。

3. 试验仪器

(1) 万能试验机。一般选用 300 ~ 600kN 的，如果没有小吨位的万能试验机，1000kN 的万能试验机也可用，但应选用小度盘。各种试验机应符合下列基本要求：

测力示值误差不大于 ±1%。

在规定负荷下停止施荷时，试验机操作应能精确到测力度盘上的一个最小分格，负荷示值应保不少于 30s，负荷指示灵敏。

试验机及其夹持装置应保证试样轴向受力；加、卸荷平稳。

试验机应备有调速指示装置，试验时能在标准规定的速度范围内灵活调节。

(2) 量具，如游标卡尺或螺旋千分尺、钢板尺(300 ~ 500mm)。

(3) 打标距用的划线机或带色涂料、快干墨水、小冲孔钻头。

4. 试验程序、试验要点及注意事项

(1) 钢筋试件的长度。拉伸试件的长度一般为 $(10d + 200)$ mm(d 为钢筋直径)，但拉力试件的长度与试验机上、下夹头间的最小距离和夹头的长度有关，可灵活掌握。

(2)钢筋试件做拉力试验前,应对试样做外观检查。有下列缺陷之一者,该试件不得用于试验。

①表面有显著横向刀痕或机械损伤;

②有明显变形或淬火裂纹;

③表面有肉眼可见的冶金缺陷。

(3)测量钢筋直径。测量钢筋直径,是为了确定计算钢筋强度时的横截面积。测量钢筋直径时,应在试件两端及中间部位等三处测量,每处在两个相互垂直的方向各测一次,取其平均值,选用截面积最小者作为强度计算的截面积。

钢筋直径的测量,对光圆钢筋很容易测量,但对带肋钢筋就很不好确定,而且在带肋钢筋的任何一个截面都量不出应有的公称直径。量内径小于公称直径,量外径大于公称直径。这是因为带肋钢筋是将纵肋和横肋高出的部分来补齐内径直径与公称直径之差的全截面,使带肋钢筋公称直径的截面积与光圆钢筋公称直径的截面积相等。因此,测量带肋钢筋直径时,可量内径,也可量外径,然后同钢筋标准,即《钢筋混凝土用热轧带肋钢筋》(GB 1499.2—2007)中所规定的允许偏差相比,如果测量结果在允许偏差范围内,就可确认其直径为公称直径。

钢筋横截面积数值化整按下列原则进行:

面积小于 $100mm^2$ 时,化整到小数后 2 位;面积在 100 ~ $1000mm^2$ 时,化整到小数后 1 位;面积大于 $1000mm^2$ 时,化整到整数(个位)。所需位数以后的数字,按四舍六入五单双法处理。普通钢筋单根截面积、质量,也可按表 1-1-25 直接查用。

(4)打标距。打标距是为测量和计算伸长率。

打标距最好用专用的划线机,如实在没有,可用带色涂料或小冲孔钻头。不管用什么方法,都要尽量避免破坏钢筋的有效截面。

钢筋标距长度一般为 $10d$,在试件中部做出 $10d$ 起止点的两个标记;或按每厘米等分格做出多个标记,对带肋钢筋一般都在纵肋上做标记。

普通钢筋单根截面积、质量 表 1-1-25

直径(mm)	钢筋截面面积(mm^2)	质量(kg/m)	直径(mm)	钢筋截面面积(mm^2)	质量(kg/m)
6	28.27	0.222	22	380.10	2.980
8	50.27	0.395	25	490.90	3.850
10	78.54	0.617	28	615.80	4.830
12	113.10	0.888	32	804.20	6.310
14	153.90	1.210	36	1018.00	7.990
16	201.10	1.580	40	1257.00	9.870
18	254.50	2.000	50	1964.00	15.420
20	314.20	2.470			

注:表中理论密度按 $7.85g/cm^3$ 计算。

(5)选度盘。万能试验机一般都有 2 ~ 3 个不同度盘。试验前,应根据不同钢筋直径,估计其最大负荷可能出现的吨位,再选择万能试验机的不同度盘,应使最大负荷时的示值大于度盘的 20% 而小于度盘的 80%,以保证试验精度。

(6)安装、检查自动描绘系统。在万能试验机主机的试台(即上钳口横梁)上,有一螺柱,在上面拴一根弦线,与测力计的自动描绘器相连,做抗拉试验前,在描绘器的滚筒上,卷好记录纸,安上铅笔。试验中可自动记下屈服负荷和极限负荷。对屈服点不太明显的金属材料做拉伸试验时,必须安装这套系统,否则无法测定屈服强度。但热轧钢筋一般屈服点都较明显,能直接从度盘上读出屈服点荷载,可不必安装自动描绘系统。

(7)夹持试件。开动油泵电动机,拧开送油阀,使试台上升约10mm,然后关闭油阀(如果是连续做拉伸试验,试台已在升起的位置,则不必先开油泵电机,只要将送油阀关好即可)。将试件一端夹于上钳口(注意根据不同钢筋直径,选择合适的夹头),将度盘上指针对准零头,再调整下钳口,夹住试件下端,试件一定要垂直。一定要注意,试件在夹头中的夹持长度,不得少于夹头的2/3,否则试验中可能造成钢筋打滑,试验无法进行。

(8)正式送油做拉伸试验。送油时一定要注意加荷速度,拉伸速度规定如下。

①屈服前,应力增加速度为10MPa/s;

②屈服后,应力增加速度为10~30MPa/s。

最好选择合适的调速指示装置,保持平稳而无冲击力地均匀施荷。

(9)观察屈服点负荷。在施荷过程中,特别是施荷的前期,对有明显屈服现象的钢筋,其屈服点可借助试验机测力度盘的指针来确定。当测力度盘的指针首次停止前进时,其恒定负荷或指针第一次回转前的负荷即为所求的屈服负荷,应及时记录下来。应特别注意,当指针停止前进时,不要继续送油,除非指针回转太大,才应适当送油,以保持负荷的恒定。

(10)抗拉强度的测定。当指针开始前进时,应按规定速度继续送油,直至试件完全拉断,从测力计度盘上读出最大负荷。在施荷过程中,应随时观察试件是否出现缩颈。如发现试件开始缩颈,应适当调小送油阀,以免施压过大,试件突然拉断,产生巨大震动。

(11)测量伸长率。测量伸长率,是将试件拉断后的两段在拉断处紧密对接起来,尽量使其轴线在一条直线上。如拉断处由于各种原因形成缝隙,则此缝隙应计入试样拉断后的标距部分的长度。标距部分的长度按下述方法测定。

直测法,如拉断处在标距部分中间1/3的范围内,可直接测量标距两端点间的距离。

移位法,如拉断处到邻近标距端点的距离小于标距长度的1/3,则可按下面方法确定拉断后的标距长度。

试样拉断后,会有一段长一段短。在长段上划上短段断口到端点的同样标距格数,再取长段上剩余标距格数的1/2(注意:这一半不是靠长段到端点的那一半)。即拉断后的标距长度=(短段断口到端点的长度)+(长段上从断口到与短段断口到端点的同样标距格数的长度)+(长段剩余标距格数1/2的长度)×2。

如果试样拉断处位于移位法所处位置,但用直测法求得的伸长率能够达到标准规定的最小伸长率值,则可不采用移位法,直接采用直测法求得伸长率。

(12)钢筋断裂形式的判断。延性断裂(也称塑性断裂)是指伴随明显塑性变形(有缩颈现象)而形成延性断口(断裂面与拉应力垂直或倾斜,其上具有细小的凹凸,呈纤维状)的断裂。

脆性断裂(也称脆断)是指几乎不伴随塑性变形而形成脆性断口(断裂面通常与拉应力垂直,宏观上由具有光泽的亮面组成)的断裂。

(13)试验结果的处理。根据性能指标解释里的公式,分别计算出钢筋的屈服点、抗拉强度和伸长率。

试验中如出现下列情况之一，试验结果无效。

①试样在标距外断裂；

②由于试验操作不当，如试样夹偏而造成性能指标不符合规定要求；

③试验后，试样出现两个或两个以上缩颈；

④试验中记录有误或设备仪器发生故障，影响结果的准确性。

遇有试验结果作废时，应补做试验。

(14) 试验记录及结果整理

钢筋拉伸试验记录及结果整理见表 1-1-26。

钢筋拉伸试验记录和结果整理 表 1-1-26

标准编号			材料名称、牌号				试样类型			
试件编号	公称直径 d (mm)	原始横截面积 S_0 (mm^2)	原始标识 L_0 (mm)	断后标识 L_u (mm)	伸长率(%) $\delta_5 = \frac{L_u - L_0}{L_0} \times 100$	屈服荷载 F_e (N)	屈服强度 (MPa) $R_e = \frac{F_e}{S_0}$	最大荷载 F_m (N)	抗拉强度 (MPa) $R_m = \frac{F_m}{S_0}$	断口形式	结果评定

注：$1N/mm^2 = 1MPa$。

拓展提高

钢筋的冷弯试验

依据《金属材料弯曲试验方法》(GB/T 232—1999)，对钢筋冷弯试验作简要介绍。

1. 试验目的

钢筋在低温状态下进行弯曲试验，以表示其承受弯曲的能力。钢筋的冷弯试验是建筑钢材的主要工艺试验，用以测定钢筋在冷加工时承受变形的能力，借以了解受试钢筋对某种工艺加工适合的程度。钢材含碳、磷量较高，或曾经进行过不正常的热处理，冷弯试验往往不合格，所以建筑钢材常做此试验，用以评定钢筋质量是否合格。钢筋电焊接头的可靠性也常用此试验来检验。

2. 试验设备

弯曲试验可在配备弯曲装置的压力机或万能试验机上进行。常用弯曲装置有支辊式(图 1-1-5)、V 形模具式(图 1-1-6)、虎钳式(图 1-1-7)、翻板式(图 1-1-8)等 4 种。

(1) 支辊式弯曲装置

支辊长度应大于试样宽度或直径。支辊半径应为 1～10 倍试样厚度。支辊应具有足够的硬度。除非另有规定，支辊间距离(见图 1-1-5)应按式(1-1-7)确定：

$$l = (d + 2a) \pm 0.5a \tag{1-1-7}$$

此距离在试验期间应保持不变。弯曲压头直径相关产品标准中有规定；弯曲压头宽度应大于试样宽度或直径；弯曲压头应具有足够的硬度。

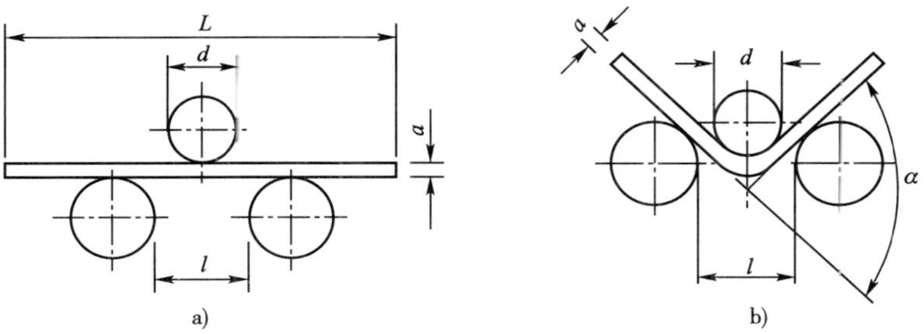

图1-1-5 支辊式弯曲装置

a)试件弯曲前;b)试件弯曲至规定的角度

(2)V形模具式弯曲装置

模具的V形槽其角度应为180°(见图1-1-6)。弯曲角度相关产品标准中有规定。弯曲压头的圆角半径为$d/2$。模具的支承棱边应倒圆,其倒圆半径应为1~10倍试样厚度。模具和弯曲压头宽度应大于试样宽度或直径。弯曲压头应具有足够的硬度。

(3)虎钳式弯曲装置

装置由虎钳配备足够硬度的弯心组成(见图1-1-7),可以配置加力杠杆。弯心直径应按照相关产品标准要求,弯心宽度应大于试样宽度或直径。

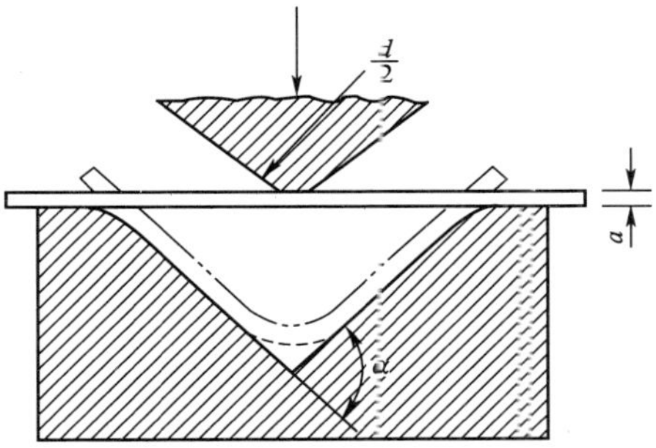

图1-1-6 V形模具式弯曲装置

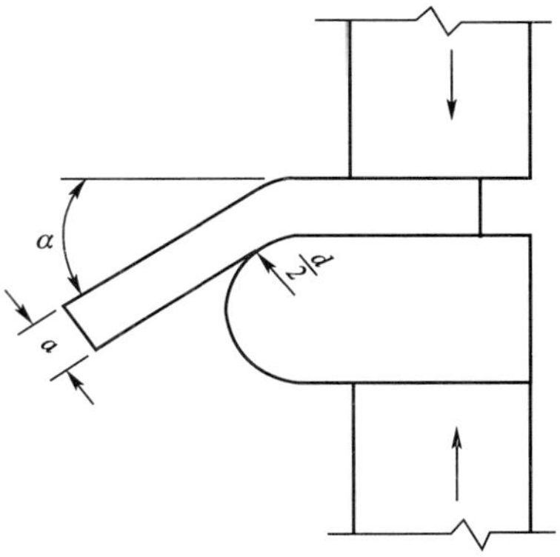

图1-1-7 虎钳式弯曲装置

(4)翻板式弯曲装置

翻板带有楔形滑块,滑块宽度应大于试样宽度或直径。滑块应具有足够的硬度。翻板固定在耳轴上,试验时能绕耳轴轴线转动。耳轴连接弯曲角度指示器,指示0°~180°的弯曲角度。翻板间距离应为两翻板的试样支承面同时垂直于水平轴线时两支承面间的距离(见图1-1-8c))。按照式(1-1-8)确定:

$$l = (d + 2a) + e \quad (1\text{-}1\text{-}8)$$

式中,e可取值2~6mm。

弯曲压头直径在相关产品标准中有规定。弯曲压头宽度应大于试样宽度或直径。弯曲压头的压杆其厚度应略小于弯曲压头直径(见图1-1-8)。弯曲压头应具有足够的硬度。

3.试验方法

(1)试验一般在室温10~35℃范围内进行。对温度要求严格的试验,试验温度应为

23℃ ±2℃。

①试样在图 1-1-5、图 1-1-6、图 1-1-7 或图 1-1-8 所给定的条件和在力作用下弯曲至规定的弯曲角度。

②试样在力作用下弯曲至两臂相距规定距离且相互平行，见图 1-1-8c）和图 1-1-9。

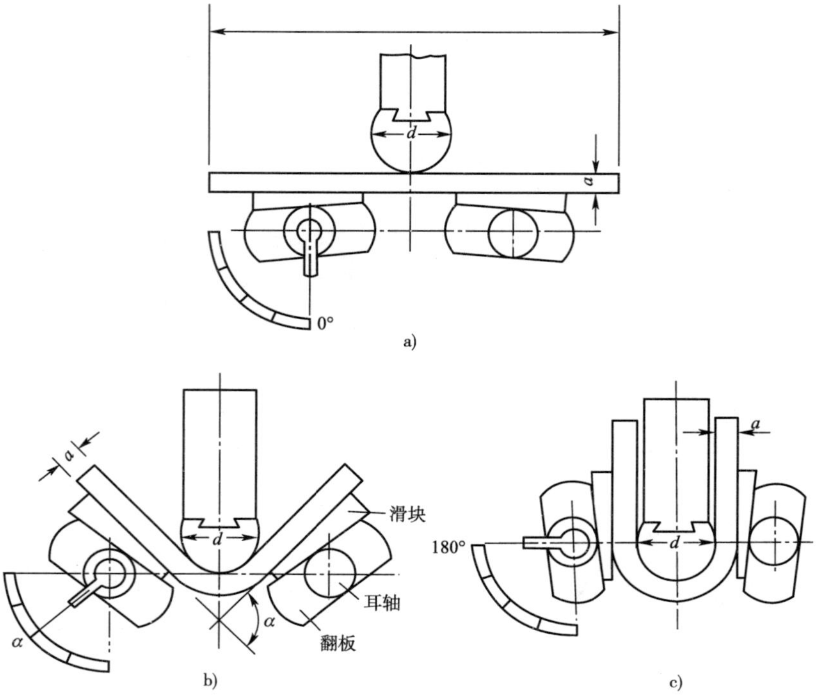

图 1-1-8　翻板式弯曲装置

a）试件弯曲前；b）弯曲任意角度；c）弯曲 180°

（2）将试样弯曲至规定弯曲角度的试验，应将试样放于两支辊或 V 形模具或两水平翻板上，试样轴线应与弯曲压头轴线垂直，弯曲压头在两支座之间的中点处对试样连续施加力使其弯曲，如不能直接达到规定的弯曲角度，应将试样置于两平行压板之间（见图 1-1-10），连续施加力压其两端使进一步弯曲，直至达到规定的弯曲角度。

（3）试样弯曲至 180°角两臂相距规定距离且相互平行的试验，采用图 1-1-5 的方法时，首先对试样进行初步弯曲（弯曲角度应尽可能大）；然后将试样置于两平行压板之间（见图 1-1-10）连续施加力压其两端使进一步弯曲，直至两臂平行（见图 1-1-11）。试验时可以加或不加垫块。除非产品标准中另有规定，垫块厚度等于规定的弯曲压头直径；采用图 1-1-8 的方法时，在力作用下不改变力的方向，弯曲直至达到 180°角，见图 1-1-8c）。

（4）对于试样弯曲至两臂直接接触的试验，应首先将试样进行初步弯曲（弯曲角度应尽可能大些），然后将其置于两平行压板之间（见图 1-1-10），连续施加力压其两端使进一步弯曲，直至两臂直接接触（见图 1-1-9）。

（5）采用图 1-1-7 所示的方法进行弯曲试验时。试样一端固定，绕弯心进行弯曲，直至达到规定的弯曲角度。

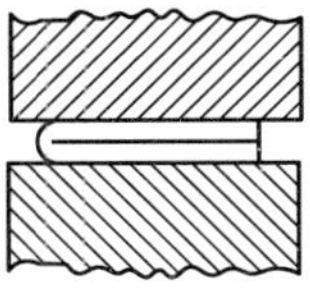

图 1-1-9　两臂直接接触

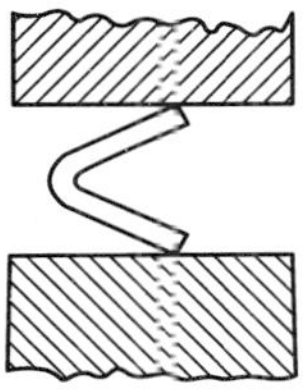

图 1-1-10　试样置于两平行压板之间

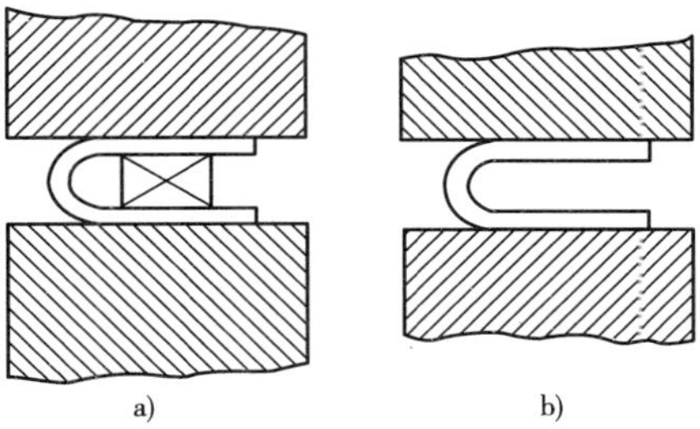

图 1-1-11　试样弯曲至两臂平行
a)加垫块；b)未加垫块

4. 试验结果评定

弯曲试验后，按下列标准检查试样弯曲外表面，进行结果评定。

(1)完好：试样弯曲处的外表面金属基体上无肉眼可见因弯曲变形产全的缺陷时，称为完好。

(2)微裂纹：试样弯曲外表面金属基体上出现的细小裂纹，其长度不大于2mm，宽度不大于0.2mm时，称为微裂纹。

(3)裂纹：试样弯曲外表面金属基体上出现开裂，其长度大于2mm，而小于等于5mm，宽度大于0.2mm，而小于等于0.5mm时，称为裂纹。

(4)裂缝：试样弯曲外表面金属基体上出现明显开裂，其长度大于5mm，宽度大于0.5mm时，称为裂缝。

(5)裂断：试样弯曲外表面出现沿宽度贯穿的开裂，其深度值超过试样厚度的1/3时，称为裂断。

根据上述检验结果，如果相关产品标准未规定具体要求，则一般试样无裂纹、裂缝或裂断，则评定为合格。

5. 试验记录

钢材冷弯试验记录，见表1-1-27。

钢材冷弯试验记录　　表1-1-27

试验编号	钢筋公称直径 d(mm)	弯心直径 d(mm)	跨度 l(mm)	弯折角度 α(°)	试验结果

6. 注意事项

(1)弯曲试验时，应缓慢施加弯曲力。

(2)相关产品标准中规定的弯曲角度认作为最小值，规定的弯曲半径认作为最大值。

(3)应严格按照相关产品标准中规定的弯曲直径选取压头直径。二程中试验最多的是各种规格的钢筋冷弯试验，决不容许对各种不同规格的钢筋使用一个规格直径的弯头来完成试验，否则试验结果将无法评定。

(4)在微裂纹、裂纹、裂缝中规定的长度和宽度，只要有一项达到某规定范围，即应按该级评定。

拓展提高

金属应力松弛试验

金属应力松弛试验就是在规定温度下，对试样施加试验力，保持初始应变、变形或位移恒定的条件下，测定应力随时间变化的关系曲线。

1. 术语及定义

约束条件：试验期间保持试样总应变（总变形或总位移）量恒定不变。

应力松弛：在规定温度和规定约束条件下金属材料的应力随时间而减少的现象。

初始应力：应力松弛试验开始时对试样施加的应力。

初始试验力：应力松弛试验开始时对试样施加的力。

零时间：施加全部试验力或达到规定约束条件试验开始的时间，见图1-1-12a)和图1-1-12b)。

初始试验力保持时间：试验开始前保持初始试验力恒定的时间，见图1-1-12b)。

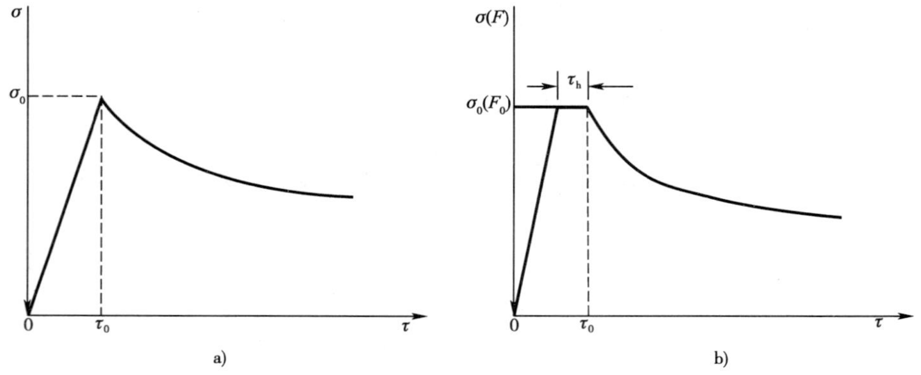

图1-1-12　应力松弛试验的零时间和初始试验力保持时间
a)应力松弛试验的零时间；b)初始试验力保持时间

剩余应力：松弛试验中任一时间试样上所保持的应力。

剩余试验力：松弛试验中任一时间试样上所保持的力。

松弛应力：松弛试验中任一时间试样上所减少的应力，即初始应力与剩余应力之差。

松弛力：松弛试验中任一时间试样上所减少的力，即初始试验力与剩余试验力之差。

松弛率：松弛应力（或松弛力）与初始应力（或初始试验力）之比的百分率。

应力松弛曲线：剩余应力或松弛应力与试验时间的关系曲线（见图1-1-13）。

应力松弛速率：应力松弛曲线在任一时间上其斜率的绝对值（见图1-1-13）。

2. 试验设备

(1) 试验机

①拉伸应力松弛试验机应能对试样施加准确的轴向拉伸试验力，试验机力的示值误差不应超过±1%。试验机力的同轴度不应大于15%。试验机应定期校验。

②拉伸应力松弛试验机应具有连续自动调节试验力的装置，以便在试验期间保持试样的初始应变或变形或标距恒定。

③试验机安装在无冲击、振动和温度稳定的环境中。

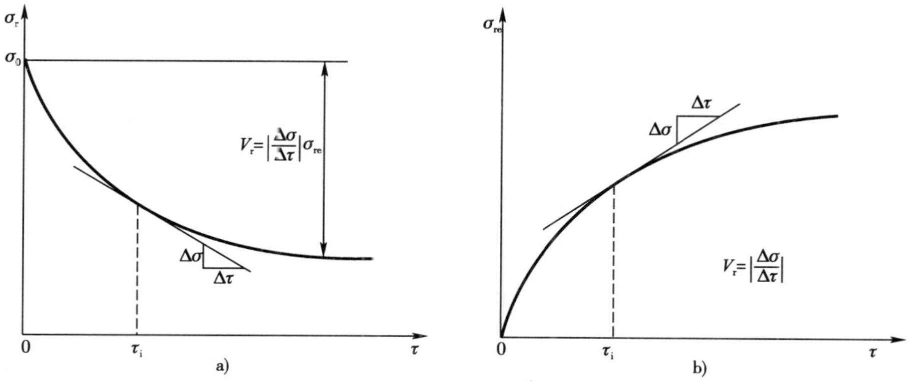

图1-1-13 应力松弛曲线

a)应力随时间下降曲线;b)应力随时间上升曲线

(2)恒温装置

恒温装置应能将试样加热(或降低)至规定温度,并能在试验期间保持温度恒定,温度偏差为±2℃。

(3)温度测量仪器

①温度测量仪器误差不应超过±1℃,分辨率不应大于0.5℃,并应定期校验。

②测温热电偶应符合JJC141或JJC351中2级热电偶要求。热电偶冷端温度应保持恒定,偏差不超过±0.5℃。

3.试样

(1)试样应从预应力钢材制品规定部位切取。试样在试验前,不应经受应力和冷、热加工处理。如相关产品标准允许,可以校直试样。

(2)试样标距参见相关产品标准规定。如无规定,试样标距一般不少于直径的60倍;如这一标距超过引伸计或试验机的能力,至少应为直径的40倍。

4.试验方法

(1)试验室温度应为20℃±2℃。试样应置于试验环境中足够的时间,确认达到温度平衡后施加初始试验力。

(2)初始试验力应按相关产品标准的规定。在试样上的初始试验力是公称抗拉强度的60%、70%和80%乘以钢丝的公称面积。

(3)除非相关产品标准另作规定,一般应在3~5min内均匀地施加全部初始试验力。在加力过程中不应超过初始试验力。初始试验力保持时间为1min。保持时间结束点作为零时间,在零时间应立即保持初始总应变或标距恒定。在试验期间试样应变的波动应控制在$\pm5\times10^{-6}$以内。

(4)连续或定时记录试验力和试验温度,必要时监测试样的初始总应变或标距。采用定时记录时,如无其他规定,建议按下列时间间隔记录:1min、3min、6min、9min、15min、30min、45min、1h、1.5h、2h、4h、8h、10h、24h,以后每隔24h记录一次,直到试验结束。

5.试验数据处理

(1)达到规定试验时间的松弛率按式(1-1-9)计算:

$$R = \frac{F_0 - F_f}{F_f} \times 100\% \tag{1-1-9}$$

式中：R——松弛率，%；

F_0——初始试验力；

F_f——剩余试验力。

(2)为了比较材料的相对松弛特性，可绘制松弛率与对数时间或对数松弛率与对数时间的关系曲线。

(3)可以绘制剩余试验力或松弛力与时间或对数时间的关系曲线，或绘制对数剩余试验力或对数松弛力与对数时间的关系曲线。

(4)可以采用试验数据的线性回归分析方法对试验数据进行推算。推算1 000h的应力松弛性能时，建议最短试验时间不少于100h。

6. 注意事项

(1)试验室一定要有恒温装置，并能保证在试验期间室温恒定在18～22℃之间，超过这一温度范围的试验结果无效。

(2)试验前一定要先做试件钢材的拉力试验，以确定试件钢材的强度级别，从而选择正确的初始试验力。

7. 试验记录

钢材应力松弛试验记录，见表1-1-28。

钢材应力松弛试验记录 表1-1-28

试样编号	直径(mm)	强度级别(MPa)	初始荷载(N)	最终荷载10h(N)	最终荷载72h(N)	最终荷载100h(N)	松弛率10h(%)	松弛率72h(%)	松弛率100h(%)	推算松弛率1 000h(%)

4)模板、支架、拱架制作及安装质量检测

模板、支架和拱架制作应根据设计要求确定模板的形式及精度要求，在设计无规定时，可按表1-1-29执行。模板、支架和拱架安装的允许偏差，在设计无要求时，每块模板、支架和拱架应符合表1-1-30的规定。钢筋混凝土结构及预应力混凝土结构物施工中都包含“模板、支架、拱架制作及安装”质量检测，以后不再赘述。

模板、支架及拱架制作时的允许偏差 表1-1-29

项目			允许偏差(mm)
木模板制作	模板的长度和宽度		±5
	不刨光模板相邻两板表面高低差		3
	刨光模板相邻两板表面高低差		1
	平板模板表面最大的局部不平	刨光模板	3
		不刨光模板	5
	拼合板中木板间的缝隙宽度		2
	支架、拱架尺寸		±5
	榫槽嵌接紧密度		2

续上表

项目			允许偏差(mm)
钢模板制作	外形尺寸	长和高	0,-1
		肋高	±5
	面板端偏斜		≤0.5
	连接配件(螺栓、卡子等)的孔眼位置	孔中心与板面的间距	±0.3
		板端中心与板端的间距	0,-0.5
		沿板长、宽方向的孔	±0.6
	板面局部不平		1.0
	板面和板侧挠度		±1.0

注:①木模板中第5项已考虑木板干燥后在拼合板中发生缝隙的可能。2mm以下的缝隙,可在浇筑前浇湿模板,使其密合。

②板面局部不平用2m靠尺、塞尺检测。

模板、支架及拱架安装的允许偏差 表1-1-30

项目		允许偏差(mm)
模板高程	基础	±15
	柱、墙和梁	±10
	墩台	±10
模板内部尺寸	上部构造的所有构件	+5,0
	基础	±30
	墩台	±20
轴线偏位	基础	15
	柱或墙	8
	梁	10
	墩台	10
装配式构件支承面的高程		+2,-5
模板相邻两板表面高低差		2
模板表面平整		5
预埋件中心线位置		3
预留孔洞中心线位置		10
预留孔洞截面内部尺寸		+10,0
支架和拱架	纵轴的平面位置	跨度的1/1 000或30
	曲线形拱架的高程(包括建筑拱度在内)	+20,-10

5)混凝土浇筑质量检测

混凝土所用的水泥、砂、石、水、外掺剂及混合材料的质量和规格必须符合有关规范的要求,按规定的配合比施工;按试验检测频率对混凝土组成材料、拌和物性能、强度进行试验检测,振捣密实。

(1)质量检验

各种材料、各工程项目和各个工序,应经常进行检验,保证符合设计和施工技术规范的要求。检验项目和次数应符合下列规定。

①浇筑混凝土前的检验：

a. 施工设备和场地；

b. 混凝土组成材料及配合比（包括外加剂）；

c. 混凝土凝结速度等性能；

d. 基础、钢筋、预埋件等隐蔽工程及支架、模板；

e. 养护方法及设施，安全设施。

②拌制和浇筑混凝土时的检验：

a. 混凝土组成材料的外观及配料、拌制，每一工作班至少 2 次，必要时随时抽样试验；

b. 混凝土的和易性（坍落度等见表 1-1-31）每工作班至少 2 次；

混凝土灌注时的坍落度 表 1-1-31

结 构 类 别	坍落度（mm）
小型预制块及便于浇注振动的结构	0 ~ 20
桥涵基础、墩台等无筋或少筋的结构	10 ~ 30
普通配筋率的钢筋混凝土结构	30 ~ 50
配筋较密、断面较小的钢筋混凝土结构	50 ~ 70
配筋极密、断面高而窄的钢筋混凝土结构	70 ~ 90

c. 砂石材料的含水率，每日开工前 1 次，气候有较大变化时随时检测；当含水率变化较大、将使配料偏差超过规定时，应及时调整；

d. 钢筋、模板、支架等的稳固性和安装位置；

e. 混凝土的运输、浇筑方法和质量；

f. 外加剂使用效果；

g. 制取混凝土试件。

③浇筑混凝土后的检验：

a. 养护情况；

b. 混凝土强度，拆模时间；

c. 混凝土外露面或装饰质量；

d. 结构外形尺寸、位置、变形和沉降。

④对混凝土的强度，应制取试件以检验其在标准养护条件下 28d 龄期的抗压极限强度。评定水泥混凝土的抗压强度，应以标准养生 28d 龄期的试件为准。试件为边长 150mm 的立方体。试件 3 个为 1 组，制取组数应符合下列规定：

a. 不同强度等级及不同配合比的混凝土应在浇筑地点或拌和地点分别随机制取试件。

b. 浇筑一般体积的结构物（如基础、墩台等）时，每一单元结构物应制取 2 组。

c. 连续浇筑大体积结构时，每 200m^3 或每一工作班应制取 2 组。

d. 上部结构，主要构件长 16m 以下应制取 1 组，16 ~ 30m 制取 2 组，31 ~ 50m 制取 3 组，50m 以上者不少于 5 组。小型构件每批或每工作班至少应制取 2 组。

e. 每根钻孔桩至少应制取 2 组；桩长 20m 以上者不少于 3 组；桩径大、浇筑时间很长时，不少于 4 组。如换工作班时，每工作班应制取 2 组。

f. 构筑物(小桥涵、挡土墙)每座、每处或每工作班制取不少于2组。当原材料和配合比相同、并由同一拌和站拌制时,可几座或几处合并制取2组。

g. 应根据施工需要,另制取几组与结构物同条件养生的试件,作为拆模、吊装、张拉预应力、承受荷载等施工阶段的强度依据。

(2)质量标准

混凝土抗压强度应以标准条件下养护28d龄期试件的抗压强度进行评定,其合格条件如下:

①应以强度等级相同、龄期相同以及生产工艺条件和配合比相同的混凝土组成同一验收批;同一验收批的混凝土强度应以同批内所有各组标准尺寸试件的强度测定值(当为非标准尺寸试件时应进行强度换算)为代表值。

②大桥等重要工程及中小桥、涵洞工程的试件大于或等于10组时,应以数理统计方法按下述条件评定:

$$mf_{cu} \geq f_{cu,k} + K_1 S_{f_{cu}} \tag{1-1-10}$$

$$f_{cu,min} \geq K_2 f_{cu,k} \tag{1-1-11}$$

$$S_{f_{cu}} = \sqrt{\frac{\sum_{i=1}^{n} f_{cu,i}^2 - nmf_{cu}^2}{n-1}} \tag{1-1-12}$$

式中:n——同批混凝土试件组数;

mf_{cu}——同批n组试件强度的平均值,MPa;

$S_{f_{cu}}$——同批n组试件强度的标准差,MPa,当计算值小于2.5MPa时,应取2.5MPa;

$f_{cu,k}$——混凝土立方体抗压强度标准值,MPa;

$f_{cu,i}$——第i组混凝土样本试件的立方体抗压强度代表值,MPa;

$f_{cu,min}$——n组试件中强度最低一组的值,MPa;

K_1、K_2——合格判定系数,见表1-1-32。

K_1、K_2 值 表1-1-32

试件组数 n	10~14	15~19	≥20
K_1	1.15	1.05	0.95
K_2	0.9	0.85	

③试件小于10组时,可用非统计方法按下述条件进行评定:

$$mf_{cu} \geq 1.15 f_{cu,k} \tag{1-1-13}$$

$$f_{cu,min} \geq 0.95 f_{cu,k} \tag{1-1-14}$$

实测项目中,水泥混凝土抗压强度评为不合格时,相应分项工程为不合格。

④当混凝土强度按试件强度进行评定达不到合格条件时,可采用钻取试样或以无损检测法查明结构实际混凝土的抗压强度和浇筑质量,如仍有不合格,应由有关单位共同研究处理。

(3)结构混凝土的相关规定

①表面应密实、平整。

②如有蜂窝、麻面,其面积不超过结构同侧面积的0.5%。

③如有裂缝,其宽度不得大于设计规范的有关规定。

④预制桩桩顶、桩尖等重要部位无掉边或蜂窝、麻面。

⑤小型构件无翘曲现象。

⑥对蜂窝、麻面、掉角等缺陷，应凿除松弱层，用钢丝刷清理干净，用压力水冲洗、湿润，再用较高强度的水泥砂浆或混凝土填塞捣实，覆盖养护；用环氧树脂等胶凝材料修补时，应先经试验验证。

⑦如有严重缺陷，影响结构性能时，应对有关情况进行分析研究处理。

（4）抹灰工程的相关规定

①一般抹灰成分、颜色必须一致，黏结牢固，不得有脱层、空鼓、掉角等现象。

②水刷石必须石粒清晰、分布均匀、平整密实，不得有掉粒和接茬痕迹。

③水磨石必须表面平整、光滑，石子显露均匀，格条位置正确，不得有砂眼、磨纹和漏磨。

④剁斧石必须剁纹均匀，深浅一致，棱角完整。

⑤干黏石必须石粒分布均匀，黏结牢固，不露浆，不漏黏，阳角处不得有明显的黑边。

⑥拉毛灰必须花纹、斑点分布均匀，同一平面上不显接茬。

⑦抹灰允许偏差见表1-1-33和表1-1-34。

一般抹灰允许偏差 表1-1-33

项　　目	允许偏差（mm）	项　　目	允许偏差（mm）
平整度	5	墙面平整度	5
阴阳角方正	5		

装饰抹灰允许偏差 表1-1-34

项　　目	允许偏差（mm）			
	水磨石	水刷石	剁碎石	干黏石
平整度	2	4	4	5
阴阳角方正	2	4	4	4
墙面平整度	3	5	5	5
分格条子直	2	5	5	5

（5）冬期施工质量检查

冬期施工时，混凝土、钢筋混凝土、预应力混凝土工程的质量除按上述规定进行检查外，尚应检查混凝土在浇筑及养护期间的环境温度。冬季施工还应进行下列检查：

①混凝土用水和集料的加热温度。

②混凝土的加热养护方法和时间等。检查结果应分别记入混凝土工程施工记录和温度检查记录。

③集料和拌和水装入搅拌机时的温度、混凝土自搅拌机倾出时的温度及浇筑时的温度，每一工作班应至少检查3次。

④混凝土在养护期间温度的检查，不应少于下列次数：

a. 用蓄热法养护时，每昼夜定时4次。

b. 用蒸汽加热法及电加热法养护时，升温及降温期间每小时1次，恒温期间每两小时1次。

c. 室内外环境温度，每昼夜定时定点4次。

⑤检查混凝土温度时，应符合下列规定：

a. 测温孔应绘制布置图并编号。

b. 温度计应与外界气温隔绝，并应在测温孔内留置不少于3min。

c. 测温孔的位置，当采用蓄热法养护时，应设置在易冷却部位；当采用加热法养护时，应在离热源不同位置分别设置。厚大结构应在表层及内部分别设置。

⑥混凝土冬季施工时，除留标准养护试件外，并应制取相同数量与结构同条件养护的试件。对于用蒸汽加热法养护的混凝土结构，除制取标准养护试件外，应同时制取与混凝土结构同条件蒸养后再在标准条件下养护到28d的试件，以检查经过蒸养后混凝土28d的强度。冬季施工混凝土质量的评定方法与常温施工混凝土相同。

为保证混凝土浇筑顺利施工，施工单位在浇筑前应提交混凝土浇筑报批单（表1-1-35），混凝土施工原始记录（表1-1-36），混凝土养生原始记录（表1-1-37）。钢筋混凝土结构及预应力混凝土结构物施工中都包含“混凝土浇筑”质量检测，以后不再赘述。

混凝土浇筑报批单　　表1-1-35

分项工程：　　分部工程：　　合同段：　　项目名称：

施工单位：　　监理单位：　　天气：　　温度：

<table>
<tr><td colspan="2">施工部位、桩号</td><td colspan="4"></td></tr>
<tr><td>结构部位</td><td></td><td>混凝土强度等级</td><td></td><td>设计配合比</td><td></td></tr>
<tr><td rowspan="6">机械</td><td>拌和机是否正常</td><td></td><td>是否有备用拌和机</td><td></td><td></td></tr>
<tr><td>振捣设备是否正常</td><td></td><td>振捣设备数量是否满足、是否有备用</td><td></td><td></td></tr>
<tr><td>电力是否正常</td><td></td><td>是否有备用电力</td><td></td><td></td></tr>
<tr><td>运输设备是否正常</td><td></td><td>是否有备用运输设备</td><td></td><td></td></tr>
<tr><td>起重设备是否正常</td><td></td><td>是否有备用起重设备</td><td></td><td></td></tr>
<tr><td>其他设备是否正常</td><td></td><td>是否有备用其他设备</td><td></td><td></td></tr>
<tr><td rowspan="4">材料</td><td>砂石料是否符合要求</td><td></td><td>砂石料数量是否符合要求</td><td></td><td></td></tr>
<tr><td>水泥数量是否符合要求</td><td></td><td>外加剂数量是否符合要求</td><td></td><td></td></tr>
<tr><td>外掺剂数量是否符合要求</td><td></td><td>其他材料是否符合要求</td><td></td><td></td></tr>
<tr><td>施工用水是否符合要求</td><td></td><td>水质是否符合要求</td><td></td><td></td></tr>
<tr><td rowspan="3">人员</td><td>管理人员是否到场</td><td></td><td>质检人员是否到场</td><td></td><td></td></tr>
<tr><td>试验人员是否到场</td><td></td><td>技术人员是否到场</td><td></td><td></td></tr>
<tr><td>技术工人数量（　）是否满足要求</td><td></td><td>壮工数量（　）是否满足要求</td><td></td><td></td></tr>
<tr><td rowspan="2">施工方法</td><td>施工方案是否得到批准</td><td></td><td>技术交底是否进行</td><td></td><td></td></tr>
<tr><td>养生措施是否得当</td><td></td><td>是否有防雨、防寒措施</td><td></td><td></td></tr>
<tr><td>环境</td><td>施工道路是否通畅</td><td></td><td>天气是否正常</td><td></td><td></td></tr>
<tr><td colspan="6">现场监理意见：

签字：　　日期：</td></tr>
</table>

注：①此表为监理在承包人混凝土施工前检查时填写。

②检查项目合格，在其后的空格里画“√”，否则画“×”。

混凝土施工原始记录

表 1-1-36

分项工程：　　分部工程：　　合同段：　　项目名称：

施工单位：　　监理单位：　　混凝土强度等级：

施工部位	日期	浇筑时间	水　泥		外加剂型号	石子最大粒径（mm）	实测砂含水率（%）	砂率（%）	施工配合比					开盘/结束时间	实测坍落度（mm）	每盘水泥用量（kg/m^3）	混凝土浇筑		
			品种	强度等级					水泥	砂	石	水	外加剂				盘数	每盘数量（m^3）	总体积（m^3）
混凝土接触面高程是否合格										混凝土接触面高程是否处理洁净									
施工过程描述：																			

施工负责人：　　质检员：　　记录员：　　施工日期：

混凝土养生原始记录　　　　表 1-1-37

分项工程：　　　　分部工程：

合同段：　　　　项目名称：

结构部位		施工完成日期、时间	
养生开始日期、时间：			
养　生　记　录			
日期、时间	养生时天气情况及天气温度	养生方法	养生工人签字
养生终了日期：			
养生过程及结果描述：			

质检员：　　　质检负责人：　　　技术负责人：　　　日期：

三、扩大基础质量检验评定

扩大基础质量检验评定见表 1-1-38；砌体基础质量检验评定见表 1-1-39。

表 1-1-38

扩大基础质量检验评定表

分项工程:扩大基础　　所属分部工程:　　所属建设项目:　　工程合同段:

工程部位:　　施工单位:　　监理单位:　　编号:

(桩号、墩台号、孔号)

项次	检查项目		规定值或允许偏差	检查方法和频率	权值	检查实测值	平均值代表值	合格率(%)	得分
基本要求	1)所用材料的质量和规格必须符合有关规范的要求,按规定的配合比施工;2)不得出现露筋和空洞现象;3)基础的地基承载力必须满足设计要求;4)严禁超挖回填虚土								
1△	混凝土强度(MPa)		在合格标准内	按附录 D 检查	3				
2	平面尺寸(mm)		±50	尺量:长、宽各检查 3 处	2				
3△	基础底面高程(mm)	土质	±50	水准仪:测量 5～8 点	2				
		石质	+50,－200						
4	基础顶面高程(mm)		±30	水准仪:测量 5～8 点	1				
5	轴线偏位(mm)		25	全站仪或经纬仪:纵、横各检查 2 点	2				
分项工程得分									
外观鉴定	混凝土表面应平整,无明显施工接缝。不符合要求时,减 1～3 分				减分		监理意见		
质量保证资料	资料、图表残缺,缺乏最基本数据,有伪造涂改者,不予检验和评定。资料不全者,视情况每款减 1～3 分				减分				
分项工程质量等级评定	评分值:				质量等级:				

检测负责人:　　检测:　　记录:　　复核:　　年　月　日

注:表中“附录 D”指《公路工程质量检验评定标准(土建工程)》(JTG F80/1—2004)中的附录 D(之后各表中“附录×”均与此同)。

表 1-1-39

砌体基础质量检验评定表

分项工程:砌体基础　　所属分部工程:　　所属建设项目:　　工程合同段:
工程部位:　　施工单位:　　监理单位:　　编号:
(桩号、墩台号、孔号)

基本要求	1)石料和混凝土预制块的质量和规格必须符合有关规范的要求;2)砂浆所用的材料质量必须符合有关规定的要求,按规定的配合比施工;3)地基承载力应满足设计要求,严禁超挖回填虚方;4)砌石应错缝、坐浆挤紧,嵌缝料和砂浆饱满,无空洞、宽缝、大堆砂浆填隙和假缝								
项次	检查项目		规定值或允许偏差	检查方法和频率	权值	检查实测值	平均值代表值	合格率(%)	得分
1△	砂浆强度(MPa)		在合格标准内	按附录F检查	3				
2	轴线偏位(mm)		25	经纬仪:纵、横各测量2点	2				
3	平面尺寸(mm)		±50	尺量:长、宽各3处	2				
4	顶面高程(mm)		±30	水准仪:测5~8点	1				
5△	基础底面高程(mm)	土质	±50	水准仪:测量5~8点	2				
		石质	+50,-200						
分项工程得分									
外观鉴定	砌体表面应平整,砌缝不应有裂隙。不符合要求时,减1~3分				减分		监理意见		
质量保证资料	资料、图表残缺,缺乏最基本数据,有伪造涂改者,不予检验和评定。资料不全者,视情况每款减1~3分				减分				
分项工程质量等级评定	评分值:				质量等级:				

检测负责人:　　检测:　　记录:　　复核:　　年　月　日

小　结

扩大基础是桥涵工程中通常采用的基础形式。本任务主要学习了钢筋混凝土扩大基础从开始施工到最后完工过程中所做的检测，使学生对扩大基础施工的检测能够系统地掌握。

任务 1.2　桩基础检测

任务导入

当地基浅层土质不良时，采用浅基础无法满足结构物对地基强度、变形和稳定性方面的要求时，常采用桩基础。混凝土钻孔灌注桩是桥梁及建筑结构物常用的桩基形式之一，这主要是由于桩能将上部结构的荷载传递到深层稳定的土层上去，从而大大减少基础沉降和建筑物的不均匀沉降，实践也证明它的确是一种极为有效、安全可靠的基础形式。但是，灌注桩的成桩过程是在桩位处的地面下或水下完成，施工工序多，质量控制难度大，稍有不慎极易产生断桩等严重缺陷。据统计，国内外钻孔灌注桩的事故率高达5% ~10%。因此，灌注桩的质量检测就显得格外重要。

任务目的

桩基础施工中，按照施工准备阶段、施工阶段和竣工验收阶段进行试验检测评定，避免不合格的材料和产品流入下一道工序。只有保证施工过程中每一道工序的质量，才能保证整个工程的质量。

任务实施

一、桩基础施工准备阶段检测

1. 检测项目

施工准备阶段主要对原材料及各种配合比进行试验检测，避免不合格的材料用于工程。为开工做好前期准备工作，桩基础施工准备阶段需检测的项目见表1-2-1。

桩基础施工准备阶段需检测的项目　　表1-2-1

基础类型	序号	检测项目	采用规程(标准)
钻孔灌注桩基础	1	水泥物理力学性能试验	《公路工程水泥及水泥混凝土试验规程》(JTG E30—2005)、《公路工程质量检验评定标准(土建工程)》(JTG F80/1—2004)
	2	外掺剂技术性能试验	
	3	混凝土拌和物性能试验	
	4	混凝土抗压强度试验	
	5	粗集料技术性能试验	《公路工程集料试验规程》(JTG E42—2005)
	6	细集料技术性能试验	
	7	混凝土配合比设计	《普通混凝土配合比设计规程》(JGJ 55—2000)、《公路工程水泥及水泥混凝土试验规程》(JTG E30—2005)
	8	钢筋拉伸试验	《金属材料室温拉伸试验方法》(GB 228—2002)
	9	钢筋冷弯试验	《金属材料弯曲试验方法》(GB/T 232—1999)

2. 检测方法

桩基础施工准备阶段的检测项目依据表1-2-1中相应规程(标准),参照《道路建筑材料》课程进行试验检测。

二、桩基础施工阶段检测

1. 检测项目

桩基础施工阶段的检测项目除了按试验检测频率对准备阶段的项目进行检测外,还须对表1-2-2中的项目进行检测。

桩基础施工阶段的检测项目　　表1-2-2

序号	检测项目	采用规程(标准)
1	钢筋加工及安装质量检测	《公路工程质量检验评定标准(土建工程)》(JTG F80/1—2004)、《金属材料室温拉伸试验方法》(GB 228—2002)、《金属材料弯曲试验方法》(GB/T 232—1999)、《钢筋焊接及验收规程》(JGJ 18)、《公路桥涵施工技术规范》(JTG/T F50—2011)
2	护筒检验	
3	泥浆性能指标检测	
4	清孔的质量检测	
5	成孔质量检验	
6	基桩完整性检测	《基桩低应变动力检测规程》(JGJ/T 93—95)、《建筑基桩检测技术规范》(JGJ 106—2003)
7	基桩承载力检测	

2. 检测方法

1)钢筋加工及安装质量检测

同任务1.1。

2)护筒检验

在钻孔前应先检验筑岛或护筒、泥浆。

(1)检验筑岛

筑岛的面积应按钻孔方法、机具大小等要求决定;高度应高于最高施工水位0.5~1.0m;筑岛材料及岛面与地基承载力应满足设计要求;岛体应稳定。

(2)检验护筒

应检验护筒内径、护筒中心竖直线、护筒高度、埋置深度及护筒的连接处。护筒位置应埋设准确和稳定,旱地、筑岛处护筒与坑壁之间用黏土分层回填夯实。护筒与桩位中心线偏差不得大于50mm,倾斜度不大于1%,高度宜高出地面0.3m或水面1.0~2.0m;护筒埋置深度应根据设计要求或水文地质情况确定,旱地、筑岛处一般超过杂填土埋藏深度0.2m,在黏性土中不宜小于1m,在砂土中不宜小于1.5m,同时应保持孔内泥浆面高出地下水位1m以上。有冲刷影响的河床,沉入冲刷线不小于1.0~1.5m。

3)泥浆性能指标检测

钻孔灌注桩调制的护壁泥浆一般由水、黏土(或膨润土)和添加剂按适当配合比配制而成,应根据钻孔方法和地层情况采用不同的性能指标。其具体指标,可参照表1-2-3选用。

泥浆性能指标 表 1-2-3

钻孔方法	地层情况	泥浆性能指标							
		相对密度	黏度（Pa·s）	含砂率（%）	胶体率（%）	失水率（mL/30min）	泥皮厚（mm/30min）	静切力（Pa）	酸碱度（pH）
正循环	一般地层	1.05～1.20	16～22	8～4	≥96	≤25	≤2	1.0～2.5	8～10
	易坍地层	1.20～1.45	19～28	8～4	≥96	≤15	≤2	3～5	8～10
反循环	一般地层	1.02～1.06	16～20	≤4	≥95	≤20	≤3	1.0～2.5	8～10
	易坍地层	1.06～1.10	18～28	≤4	≥95	≤20	≤3	1.0～2.5	8～10
	卵石土	1.10～1.15	20～35	≤4	≥95	≤20	≤3	1.0～2.5	8～10
推钻、冲抓	一般地层	1.10～1.20	18～24	≤4	≥95	≤20	≤3	1.0～2.5	8～11
冲击	易坍地层	1.20～1.40	22～30	≤4	≥95	≤20	≤3	3～5	8～11

注：①地下水位高或其流速大时，指标取高限，反之取低限。
②地质状态较好，孔径或孔深较小的取低限，反之取高限。
③在不易坍塌的黏质土层中，使用推钻、冲抓、反循环回转钻进时，可用清水提高水头（≥2m）维护孔壁。
④若当地缺乏优良黏质土，远运膨润土亦很困难，调制不出合格泥浆时可掺用添加剂改善泥浆性能。
⑤直径＞2.5m 的大直径钻孔灌注桩对泥浆的要求较高，泥浆的选择应根据钻孔的工程地质情况、孔位、钻机性能、泥浆材料条件等确定。在地质复杂，覆盖层较厚，护筒下沉不到岩层的情况下，宜使用丙烯酰胺即 PHP 泥浆，此泥浆的特点是不分散、低固相、高黏度。

（1）相对密度

泥浆的相对密度可用泥浆相对密度计测定，如图 1-2-1 所示。将要测量的泥浆装满泥浆杯，加盖并洗净从小孔溢出的泥浆，然后置于支架上，移动游码，使杠杆呈水平状态（水平泡位于中央），读出游码左侧所示刻度，即为泥浆的相对密度 γ_X。

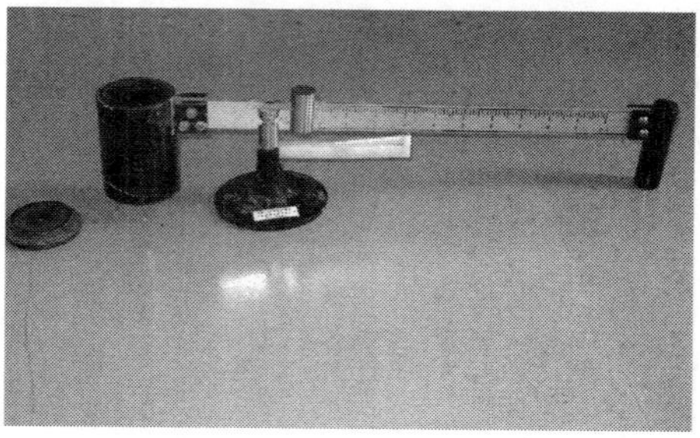

图 1-2-1　泥浆相对密度计

若工地无以上仪器，可用一口杯先称其质量，设为 m_1，再装满清水称其质量 m_2，再倒去清水，装满泥浆并擦去杯周溢出的泥浆，称其质量，设为 m_3，则

$$\gamma_X = \frac{m_3 - m_1}{m_2 - m_1} \tag{1-2-1}$$

工地上有时用泥浆比重计这一简易方法测泥浆相对密度。

（2）黏度

泥浆的黏度用工地标准漏斗黏度计测定。黏度计，如图 1-2-2 所示。用两端开口量杯分别量取 200mL 和 500mL 泥浆，通过滤网滤去大砂粒后，将泥浆 700mL 注入漏斗，然后使泥浆从漏斗流出，流满 500mL 量杯所需时间（s），即为所测泥浆的黏度。

校正方法：漏斗中注入 700mL 清水，流出 500mL，所需时间应是 15s，其偏差如超过 ±1s，测量泥浆黏度时应校正。

（3）静切力 θ

静切力在工地可用浮筒切力计测定（图 1-2-3）。测量泥浆切力时，可用下式表示：

$$\theta = \frac{G - \pi d\delta h\gamma}{2\pi dh + \pi d\delta} \tag{1-2-2}$$

式中：G——铝制浮筒质量，g；

d——浮筒的平均直径，cm；

h——浮筒的沉没深度，cm；

γ——泥浆密度，g/cm^3；

δ——浮筒壁厚，cm。

测量时，先将约 500mL 泥浆搅匀后，立即倒入切力计中，将切力筒沿刻度尺垂直向下移至与泥浆接触时，轻轻放下，当它自由下降到静止不动时，即静切力与浮筒重力平衡时，读出浮筒上泥浆面所对应的刻度，即为泥浆的初切力。取出切力筒，按净黏着的泥浆，用棒搅动筒内泥浆后，静止 10min，用上述方法测量，所得即为泥浆的终切力。它们的单位均为 Pa，此切力计如买不到可自制。

（4）含砂率（%）

含砂率在工地可用含砂率计（图 1-2-4）测定。测量时，把调好的泥浆 50mL 倒进含砂率计，然后再倒进 450mL 清水，将仪器口塞紧摇动 1min，使泥浆与水混合均匀；再将仪器垂直静放 3min，仪器下端沉淀物的体积（由仪器刻度上读出）乘 2 就是含砂率（有一种大型的含砂率计，容积 1000mL，从刻度读出的数不乘 2 即为含砂率）。

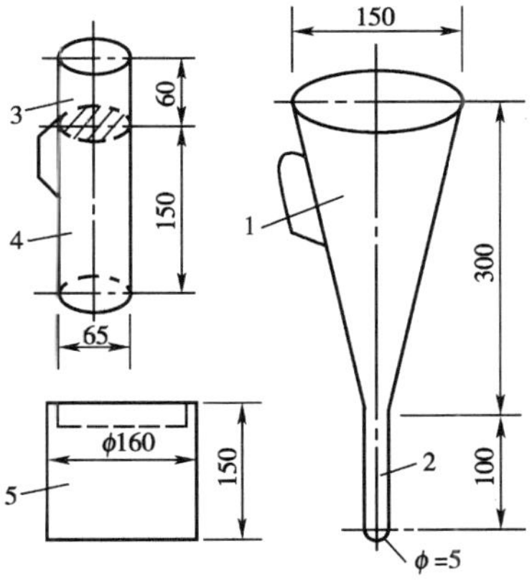

图 1-2-2　黏度计（尺寸单位：mm）
1-漏斗；2-管子；3-量杯 200mL；4-量杯 500mL；5-筛网及杯

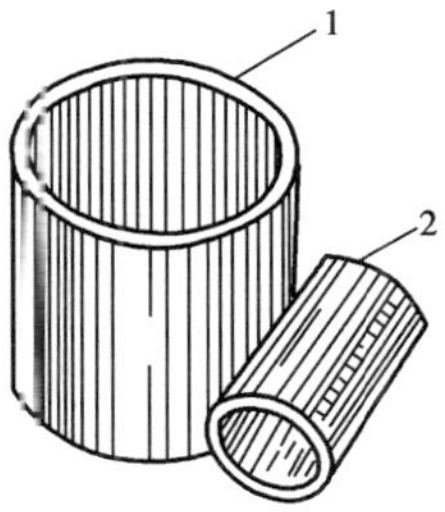

图 1-2-3　浮筒切力计
1-泥浆筒；2-切力浮筒

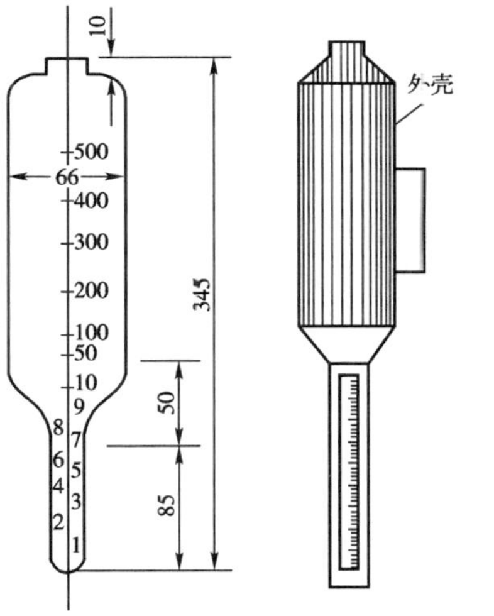

图 1-2-4　含砂率计（尺寸单位：mm）

（5）胶体率（%）

胶体率是泥浆中土粒保持悬浮状态的性能。测定方法可将 100mL 泥浆倒入 100mL 的量杯中，用玻璃片盖上，静置 24h 后，量杯上部泥浆可能澄清为水，测量时其体积如为 5mL，则胶体率为 100 − 5 = 95，即 95%。

（6）失水率（mL/30min）

用一张 12cm × 12cm 的滤纸，置于水平玻璃板上，中央画一直径 3cm 的圆，将 2mL 的泥浆滴入圆圈内，30min 后，测量湿圆圈的平均直径减去泥浆摊平的直径（mm），即为失水率。在滤纸上量出泥浆皮的厚度（mm）即为泥皮厚度。泥皮越平坦、越薄则泥浆质量越高，一般不宜厚于 2 ~ 3mm。

（7）酸碱度

酸碱度即酸和碱的强度简称，也有简称为酸碱值的。pH 值是常用的酸碱标度之一。pH 值等于 7 时为中性，大于 7 时为碱性，小于 7 时为酸性。工地测量 pH 值方法，可取一条 pH 试纸放在泥浆面上，0.5s 后拿出来与标准颜色对比，即可读出 pH 值；也可用 pH 酸碱计，将其探针插入泥浆，直接读出 pH 值。

拓展提高

- 泥浆原料和外加剂的性能要求及计算方法

（1）泥浆原料黏质土的性能要求

一般可选用塑性指数大于 25，粒径小于 0.074mm、黏粒含量大于 50% 的黏质土制浆。当缺少上述性能的黏质土时，可用性能略差的黏质土，并掺入 30% 的塑性指数大于 25 的黏质土。当采用性能较差的黏质土调制的泥浆性能指标不符合要求时，可在泥浆中掺入 Na_2CO_3（俗称碱粉或纯碱）、氢氧化钠（NaOH）或膨润土粉末，以提高泥浆性能指标。掺入量与原泥浆性能有关，宜经过试验决定。一般碳酸钠的掺入量约为孔中泥浆土量的 0.1% ~0.4%。

（2）泥浆原料膨润土的性能和用量

膨润土分为钠质膨润土和钙质膨润土两种。前者质量较好，大量用于炼钢、铸造中，钻孔泥浆中用量也很大。膨润土泥浆具有相对密度低、黏度低、含砂量少、失水量少、泥皮薄、稳定性强、固壁能力高、钻具回转阻力小、钻进率高、造浆能力大等优点。一般用量为水的 8%，即 8kg 的膨润土可掺 100L 的水。对于黏质土地层，用量可降低到 3% ~5%；较差的膨润土用量为水的 12% 左右。

（3）泥浆外加剂及其掺量

①CMC 全名羧甲基纤维素，可增加泥浆黏性，使土层表面形成薄膜而防护孔壁剥落并有降低失水量的作用。其掺入量为膨润土的 0.05% ~0.1%。

②FCi 又称铬铁木质素磺酸钠盐，为分散剂，可改善因混杂有土、砂粒、碎石、卵石及盐分等而变质的泥浆性能，可使上述钻渣等颗粒聚集而加速沉淀，改善护壁泥浆的性能指标，使其继续循环使用。其掺量为膨润土的 0.1% ~0.3%。

③硝基腐殖碳酸钠（简称煤碱剂），其作用与 FCi 相似。它具有很强的吸附能力，在黏质土表面形成结构性溶剂水化膜，防止自由水渗透，能使失水量降低，使黏度增加，若掺入量少，可使黏度不上升，具有部分稀释作用，掺用量与 FCi 同。两种分散剂可任选一种。

④碳酸钠（Na_2CO_3）又称碱粉或纯碱。它的作用可使 pH 值增大到 10。泥浆中 pH 值过小时，黏土颗粒难以分解，黏度降低，失水量增加，流动性降低；小于 7 时，还会使钻具受到腐蚀；若 pH 值过大，则泥浆将渗透到孔壁的黏土中，使孔壁表面软化，黏土颗粒之间凝聚力减弱，造成裂解而使孔壁坍塌。pH 值以 8 ~10 为宜，这时可增加水化膜厚度，提高泥浆的胶体率和稳定性，降低失水量。其掺入量为膨润土的 0.3% ~0.5%。

⑤PHP 即聚丙烯酰胺絮凝剂。它的作用为，在泥浆循环中能清除劣质钻屑，保存造浆的

膨润土粒；它具有低固相、低相对密度、低失水、低矿化、泥浆触变性能强等特点。其掺入量为孔内泥浆的0.003%。

⑥重晶石细粉($BaSO_4$)，可将泥浆的相对密度增加到2.0~2.2，提高泥浆护壁作用。为提高掺入重晶粉后泥浆的稳定性，降低其失水性，可同时掺入0.1%~0.3%的氢氧化钠($NaOH$)和0.2%~0.3%的橡胶粉。掺入上述两种外加剂后，最适用于膨胀的黏质塑性土层和泥质页岩土层。重晶石粉掺入量根据原泥浆相对密度和土质情况检验决定。

⑦纸浆、干锯末、石棉等纤维质物质，其掺量为水量的1%~2%；其作用是防止渗水并提高泥浆循环效果。

以上各种外加剂掺入量，宜先做试配，试验其掺入外加剂后的泥浆性能指标是否有所改善。

各种外加剂宜先制成小剂量溶剂，按循环周期均匀加入，并及时测定泥浆性能指标，防止掺入外加剂过量。每循环周期相对密度差不宜超过0.01。

(4)调制泥浆的原料用量计算

在黏质土层中钻孔，钻孔前只需调制不多的泥浆，以后可在钻进过程中，利用地层黏质土造浆、补浆。

在砂类土、砾石土和卵石土中钻孔时，钻孔前应备足造浆原料。其数量可按以下公式和原则计算：

$$m = V\rho_1 = \frac{\rho_2 - \rho_3}{\rho_1 - \rho_3}\rho_1 \tag{1-2-3}$$

式中：m——每立方米泥浆所需原料的质量，t；

V——每立方米泥浆所需原料的体积，m^3；

ρ_1——原料的密度，t/m^3；

ρ_2——要求的泥浆密度，t/m^3；

$$\rho_2 = V\rho_1 + (1 - V)\rho_3 \tag{1-2-4}$$

ρ_3——水的密度，取$\rho_3 = 1t/m^3$。

若造成的泥浆的黏度为20~22Pa·s时，则各种原料造浆能力为：黄土胶泥为1~3m^3/t；白土、陶土、高岭土为3.5~8m^3/t；次膨润土为9m^3/t；膨润土为15m^3/t。

从以上资料得知，膨润土的造浆能力为黄土胶泥的5~7倍。

4)清孔的质量检测

(1)清孔的质量要求

①摩擦桩：孔底沉淀土的厚度不大于设计规定，当无要求时，对于直径≤1.5m的桩，沉淀厚度≤200mm；对桩径>1.5m或桩长>40m或土质较差的桩，沉淀厚度≤300mm。清孔后的泥浆性能指标应满足下列规定，相对密度：1.03~1.10；黏度：17~20Pa·s；含砂率：>98%。

②支承桩：灌注混凝土前，孔底沉淀土的厚度不大于设计规定。

(2)沉淀土厚度的检测

①沉淀土厚度的测算基准面：用平底钻锥和冲击、冲抓锥时，沉淀土厚度从锥头或冲抓锥底部所到达的孔底平面算起；用底部带圆锥的笼式锥头时，沉淀土厚度从锥头下端的圆锥体高度的中点高程算起。

②沉淀土厚度的检测方法有如下几种：

a. 取样盒检测法。这是较为通行的方法。其具体做法是在清孔后用取样盒(即开口铁盒)吊到孔底,待到灌注混凝土前取出,测量沉淀在盒内的渣土厚度。

b. 测锤法。测锤法是惯用的简单方法。使用测量水下混凝土灌注高(深)度的测锤,慢慢地沉入孔内凭人的手感探测沉渣顶面的位置,其施工孔深和测量孔深之差,即为沉淀土厚度。

比较先进的检测方法还有声纳法、电阻率法和电容法等。

5)成孔质量检验

钻、挖孔在终孔和清孔后,应进行孔位、孔深、孔径、孔形和倾斜度等检查。

(1)孔径与孔形检测

孔径检测是在桩孔成孔后、下钢筋笼前进行的,是根据设计桩径制作笼式井径器入孔检测。笼式井径器用 $\phi8\sim\phi12$mm 的钢筋制作,其外径等于钻孔的设计孔径,长度等于孔径的 3~4 倍(如正、反循环回转钻成孔法)或 4~6 倍(如冲击钻成孔法)。检测时,将井径器吊起,使笼的中心、孔的中心与起吊钢绳保持一致,慢慢放入孔内,上下通畅无阻表明孔径大于给定的笼径;遇阻则有可能在遇阻部位有缩径或孔斜现象。

孔形检测目前常采用的方法是开挖检测和超声波检测。开挖检测一般在工程试桩结束后进行,直接观察桩身形状在相应土层中的变化,为工程桩施工控制孔形提供直观依据。

(2)孔深和孔底沉渣检测

孔深和孔底沉渣普遍采用标准测锤检测,测锤一般采用锥形锤,锤底直径 13~15cm,高 20~22cm,质量 4~6kg。

(3)桩孔竖直度检测

竖直度检测方法常用钻杆测斜法,将带有钻头的钻杆放入孔内到底,在孔口处的钻杆上装一个与孔径或护筒内径一致的导向环,使钻杆柱保持在桩孔中心线位置上。然后将带有扶正圈的钻孔测斜仪下入钻杆内,分点测斜,并将各点数值在坐标纸上描点作图,检查桩孔偏斜情况。也可以用圆球检测法和电子水平仪测斜法。

(4)桩位检测

复测桩位时,桩位测点选在新鲜桩头面的中心点,然后测量该点偏移设计桩位的距离,并按坐标位置,分别标明在桩位复测平面图上。测量仪器选用精密经纬仪或红外测距仪。

钻、挖孔成孔的质量标准,如表 1-2-4 所示。

钻、挖孔成孔质量标准 表 1-2-4

项　目	允　许　偏　差
孔的中心位置(mm)	群桩:100;单排桩:50
孔径(mm)	不小于设计桩径
倾斜度	钻孔:<1%;挖孔:<0.5%
孔深	摩擦桩:不小于设计规定;支承桩:比设计深度超深不小于 50mm
沉淀厚度(mm)	摩擦桩:符合设计要求,当设计无要求时,对于直径≤1.5m的桩,≤200;对桩径>1.5m或桩长>40m 或土质较差的桩,≤300;支承桩:不大于设计规定;设计未规定时≤50
清孔后泥浆指标	相对密度:1.03~1.10;黏度:17~20Pa·s;含砂率:<2%;胶体率:>98%

注:清孔后的泥浆指标,是从桩孔的顶、中、底部分别取样检验的平均值。本项指标的测定,限指大直径桩或有特定要求的钻孔桩。

6)基桩完整性检测

(1)检测目的及方法简介

桩基础在施工中,常见的缺陷有夹泥、断裂、缩径、扩径、混凝土离析及桩顶混凝土密实性较差等,影响桩身完整性,因此要进行基桩完整性检测。随着长、大桩径及高承载力桩基础迅速增加,传统的静压桩试验已很难实施,目前,常用的桩基质量的检测方法有以下几种:

①钻芯检验法。由于大直径钻孔灌注桩的设计荷载一般较大,用静力试桩法有许多困难,所以常用地质钻机在桩身上沿长度方向钻取芯样,通过对芯样的观察和测试,确定桩的质量。

这种方法只能反映钻孔范围内的小部分混凝土质量,而且设备庞大,费工费时,价格昂贵,不宜作为大面积检测方法,而只能用于抽样检测。一般抽检总桩量的3% ~5%,或作为对无损检测结果的校核手段。

②振动检验法(又称动测法)。在桩顶用各种方法(例如锤击、敲击、电磁激振器、电水花等)施加一个激振力,使桩体乃至桩土体系产生振动,或在桩内产生应力波,通过对波动及振动参数的种种分析,以推定桩体混凝土质量及总体承载力的方法。这类方法主要有以下4种:

a. 敲击法和锤击法。用力棒或锤子打击桩顶,在桩内激励振动,用加速度传感器接收桩头的响应信号,信号经处理后被显示或记录,通过对信号的时域及频域分析,可确定桩尖或缺陷的反射信号,据此可判断桩内是否存在缺陷。

b. 稳态激振机械阻抗法。在桩顶用电磁激振器激振,该激振力是一幅值恒定,频率从20 ~1 000Hz变化的简谐力,可以测量桩顶的速度响应信号。由于作用在简谐振动体系上的作用力 F,与该体系上某点的速度之比,称为机械阻抗,机械阻抗的倒数称为导纳(Mobility),因此,可用所谓记录的力和速度经仪器合成,描绘出导纳曲线,还可求得应力波在桩身混凝土中的波速、特征导纳、实测导纳及动刚度等动参数。据此,可判断是否有断桩、缩径、鼓肚、桩底沉渣太厚等缺陷,并可由动刚度估算单桩容许承载力。

c. 瞬态激振机械阻抗法。用力棒等对桩顶施加一个冲击脉冲力,这个脉冲力包含了丰富的频率成分。通过力传感器和加速度传感器,记录力信号和加速度信号,然后把两种信号输入信号处理系统,进行快速傅里叶变换,把时域变成频域,信号合成后同样可得到桩的导纳曲线,从而判断桩的质量。

d. 水电效应法。在桩顶安装一高约1m的水泥圆筒,筒内充水,在水中安放电极和水听器。电极高压放电,瞬时释放大电流产生声学效应,给桩顶一冲击能量,由水听器接收桩土体系的响应信号,对信号进行频谱分析,根据频谱曲线所含有的桩基质量信息,判断桩的质量和承载力。

③超声脉冲检验法。该法是在检测混凝土缺陷技术的基础上发展起来的。其方法是在桩的混凝土灌注前,沿桩的长度方向平行预埋若干根检测用管道,作为超声发射和接收换能器的通道。检测时探头分别在两个管子中同步移动,沿不同深度逐点测出横截面上超声脉冲穿过混凝土时的各项参数,并按超声测缺原理分析每个断面上混凝土的质量。

④射线法。该法是以放射性同位素辐射线在混凝土中的衰减、吸收、散射等现象为基础

的一种方法。当射线穿过混凝土时，因混凝土质量不同或因存在缺陷，接收仪所记录的射线强弱发生变化，据此来判断桩的质量。

由于射线的穿透能力有限，一般用于单孔测量，采用散射法，以便了解孔壁附近混凝土的质量，扩大钻芯法检测的有效半径。

(2)反射波法检测基桩完整性

该方法适用于检测桩身混凝土的完整性，推定缺陷类型及其在桩身中的位置。

①基本原理。反射波法源于应力波理论，其基本原理是在桩顶进行竖向激振，弹性波沿着桩身向下传播，在桩身存在明显波阻抗界面（如桩底、断桩或严重离析等部位）或桩身截面积变化（如缩径或扩径）部位，将产生反射波。经接收、放大滤波和数据处理，可识别来自桩身不同部位的反射信息。据此计算桩身波速，判断桩身完整性和混凝土强度等级。

②仪器设备。仪器设备由主机系统、敲击设备、接收传感器、分析处理软件 4 部分组成（图 1-2-5 ~ 图 1-2-8）。

图 1-2-5　主机系统、敲击设备、接收传感器

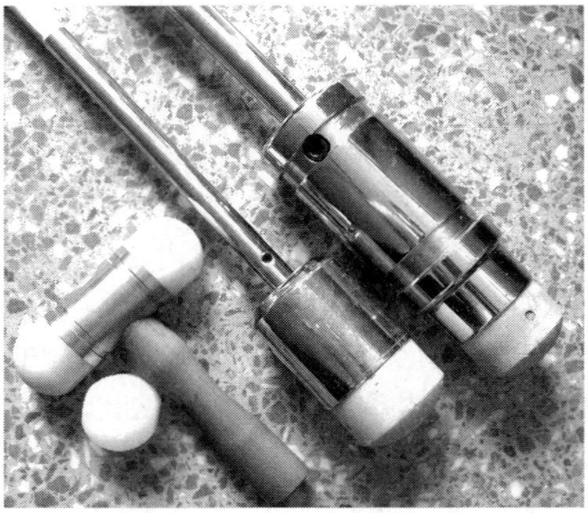

图 1-2-6　敲击设备

图 1-2-7　接收传感器

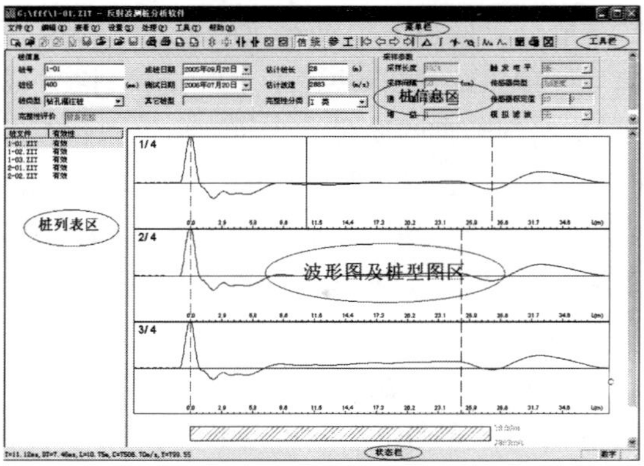

图 1-2-8　分析处理软件

③现场检测及注意事项。

现场测试，见图 1-2-9。注意事项如下：

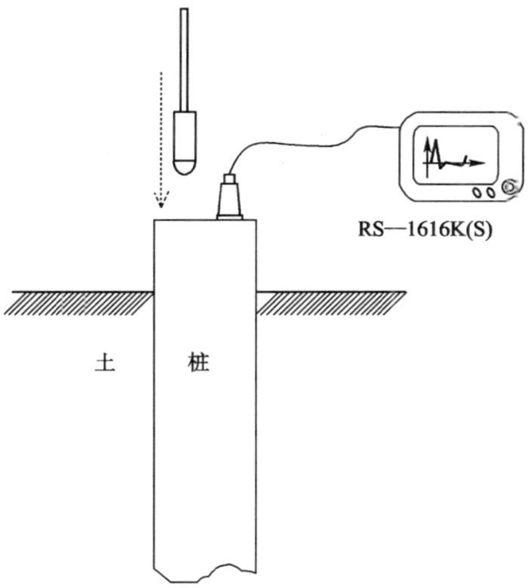

图 1-2-9　现场测试示意图

a. 收集资料：

(a)工程名称、地点，建设、勘察、设计、监理、施工单位名称。

(b)桩基础施工平面图。

(c)桩的成孔工艺。

(d)成桩机具及工艺。

(e)工程桩设计资料和施工记录。

(f)岩土工程地质勘察报告。

b. 安装传感器(图 1-2-10)。传感器的耦合点及锤的敲击点都必须干净、平整、坚硬、无积水，所以在测试前应对桩头进行必要的处理——清除桩头表面的浮浆及其他杂物，在桩头打磨出两小块平整表面分别用以安放传感器、敲击手锤。妨碍正常测试的外露主筋应割掉。

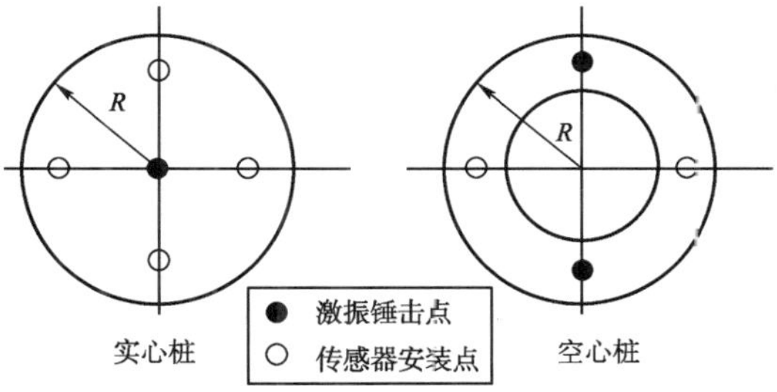

图 1-2-10　传感器安装点、锤击点布置示意图

安装完毕后的传感器必须与桩顶面保持垂直，且紧贴桩顶面，在信号采集过程中不得产生滑移或松动。

传感器安装点及其附近不得有缺损或裂缝；当锤击点在桩顶中心时，传感器安装点与桩中心的距离宜为桩半径的 2/3；当锤击点不在桩顶中心时，传感器安装点与锤击点的距离不宜小于桩半径的 1/2。对于预应力管桩，传感器安装点、锤击点与桩顶面圆心构成的平面夹角宜为 90°。对于大直径桩，宜在不同位置选取 2 ~ 4 个测点。尽量避开钢筋、混凝土质量有问题的位置。

c. 耦合剂的选择。一般可用黄油、凡士林、橡皮泥等作耦合剂。

原则：使传感器与桩紧密接合在一起，传感器能准确记录桩顶质点的振动。

作用：类似一个滤波器，可滤除一部分桩顶质点振动的高频成分。

选择:耦合时耦合剂要尽量薄,黏性要大,黏结性最好不要受水等的影响。

d. 现场检测要点:

(a)充分了解仪器及场地和桩型特点,进行细致的测前准备。

选择合适的锤,一般中小桩备好专用手锤和小尺寸力棒,长大桩则应带好足够重量的力棒。根据桩型、桩头状况,选择合理的传感器。根据天气状况、桩头准备情况和所选用传感器,选择合适的耦合剂和安装方式。

(b)认真测试头几根桩,注意波形是否合理,桩底和浅部缺陷的反应是否正常。

(c)传感器、振源、安装方式、参数设置等在头几根桩上调试结束后,即可迅速在余下桩中展开,过程中应记下疑难桩(或在疑难桩上多花时间详测),注意各桩的桩底反射情况和浅部缺陷情况;同时还应注意信号的一致性,每条桩上应确保3条以上一致性较好的信号。

(d)详测疑难桩,换用传感器和激振锤及激振点,仔细推敲该桩可能存在的问题。

④实测曲线判读解释的基本方法(表1-2-5)。

对于缩径类缺陷(缩径、空洞、离析、裂缝等),反射波与入射波同相;对于扩径类缺陷,反射波与入射波反相;当桩长和桩径一定时,桩身强度越大,桩侧土强度越小,桩底反射信号越强;反之,桩身强度越低,桩侧土强度越大,桩底反射信号越弱。

不同缺陷反射波典型记录曲线表　　表1-2-5

缺陷类别	典型记录曲线	说　明
完整	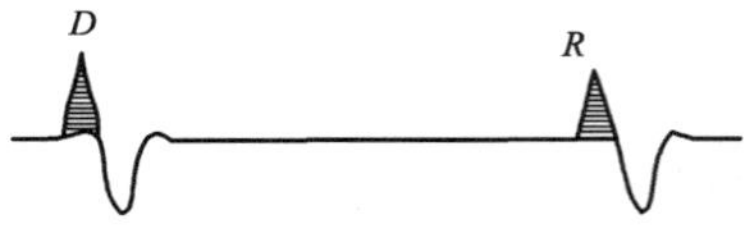	①短桩桩底反射波 R 与直达波 D 频率相近,振幅略小; ②长桩 R 振幅小、频率低; ③R 与 D 初动相位相同
扩径	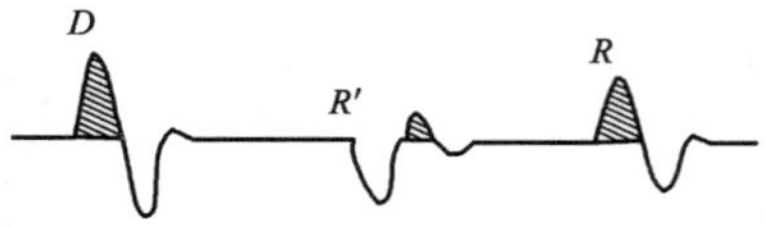	①情况与完整桩相近; ②扩径反射波 R' 初动相位与直达波 D 相反; ③R' 的振幅与扩径尺寸相关
缩径	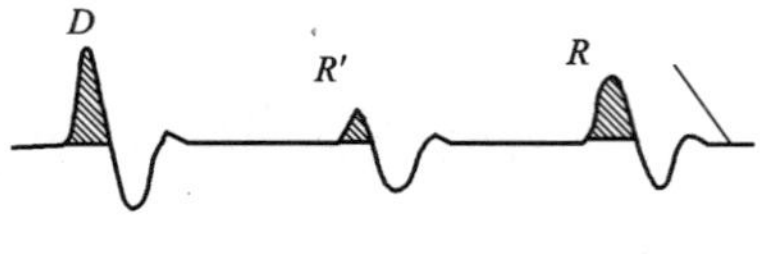	①缩径反射波 R' 其振幅大小与缩径尺寸有关; ②缩径尺寸越大,R' 振幅大而桩底反射波 R 振幅变小
夹泥微裂空洞	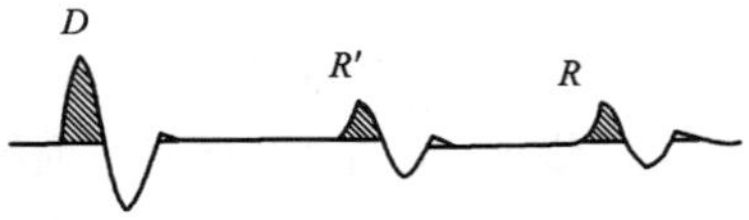	①夹泥、微裂空洞三者情况相近,缺陷反射波 R' 初动相位与 D 相同; ②桩底反射波 R 的频率随缺陷严重程度有所降低
离析	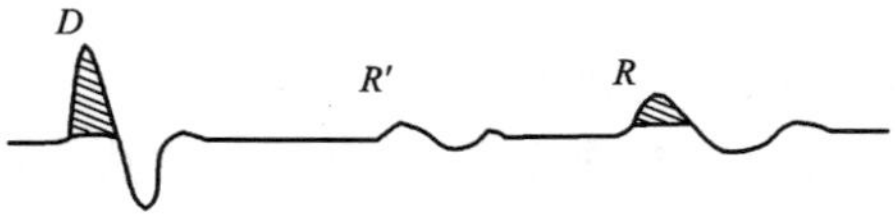	①离析反射波 R' 一般不明显; ②桩底反射波 R 的频率有所下降

续上表

缺陷类别	典型记录曲线	说　明
局部断段	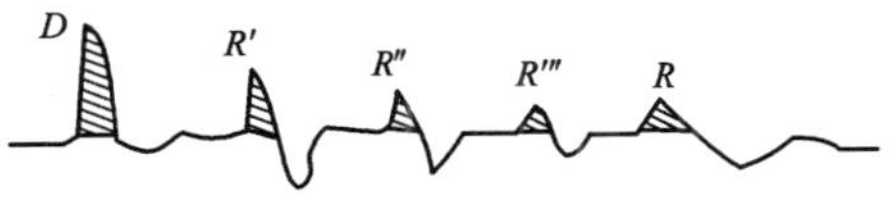	①局部断裂也会出现缺陷的多次反射波 R'、R''、R'''； ②桩底反射振幅小，频率往往降低
断柱	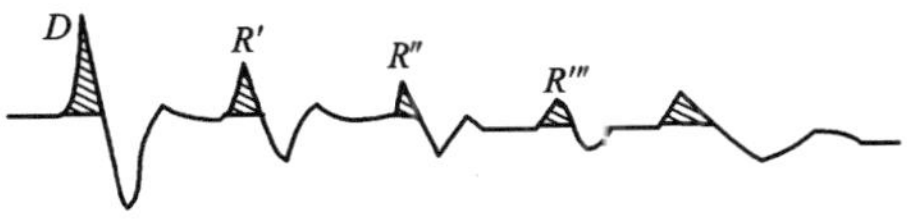	断桩无桩底反射，只有断桩部位的多次反射波 R'、R''、R'''

图1-2-11、图1-2-12、图1-2-13分别为完整桩、变截面桩以及离析、夹泥、缩径桩的反射波形图。

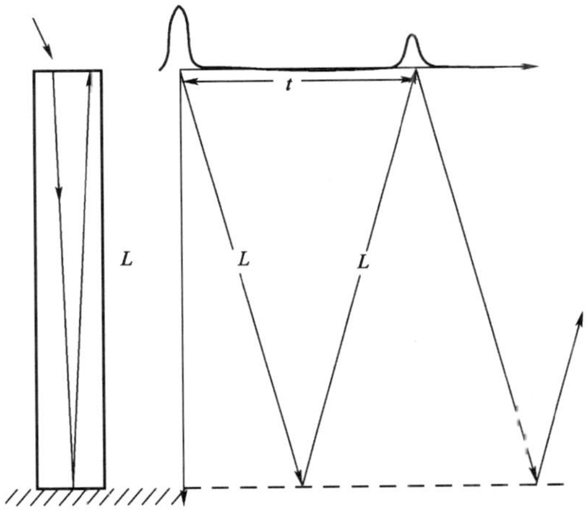

图1-2-11　完整桩的反射波形

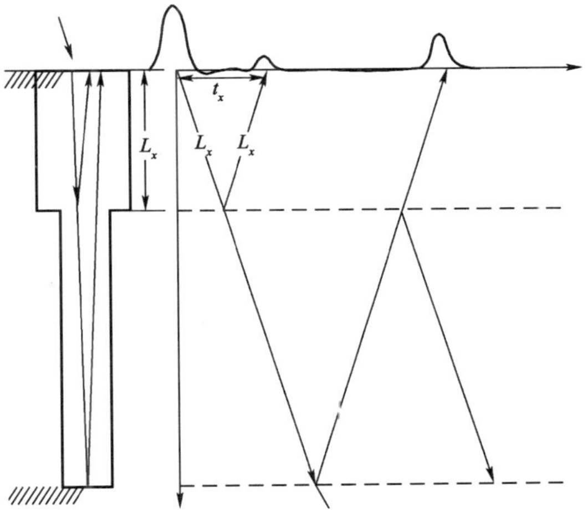

图1-2-12　变截面桩的反射波形

⑤检测结果评价。

Ⅰ类桩：桩身混凝土结构完整。

桩底反射合理，实测波速在合理范围内，桩底反射波到达前，无同相反射信号出现。

Ⅱ类桩：桩身混凝土结构基本完整，存在轻微缺陷。

桩底反射基本合理，实测波速在合理范围之内，缺陷反射波幅值相对较弱。

Ⅲ类桩：桩身混凝土结构完整性介于Ⅱ类和Ⅳ类之间，一般存在明显缺陷，宜采用钻芯法或声波透射法等其他方法进一步判断或直接进行处理。

记录到多个同相反射信号，形成复杂波列，

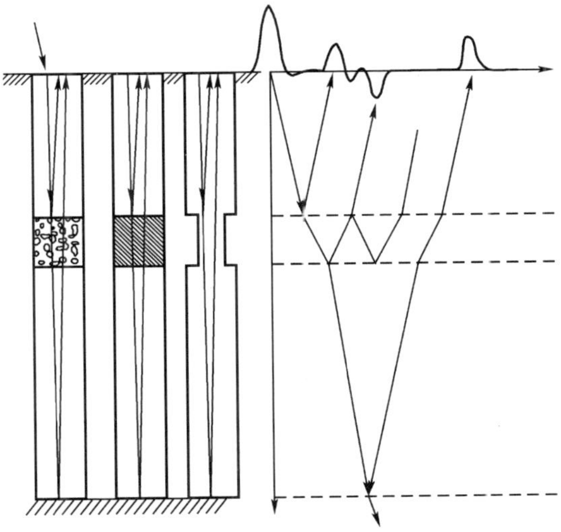

图1-2-13　离析、夹泥、缩径桩的反射波形

且无合理的桩底反射信号。依反射信号和提供桩长计算的波速,明显偏离同类完整桩平均波速;时域信号存在较强的异常同相反射;嵌岩端承型桩的桩底反射波与入射波相位相同。

Ⅳ 类桩:桩身混凝土结构存在严重缺陷,就其结构完整性而言不能使用。

未见桩底反射。出现多次幅值较强的同相、等间距反射信号;信号幅值明显较强并以大低频形式出现,当振源脉冲宽度极窄时,同时伴有连续的时间间隔很小的同相反射(频域为双峰),此为典型的浅部断桩特征(原则上浅部缺陷应在现场予以处理,这类缺陷一般无须出现在结果表中,但可加以说明)。

拓展提高

- 超声脉冲检验法

(1)检测方式

为了使超声脉冲能横穿各个不同深度的横截面,必须使超声探头深入桩体内部,为此,须事先预埋声测管,作为探头进入桩内的通道。根据声测管埋置的不同情况,可以有如下3种检测方法:

①双孔检测。在桩内预埋两根以上的管道,把发射探头和接收探头分别置于两根管道中,见图1-2-14a)。检测时超声脉冲穿过两根管道之间的混凝土,实际有效范围即为超声脉冲从发射到接收探头所扫过的面积。为了尽可能扩大在桩横截面上的有效检测控制面积,必须使声测管的布置合理。

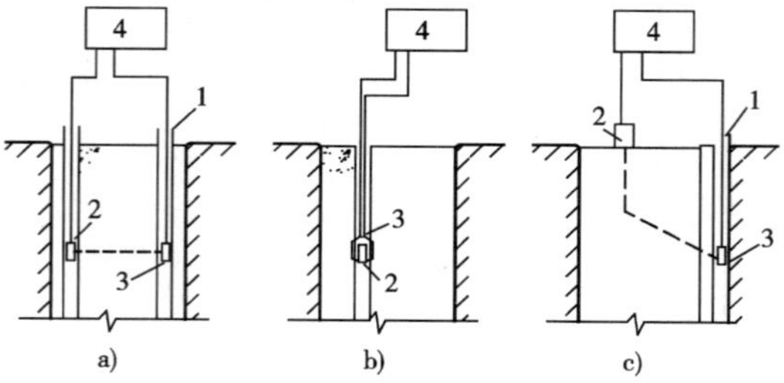

图1-2-14　钻孔灌注桩超声脉冲检测方式

a)双孔检测;b)单孔检测;c)桩外孔检测

1-声测管;2-发射探头;3-接收探头;4-超声波检测仪

双孔测量时根据两探头相对高程的变化,又可分为平测、斜测、扇形扫测等方式,在检测时视实际需要灵活运用。

②单孔检测。在某些特殊情况下,只有1个孔道可供检测使用,例如在钻孔取芯后需进一步了解芯样周围混凝土的质量,以扩大取芯检测后的观察范围,这时可采用单孔测量方式,见图1-2-14b)。换能器放置在一个孔中,探头之间用隔声材料隔离。这时声波从水中及混凝土中分别绕射到接收换能器,接收信号为从水及混凝土等不同声通路传播而来的信号的叠加,分析这一叠加信号,并测出不同声通路的声时及波高等物理量,即可分析孔道周围混凝土的质量。

运用这一检测方式时,必须运用信号分析技术,排除管中的混响干扰。当孔道内有钢质套管时,不能用此法检测。

③桩外孔检测。当桩的上部结构已施工,或桩内未预埋管道时,可在桩外的土基中钻1个孔作为检测通道。检测时在桩顶上放置一个较强功率的低频平探头,向下沿桩身发射超声脉冲,接收探头从桩外孔中慢慢放下。超声脉冲沿桩身混凝土并穿过桩与测孔之间的土进入接收探头,逐点测出声时、波高等参数,作为判断依据,见图1-2-14c)。这种方式的可测深度受仪器发射功率的限制,一般只能测到10m左右。

以上3种方式中,双孔检测是桩基超声脉冲检测的基本形式,其他两种方式在检测和结果分析上都比较困难，只能作为特殊情况下的补救措施。

(2)判断桩内缺陷的基本物理量

①声时值。由于钻孔桩的混凝土缺陷主要是由于灌注时混入泥浆或混入自孔壁坍落的泥、砂所造成的，缺陷区的夹杂物声速较低，或声阻抗明显低于混凝土的声阻抗，因此，超声脉冲穿过缺陷或绕过缺陷时，声时值增大。增大的数值与缺陷尺度大小有关，所以声时值是判断缺陷有无和计算缺陷大小的基本物理量。

②波幅(或衰减)。当波束穿过缺陷区时，部分声能被缺陷内含物所吸收，部分声能被缺陷的不规则表面反射和散射，到达接收探头的声能明显减少，反映为波幅降低。实践证明，波幅对缺陷的存在非常敏感，是在桩内判断缺陷有无的重要参数。

③接收信号的频率变化。当超声脉冲穿过缺陷区时，声脉冲中的高频部分首先被衰减，导致接收信号主频下降，即所谓频漂，其下降百分率与缺陷的严重程度有关。接收频率的变化实质上是缺陷区声能衰减作用的反映，它对缺陷也较敏感，而且测量值比较稳定，因此，也可作为桩内缺陷判断的重要依据。

④接收波形的畸变。接收波形产生畸变的原因较复杂，一般认为是由于缺陷区的干扰，部分超声脉冲波被多次反射而滞后到达接收探头。这些波束的前锋到达接收探头的时间参差不齐，相位也不尽一致，叠加后造成接收波形的畸变。因此，接收波形上带有混凝土内部的丰富信息。如能对波形进行信息处理，搞清波束在混凝土内部反射和叠加机理，则可确切地进行缺陷定量分析。但目前，波形信息处理方法未能解决，一般只能将波形畸变作为缺陷定性分析依据以及判断缺陷的参考指标。

在检测时，探头在声测管中逐点测量各深度的声时、波幅(或衰减)、接收频率及波形畸变位置等。然后，可绘成“声时-深度曲线”、“波幅-深度曲线”及“接收频率变化率-深度曲线”等，供分析使用。

(3)钻孔灌注桩超声脉冲检测法的主要设备

钻孔灌注桩超声脉冲检测法的主要设备，目前常用的检测装置有两种：

①用一般超声检测仪和发射及接收探头所组成。探头在声测管内的移动由人工操作，数据读出后再输入计算机处理。这套装置与一般超声检测装置通用，但检测速度慢、效率较低。

②全自动智能化测桩专用的检测装置，如图1-2-15。它由超声发射及接收装置、探头自动升降装置、测量控制装置、数据处理计算机系统等4大部分所组成。

数据处理计算机系统是测控装置的主控部件，具有人机对话、发布各类指令、进行数据处理等功能。它通过总线接口与测量控制装置连接，发出测量的控制命令，以及进行信息交换；升降机构根据指令通过步进电机进行上升、下降及定位等动作，移动探头至各测量点；超声发射和接收装置发射并接收超声波，取得测量数据，传送到数据处理计算机，进行数据处理、存储、显示和打印。由于测试系统由计算机控制，测量过程无须人工干预，因此可自动、迅速地完成全桩测量工作。

(4)现场检测

①预埋检测管应符合下列规定：

桩径<1.0m时应埋设双管；桩径在1.0~2.5m之间应埋设3根管；桩径在2.5m以上应埋设4根管，如图1-2-16所示。

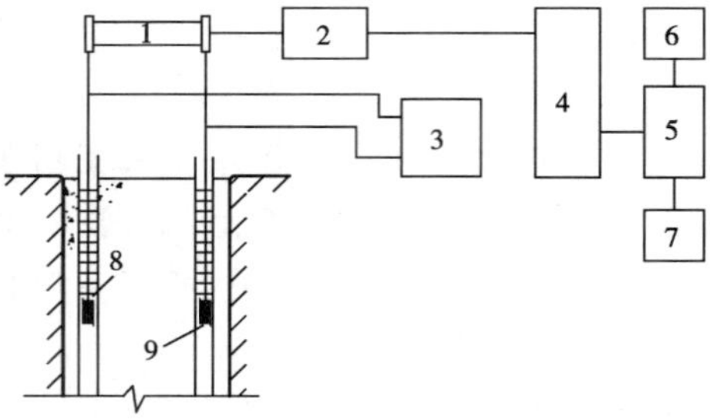

图 1-2-15　全自动智能化测桩专用检测装置原理框图

1-探头升降机构；2-步进电机驱动电源；3-超声发射与接收装置；4-测控接口；5-计算机；6-磁带机；7-打印机；8、9-发射、接收探头

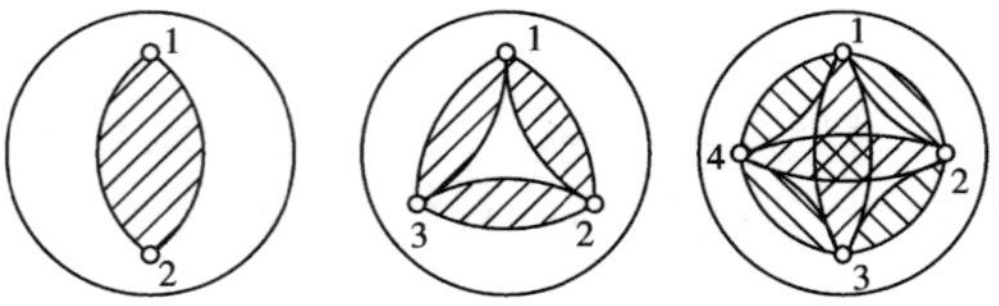

图 1-2-16　声波透射埋管编组

注：图中数字为检测管埋设位置。

声波检测管宜采用钢管、塑料管或钢质波纹管，其内径宜为 50～60mm。钢管宜用螺纹连接，管的下端应封闭，上端应加盖。根据计算和试验，采用钢管时，双孔测量的声能透过率只有 0.5%，塑料管则为 42%，可见采用塑料管时接收信号比采用钢管时强，但由于在地下水泥水化热不易发散，而塑料温度变形系数较大，当混凝土硬化后塑料管因温度下降而产生纵向和径向收缩，致使混凝土与塑料管局部脱开，容易造成误判。试验证明，钢管的界面损失虽然较大，但仍有足够大的接收信号，而且安装方便，可代替部分钢筋截面，还可作为以后桩底压浆的通道，所以采用钢管作测管是合适的。塑料管的声能透过率较高，在保证它与混凝土良好黏结的前提下，也可使用。

检测管可焊接或绑扎在钢筋笼的内侧，检测管之间应相互平行。但在实际施工中，由于钢筋骨架刚度不足，对平行度提出过高的要求是不现实的。在检测内部缺陷时，不平行的影响，可在数据处理中予以鉴别和消除，所以对平行度不必苛求，但必须严格控制。

②现场检测前测定声波检测仪发射至接收系统的延迟时间 t。

③在检测管内应注满清水。测量点距 20～40cm，当发现读数异常时，应加密测量点距。

④一根桩有多根检测管时，应将每 2 根检测管编为一组，分组进行测试。

⑤每组检测管测试完成后，测试点应随机重复抽测 10%～20%。其声时相对标准差不应大于 5%；波幅相对标准差不应大于 10%。对声时及波幅异常的部位应重复抽测。

(5)检测数据处理与判定

①概率法。首先计算出桩基各测点声时的平均值 μ_t 及标准差 σ_t；然后采用声时平均值 μ_t 与声时 2 倍标准差 σ_t 之和作为判定桩身有无缺陷的临界值，并按式(1-2-5)和式(1-2-6)计算。

$$\mu_t = \sum_{i=1}^{n} \frac{t_i}{n} \tag{1-2-5}$$

$$\sigma_t = \sqrt{\frac{\sum_{i=1}^{n}(t_i - \mu_t)^2}{n-1}} \tag{1-2-6}$$

式中：n——测点数；

t_i——混凝土中第 i 测点声波传播时间，μs；

μ_t——声时平均值；

σ_t——声时标准差。

②相邻测点间声时的斜率和差值乘积判据(简称PSD判据)。设测点的深度为H,相应的声时值为t,则声时值因混凝土中存在缺陷或其他因素的影响,而随深度变化的关系,可用式(1-2-7)表达:

$$t = f(H) \tag{1-2-7}$$

当桩内存在缺陷时,由于在缺陷与完好混凝土界面处声时值的突变,从理论上说,该函数应是不连续函数。在缺陷的界面上,当深度增量(即测点间距)$\Delta H \to 0$,而且由于缺陷表面的凹凸不平,以及孔洞等缺陷是由于波线曲折而引起声时变化的,所以在$t=f(H)$的实测曲线中,在缺陷处只表现为斜率的变化。该斜率可用相邻测点的声时差值与测点间距离之比求得,即

$$S_i = \frac{t_i - t_{i-1}}{H_i - H_{i-1}} \tag{1-2-8}$$

式中:下标i——测点位置或序号;

S_i——第$i-1$至i测点之间的斜率;

t_i、t_{i-1}——相邻两测点的声时值;

H_i、H_{i-1}——相邻两测点的深度。

但是,斜率只反映了相邻两测点声时值的变化速率。实测时往往采用不同的测点间距,因此,虽然所求出的S_i相同,但所对应的声时差值可能是不同的。正如图1-2-17中所示的两条t-H曲线,在M和M'点的S_i相同,但声时差值不同,而声时差值是与缺陷大小有关的参数。

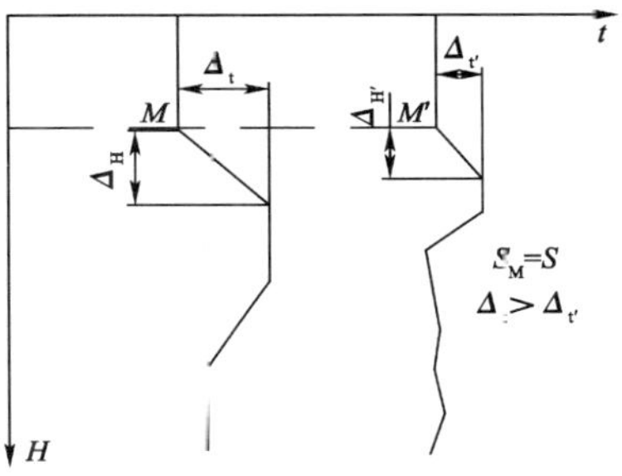

图1-2-17 t-H曲线

为了使判据进一步反映缺陷的大小,就必须加大声时差值在判据中的权数。因此,判据可写成:

$$K_i = S(t_i - t_{i-1}) = \frac{(t_i - t_{i-1})^2}{H_i - H_{i-1}} \tag{1-2-9}$$

式中:K_i——i点的PSD判据值;

其他等号意义同前。

③多因素概率分析法。以上两种判据多是采用声时或波幅等单一指标作为判别的基本依据,但检测时可同时读出声时、波幅、接收波频率等参数,若能综合运用这些参数作为判断依据,则可提高判断的可靠性。多因素的概率法就是运用声时、频率、波幅或声速、频率、波幅等参数,通过其总体的概率分布特征,获得一个综合判据值NFP,来判断缺陷的一种方法。

各测点的综合判据值NFP按式(1-2-10)计算:

$$\mathrm{NFP}_i = \frac{v'_i F'_i A'_i}{\frac{1}{n}\sum_{i=1}^{n}(v'_i F'_i A'_i) - ZS} \tag{1-2-10}$$

式中:NFP_i——第i测点的综合判据;

v'_i、F'_i、A'_i——第i点的声速、频率、波幅的相对值,即分别除以该桩各测点中最大声速、频率、波幅后所得的值;

S——上述3个参数相对值之积为样本的标准差;

Z——概率保证系数，它是根据与样本相拟合的夏里埃(Charliar)分布率幂函数及样本的偏移系数、峰凸系数及其保证率所决定的。

根据NFP判据的性质可知，NFP_i越大，则混凝土质量越好。当$NFP_i<1$时，该点应判为缺陷，同时根据实践经验所得的表1-2-6可作为判断缺陷性质的参考。

NFP法判断缺陷性质的参考表 表1-2-6

判断依据				缺陷性质	判断依据				缺陷性质
NFP	v	f	a		NPF	v	f	a	
≥1				无缺陷	0.35～0.5	正常	正常	较低	较严重的夹泥、夹沙
						低	低	较低	较严重的低强区或缩径
0.5～1	正常	正常	略低	局部夹泥(局部缺陷)	0～0.35	低	低	较低	砂、石堆积断层
	低	低	正常	一般低强区(局部缺陷)		很低	很低	很低	夹泥、砂断层

7)基桩承载力检测

目前确定基桩承载力的方法有两类，即静荷载试验和各种桩的动测方法。静荷载试验是确定单桩承载力方法中最基本、最可靠的方法，其他各种测定方法(如静力触探、动测法等)的成果，都必须与静压试验相比较，才能判明其准确性。国内外规范一致规定，对重要工程都应通过静载试验。

(1)基桩静荷载试验

①试验前的准备工作。

a.试桩的桩顶如有破损或强度不足时，应将破损和强度不足段凿除后，修补平整。

b.做静推试验的桩，如系空心桩，则应在直接受力部位填充混凝土。

c.做静压、静拔的试桩，为便于在原地面处施加荷载，在承台底面以上部分或局部冲刷线以上部分设计不能考虑的摩擦力应予扣除。

d.做静压、静拔的试桩，桩身需通过尚未固结新近沉积的土层或湿陷性黄土、软土等土层对桩侧产生向上的负摩擦力部分，应在桩表面涂设涂层，或设置套管等方法予以消除。

e.在冰冻季节试桩时，应将桩周围的冻土全部融化，其融化范围：静压、静拔试验时，离试桩周围不小于1m；静推试验时，不小于2m。融化状态应保持到试验结束。

f.在结冰的水域做试验时，桩与冰层间应保持不小于100mm的间隙。

②静压试验。

a.试验目的：通常用来确定单桩承载力和荷载与位移的关系，以及校核动力公式的准确程度。

b.试验方法：采用慢速维持荷载法，若设计无特殊要求时，用单循环加载试验。

c.试验时间：静压试验应在冲击试验后立即进行。对于钻(挖)孔灌注桩，须待混凝土达到能承受设计要求荷载后，才可进行试验。

d.试验加载装置：一般采用油压千斤顶加载。

e.测量位移装置：测量仪表必须精确，一般使用1/20mm光学仪器或力学仪表，如水平仪、挠度仪、位移计等。支承仪表的基准架应有足够的刚度和稳定性。基准梁的一端在其支承上可以自由移动，不受温度影响而引起上拱或下挠。基准桩应埋入地基表面以下一定深度，不受气候条件等影响。基准桩中心与试桩、锚桩中心(或压重平台支承边缘)之间的距离应符合表1-2-7的规定。

基准桩中心至试桩、锚桩中心(或压重平台支承边)的距离　　表1-2-7

反力系统	基准桩与试桩	基准桩与锚桩(或压重平台支承边)
锚桩承载梁反力装置	≥4d	≥4d
压重平台反力装置	≥2.0m	≥2.0m

注:表中为试桩的直径或边长d≤800mm的情况;若试桩直径d>8mm时,基准桩中心至试桩中心(或压重平台支承边)的距离不宜小于4.0mm。

f.加载方法:

(a)加载重心应与试桩轴线相一致。加载时应分级进行,使荷载传递均匀,无冲击。加载过程中,荷载不能超过每级的规定值。

(b)加载分级:每级加载量为预估最大荷载的1/15~1/10。当桩的下端埋入巨粒土、粗粒土以及坚硬的黏质土时,第一级可按2倍的分级荷载加载。

(c)预估最大荷载:对施工检验性试验,一般可采用设计荷载的2.0倍。

g.沉降观测:

(a)下沉未达到稳定状态不得进行下一级加载。

(b)每级加载的观测时间规定为:每级加载完毕后,每隔15min观测一次;累计1h后,每隔30min观测一次。

h.稳定标准:

每级加载下沉量,在下列时间内如不大于0.1mm即可认为稳定。

(a)桩端下为巨粒土、砂类土、坚硬黏质土,最后30min。

(b)桩端下为半坚硬和细粒土,最后1h。

i.加载终止及极限荷载取值:

(a)总位移量大于或等于40mm,本级荷载的下沉量大于或等于前一级荷载下沉量的5倍时,加载即可终止。取此终止时荷载小一级的荷载为极限荷载。

(b)总位移量大于或等于40mm,本级荷载加上后24h未达稳定,加载即可终止。取此终止时荷载小一级的荷载为极限荷载。

(c)巨粒土、密实砂类土以及坚硬的黏质土中,总下沉量小于40mm,但荷载已大于或等于设计荷载设计规定的安全系数,加载即可终止。取此时的荷载为极限荷载。

(d)施工过程中的检验性试验,一般加载应继续到桩的2倍的设计荷载为止。如果桩的总沉降量不超过40mm,及最后一级加载引起的沉降不超过前一级加载引起的沉降的5倍,则该桩可以停止试验。

(e)极限荷载的确定有时比较困难,应绘制荷载-沉降曲线(P-S曲线)、沉降-时间曲线(S-t曲线)确定,必要时还应绘制S-lg$t$曲线、S-lg$P$曲线(单对数法)、S-$(1-P/P_{max})$曲线(百分率法)等综合比较,确定比较合理的极限荷载值。

j.桩的卸载和回弹量观测:

(a)卸载应分级进行,每级卸载量为两个加载级的荷载值。每级荷载卸载后,应观测桩顶的回弹量,观测办法与沉降相同,直到回弹稳定后,再卸下一级荷载。回弹稳定标准与下沉稳定标准相同。

(b)卸载到零后，至少在2h内每30min观测一次，如果桩尖下为砂类土，则开始30min内，每15min观测一次；如果桩尖下为黏质土，第一小时内，每15min观测一次。

k. 试验记录：所有试验数据应按表1-2-8及时填写记录，绘制静压试验曲线，如图1-2-18所示，并编写试验报告。

静压试验记录表　　表1-2-8

____线____桥____号试桩　　地质情况____

沉桩方法及设备型号____　　桥的类型、截面尺寸及长度____

桩的入土深度____(m)，设计荷载____(kN)　　最终贯入度____(mm/击)

加载方法____　　加载顺序____

荷载编号	起止时间			间歇时间(min)	每级荷载	各表读数(mm)		平均读数(min)	位移(mm)			室温(℃)	备注
	日	时	分			1号	2号		下沉	上拔	水平		
其他记录：													

静荷载试验现场，如图1-2-19所示。

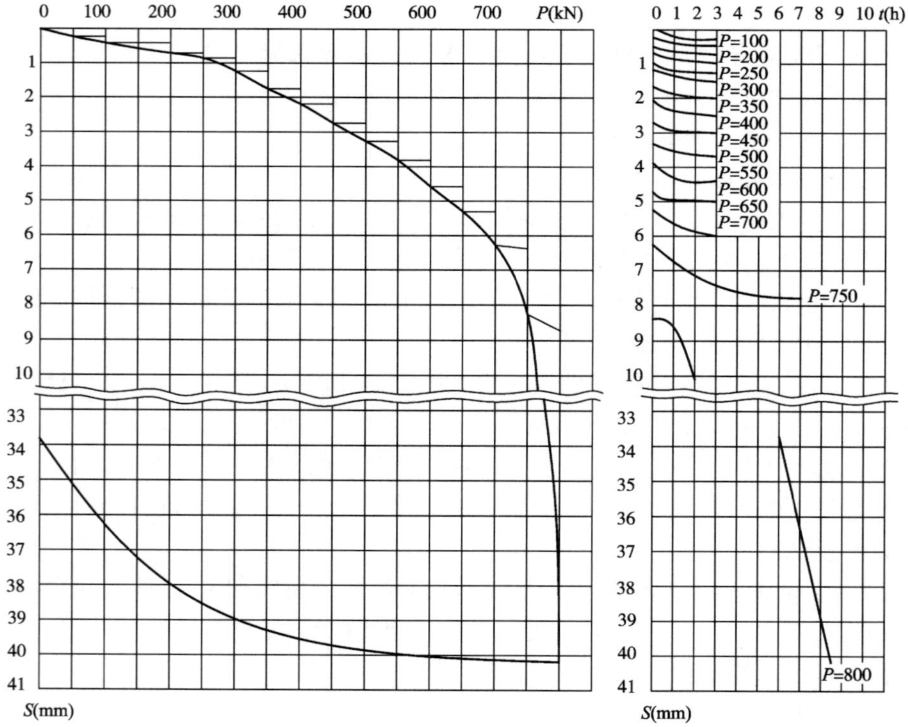

a)　　b)

图1-2-18　静压试验曲线

a) P-S曲线；b) S-t曲线

a)

b)

图 1-2-19　静荷载试验现场

③注意问题。

a. 加载装置要安全可靠，保证有足够的加载量，不能发生加载量达不到要求而中途停止试验的事故。

b. 设置基准点时应满足以下条件：基准点本身不变动，没有被接触或遭破损的危险，附近没有振源，不受直射阳光与风雨等干扰，不受试桩下沉的影响。

c. 当测量桩位移用的基准梁采用钢梁时，为保证测试精度需采取下述措施：基准梁的一端固定，另一端必须自由支承，防止基准梁受日光直接照射；基准梁附近不设照明及取暖炉，必要时基准梁可用聚苯乙烯等隔热材料包裹起来，以消除温度影响。

d. 测量仪器安装前应予校验，擦干润滑。

(2)高应变动力检测法

随着我国基本建设事业的飞速发展，桩基工程日益增多，桩的检测转到下一段工作量很大。传统的静载试验方法，由于其费用高、时间长，通常检测数量只能达到总桩数的1%左右；而且随着桩径、桩长的增大，静载试验从其实施规模、消耗资金和需要时间来看，均已到了难以接受的程度。而高应变动力检测法以其技术相对先进、操作较为简便、占用时间较短、所需费用较低等优点，近年来得到了广泛的推广和应用。

①检测基本原理及要求。

检测的基本原理为：用重锤冲击桩顶，使桩-土产生足够的相对位移，以充分激发桩周土阻力和桩端支承力，通过安装在桩顶以下桩身两侧的力和加速度传感器接收桩的应力波信号，应用应力波理论分析处理力和速度时程曲线，从而判定桩的承载力和评价桩身质量完整性。

高应变动力检测的结果可用于下列工作：

a. 监测预制桩打入时的桩身应力与桩锤效率，选择沉桩设备与工艺参数；

b. 选择预制桩合理的桩型和桩长；

c. 采用实测曲线拟合法估计桩侧与桩端土阻力分布，模拟静荷载试验的 Q-S 曲线等。

采用高应变动力检测时，委托单位应提供下列资料：

(a)工程名称及建设、设计、施工单位名称；

(b)试桩区域内建筑场地的工程地质勘察报告；

(c)桩基础施工图；

(d)工程桩施工记录；

(e)试桩桩身混凝土强度试验报告；

(f)试桩桩顶处理前、后的高程。

进行单桩承载力检测时，对工程地质条件、桩型、成桩机具和工艺相同、同一单位施工的基桩，检测桩数不宜少于总桩数的2%，并不得少于5根。

一般高应变动力检测属非破损检验，检测可选用工程桩进行。

②检测仪器及设备。

试验仪器应具有现场显示、记录、保存实测力与加速度信号的功能，并能进行数据处理、打印和绘图(图1-2-20～图1-2-30)。其性能应符合下列规定：

a.数据采集装置的模-数转换精度不应小于10位，通道之间的相位差应小于50μs。

b.力传感器宜采用工具式应变传感器，应变传感器安装谐振频率应大于2kHz，在1 000μs测量范围内的非线性误差不应大于±1%，由于导线电阻引起的灵敏度降低不应大于1%。

c.安装后的加速度计在2～3 000Hz范围内灵敏度变化不应大于±5%，冲击加速度在10 000m/s^2范围内其幅值非线性误差不应大于±5%。

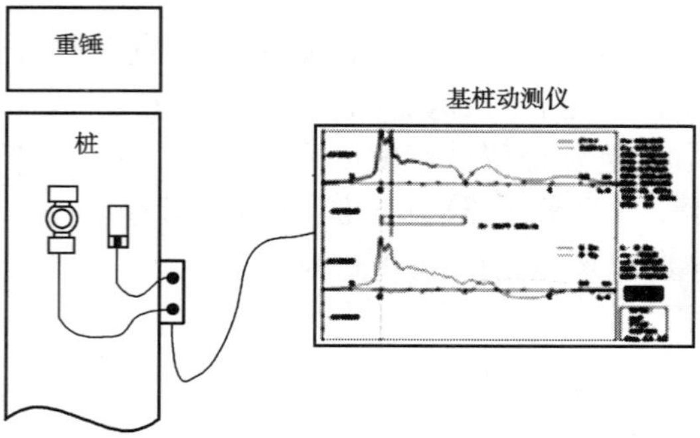

图1-2-20　高应变动力试桩现场测试示意图

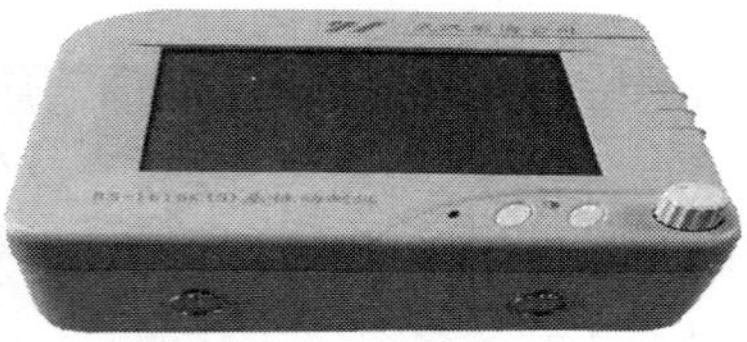

图1-2-21　动测仪前面板

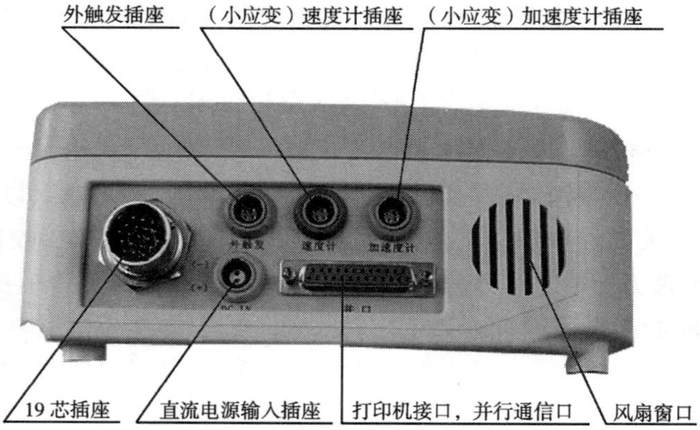

图1-2-22　动测仪后面板

传感器应每年标定一次。

打桩机械或类似的装置都可作为锤击设备。重锤应质量均匀，形状对称，锤底平整，宜用铸钢或铸铁制作。当采用自由落锤时，锤的重量应大于预估的单桩极限承载力的1%。例如预估的单桩极限承载力为1 000kN，则锤的重量宜大于10kN。

桩的贯入度一般采用精密水准仪、激光变形仪等光学仪器测定。

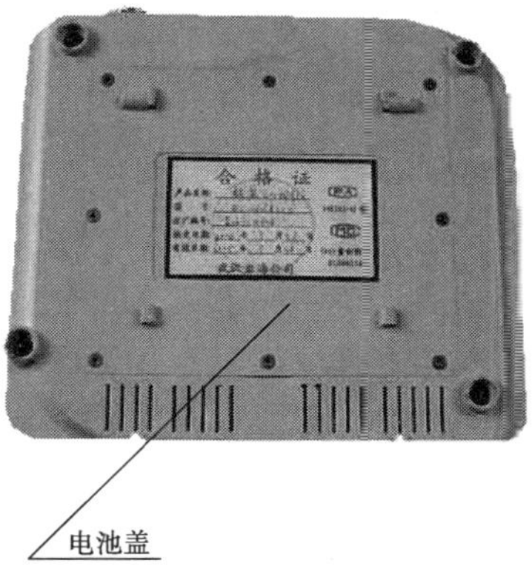

图 1-2-23　动测仪底面板

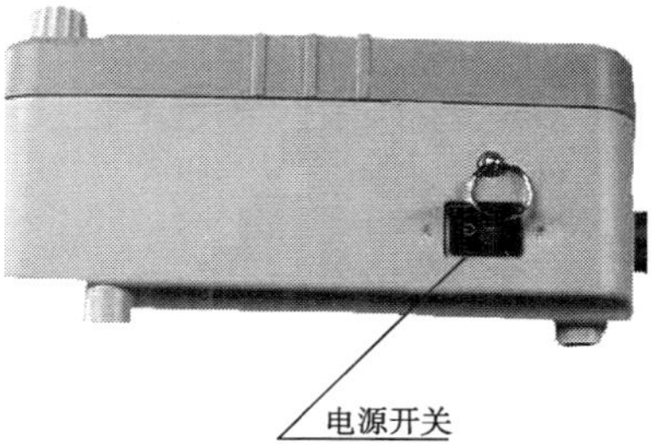

图 1-2-24　动测仪右侧面

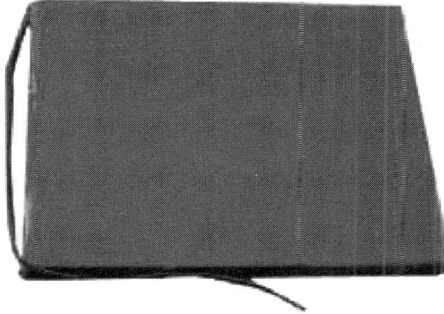

图 1-2-25　锂电池

图 1-2-26　直流电源适配器

低应变反射波法基桩完整性检测可选用如下传感器：

a. 恒流源加速度计（图 1-2-27）；

b. 高阻尼速度计（图 1-2-23）。

两者可以单独使用，也可以同时使用。

图 1-2-27　恒流源加速度计

图 1-2-28　高阻尼速度计

③现场检测参数设定。

a. 桩的参数设定。现场检测时桩头测点处的桩截面积、桩身波速、桩材质量密度和弹性模量应按测点处桩的实际情况确定。

测点下桩长和截面积的设定值应符合下列规定：

(a)测点下桩长应取传感器安装点至桩底的距离；

(b)对于预制桩，可采用建设或施工单位提供的实际桩长和桩截面积作为设定值；

(c)对于混凝土灌注桩，测点下桩长和截面积设定值宜按建设或施工单位提供的施工记录确定。

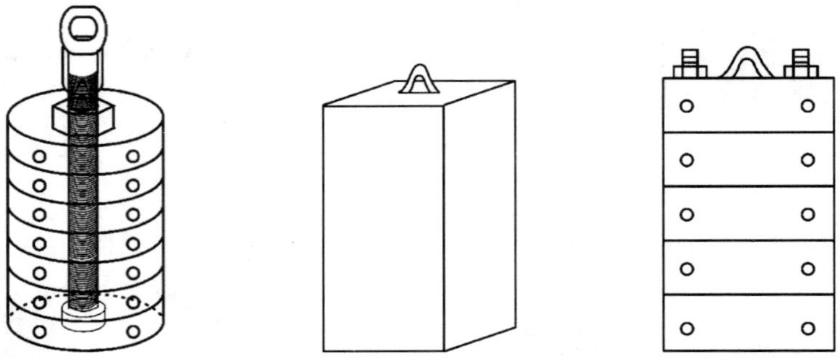

a)　　b)　　c)

图 1-2-29　锤的类型

a)整体；b)组合；c)组合

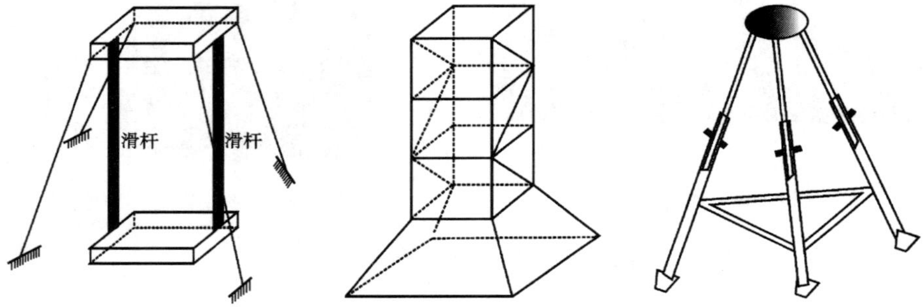

a)　　b)　　c)

图 1-2-30　导向架及支架的类型

桩身波速设定：

(a)对于普通钢桩，波速值可设定为 5 120m/s。

(b)对于混凝土预制桩，宜在打入前实测无缺陷桩的桩身平均波速作为设定值。

(c)对于混凝土灌注桩，在桩长已知的情况下，可用反射波法按桩底反射信号计算桩的平均波速作为设定值；如桩底反射信号不清晰，可根据桩身混凝土强度等级等参数综合设定。

桩身质量密度设定：

(a)对于普通钢桩，质量密度应设定为 $7.85t/m^3$。

(b)对于普通混凝土预制桩，质量密度可设定为 $2.45 \sim 2.55t/m^3$。

(c)对于普通混凝土灌注桩，质量密度可设定为 $2.4\ t/m^3$。

桩材的弹性模量设定值应按式(1-2-11)计算：

$$E = \rho \cdot c^2 \tag{1-2-11}$$

式中：E——桩材弹性模量，MPa；

c——桩身内应力波传播速度，m/s；

ρ——桩材质量密度，t/m^3。

b. 采样频率和采样数据长度的设定。

(a)采样频率宜为5~10kHz。

(b)每个信号的采样点数不宜少于1 024点。

c. 力传感器和加速度传感器标定系数的设定。力传感器和加速度传感器标定系数应由国家法定计量单位开具的标定系数或传感器出厂标定系数作为设定值。

④检测要求。

当检测承载力时，从设桩至检测(或复打)的休止时间应符合下列规定：

a. 预制桩不应少于表1-2-9中规定的时间。

b. 混凝土灌注桩应在混凝土达到设计强度等级，并不应少于表1-2-9中规定的时间。

休止时间(d) 表1-2-9

土的类别	休止时间	土的类别		休止时间
砂土	7	黏性土	非饱和	15
粉土	10		饱和	25

c. 每根桩应记录的有效锤击次数，应根据贯入度及信号质量参照表1-2-10取定。

有效锤击次数 表1-2-10

检测目的	桩型	有效锤击次数
基桩检测	灌注桩	2~3击
	预制桩(复打)	2~3击
施工监控	预制桩(初打)	收锤前3阵
	预制桩(复打)	1阵

注：每阵为10击。

d. 采用自由落锤为锤击设备时，宜重锤低击，最大锤击落距不宜大于2.50m。

e. 如果试验目的是为了确定监测预制桩打入时的桩身应力与桩锤效率，选择沉桩设备与工艺参数，或是为了选择预制桩合理的桩型和桩长，应进行打桩全过程检测。

⑤现场检测前的准备工作。

a. 基桩开挖方法：基桩两侧对称开挖两个土坑(其深度为不小于两倍桩径，大小为要足以让人下去打冲击钻)。

b. 重量为桩极限承载力的1%~1.5%的大锤。

c. 桩顶要剔除浮浆及露头钢筋，保证桩顶面平整。

d. 冲击钻(不是电钻)钻头ϕ8mm。

e. 膨胀螺钉ϕ6mm。

f. 拧ϕ6mm膨胀螺钉小固定扳手2把。

g. 老虎钳1把，家用铁锤2把。

h. 打磨机(切割片为金刚片，不能用砂轮的)。

i. 3cm左右厚的三合板(作为锤垫使用)。

j. 桩周围有积水涌出时要准备水泵抽水(一般施工方配合)。

k. 吊车(布置好吊车进场环境)或其他吊锤机械。

l. 力传感器的两孔距为 7.6cm，如图 1-2-31 所示。

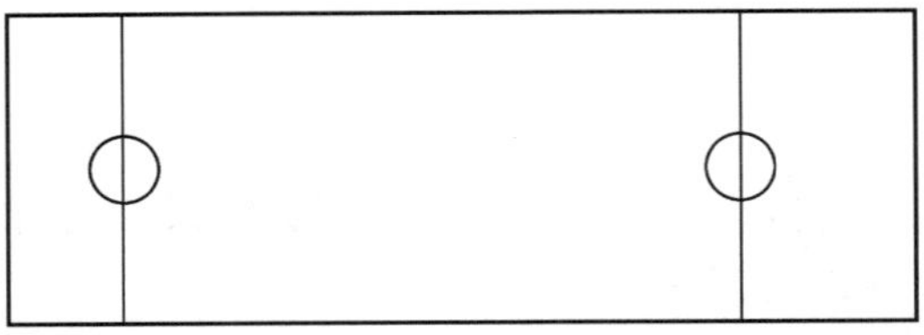

图 1-2-31　力传感器的两孔距示意图

⑥注意事项。

为确保检测时锤击力的正常传递，对混凝土灌注桩、桩头严重破损的混凝土预制桩和桩头已出现屈服变形的钢桩，检测前应对桩头进行修复或加固处理。

a. 桩头顶面应水平、平整，桩头中轴线与桩身中轴线应重合，桩头截面积应与原桩身截面积相同。

b. 桩头主筋应全部直通至桩顶混凝土保护层之下，各主筋应在同一高度上。

c. 距桩顶 1 倍桩径范围内，宜用厚度为 3 ~ 5mm 的钢板围裹或距桩顶 1.5 倍桩径范围内设置箍筋，间距不宜大于 150mm。桩顶应设置钢筋网片 2 ~ 3 层，间距 60 ~ 100mm。

d. 桩头混凝土强度等级宜比桩身混凝土强度等级提高 1 ~ 2 级，且不得低于 C30。

桩顶应设置桩垫，并根据使用情况及时更换。桩垫采用胶合板、木板和纤维板等材质均匀的材料。

为监视和减少可能出现的偏心锤击的影响，检测时应安装应变传感器和加速度传感器各两只。传感器的安装应符合下列规定：

a. 传感器应分别对称安装在桩顶以下桩身两侧，见图 1-2-32；传感器与桩顶之间的垂直距离，对于一般桩形，不宜小于 2 倍桩的直径或边长。对于大直径桩，不得小于 1 倍桩的直径或边长。

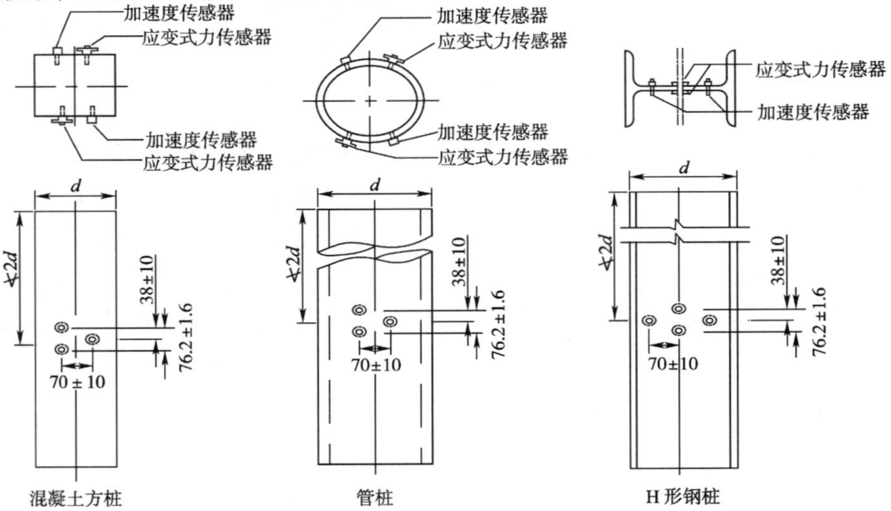

图 1-2-32　测点处传感器安装（尺寸单位：mm）

b. 安装传感器的桩身表面应平整，且其周围不得有缺损或断面突变，安装面范围内的材料截面尺寸应与原桩身等同。

c. 应变传感器的中心与加速度传感器中心应位于同一水平线上，两者之间的水平距离不宜大于 10cm。

d. 当采用膨胀螺栓固定传感器时，安装时应符合下列规定：

(a) 螺栓孔应与桩身中轴线垂直，其孔径应与采用的膨胀螺栓尺寸相匹配。

(b)安装完毕后的应变传感器固定面应紧贴桩身表面，初始变形值不得超过规定值，检测过程中不得产生相对滑动。

当进行连续锤击检测时，应先将传感器引线与桩身固定可靠，防止引线振动受损。

图1-2-33为高应变现场操作示意图。

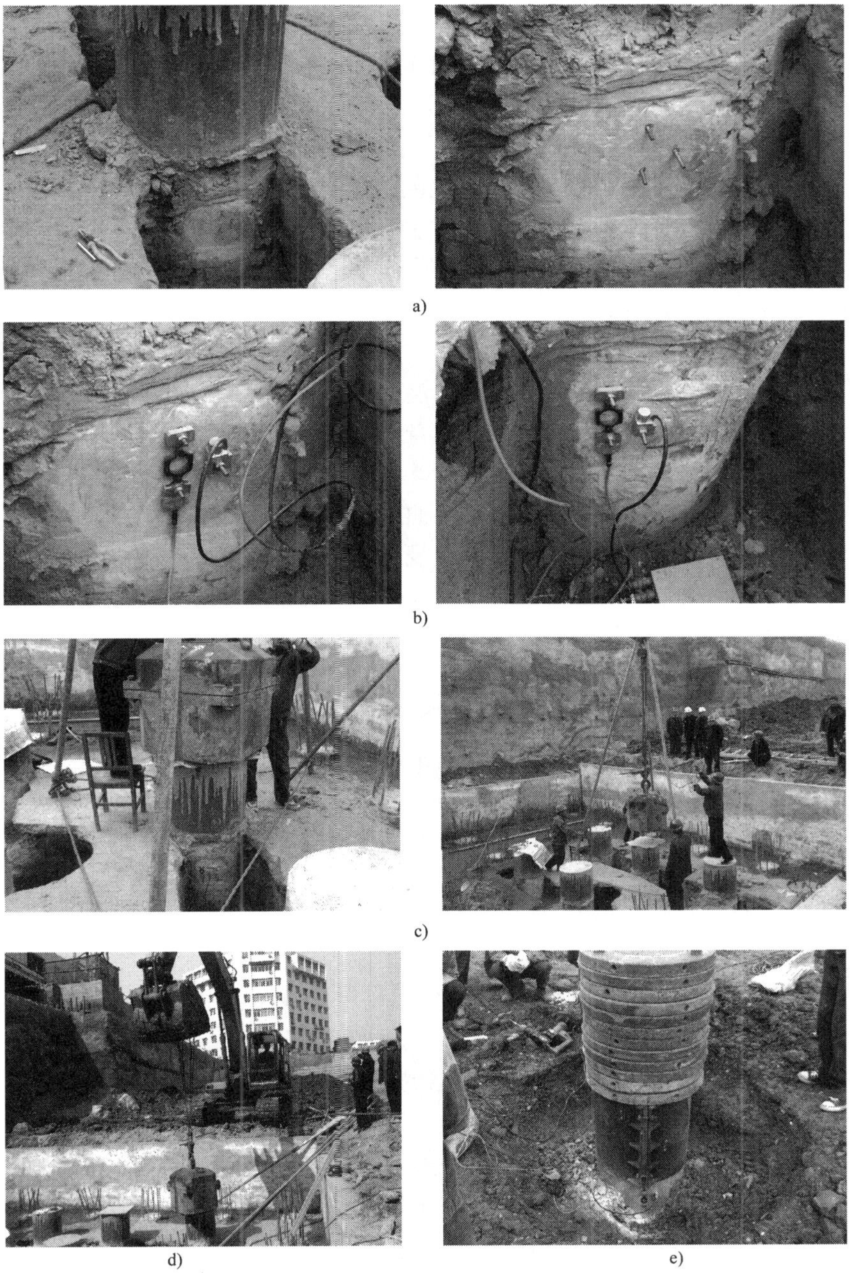

图1-2-33 高应变现场操作示意图

a)距离桩顶不小于2倍桩径深度处打膨胀螺栓；b)传感器安装(应力传感器线头朝下、加速度传感器线头朝上)；c)整体锤敲击；d)不同的吊锤工具；e)组合锤

⑦基桩承载力判定。

a. 信号选取。信号选取锤击后出现下列情况之一时，其信号不得作为分析计算依据。

(a)力的时程曲线最终未归零。

(b)严重偏心锤击，一侧力信号呈现受拉。

(c)传感器出现故障。

(d)传感器安装处混凝土开裂或出现塑性变形。

b. 检测承载力时选取锤击信号，宜符合下列规定：

(a)预制桩初打，宜取最后一阵中锤击能量较大的击次。

(b)预制桩复打和灌注桩检测，宜取其中锤击能量较大的击次。

c. 分析计算前，应根据实测信号按下列方法确定桩身波速的平均值：

(a)桩底反射信号明显时，可根据下行波形起升沿的起点到上行波下降沿的起点之间的时差与已知桩长值确定，见图 1-2-34。

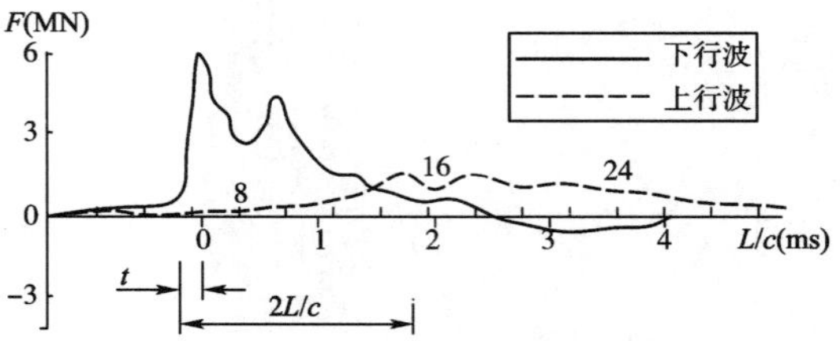

图 1-2-34　桩身波速的确定

F-锤击力；L-测点下桩长；c-桩身波速

(b)桩底反射信号不明显时，可根据桩长、混凝土波速的合理取值范围以及邻近桩的桩身波速值综合判定。

d. 实测曲线拟合法判定桩承载力。实测曲线拟合法所采用的力学模型应符合下列规定：

(a)土的力学模型应能反映土的实际应力应变性状。

(b)桩的力学模型应能反映桩的实际性状，可采用一维弹性杆模型。

采用实测曲线拟合法分析计算时应符合下列规定：

(a)可用实测的速度、力或上行波作为边界条件进行拟合。

(b)曲线拟合时间段长度，不应少于 $5L/c$，并在 $2L/c$ 时刻后延续时间不应小于 20ms。

(c)拟合分析选定的参数，应在岩土工程的合理范围之内。各单元所选用的土的最大弹性位移 S_q 值不得超过相应桩单元的最大计算位移值。

(d)拟合完成时计算曲线应与实测曲线吻合。

(e)贯入度的计算值应与实测值吻合。

e. 凯司法判定桩承载力。采用凯司法判定单桩极限承载力，应符合下列规定：

(a)只限于中、小直径桩。

(b)在无静载试验情况下，应采用实测曲线拟合法确定 J_c 值，拟合计算的桩数不应少于检测总桩数的 30%，并不应少于 3 根。

(c)用于混凝土灌注桩时，桩身材质应均匀，截面应基本均匀，且有可靠经验。

(d)在同一场地，桩形、尺寸相同情况下，阻尼系数极值与平均值之差应小于 0.1。

凯司法判定的单桩极限承载力可按下式计算：

$$R_c = (1 - J_c) \cdot \frac{F(t_1) + Z \cdot v(t_1)}{2} + (1 + J_c) \cdot \frac{F\left(\frac{t_1 + 2F}{c}\right) - Z \cdot v\left(\frac{t_1 + 2L}{c}\right)}{2} \tag{1-2-12}$$

$$Z = \frac{A \cdot E}{c} \tag{1-2-13}$$

式中：R_c——由凯司法判定的单桩极限承载力，kN；

J_c——凯司法阻尼系数；

t_1——速度峰值对应的时刻，ms；

$F(t_1)$——t_1 时刻的锤击力，kN；

$v(t_1)$——t_1 时刻的质点运动速度，m/s；

Z——桩身截面力学阻抗，kN · s/m；

A——桩截面积，m^2；

L——测点下桩长，m。

利用式(1-2-12)判定单桩承载力的关键是选取合理的阻尼系数 J_c。目前我国采用的阻尼系数值基本上是参照美国 PID 公司给出的取值范围，其取值的规律为：随着土中细粒含量的增加，阻尼系数值也随之增加。而且只给出了砂、粉砂、粉土、粉质黏土和黏土 5 种土质条件下的取值范围，常见的以风化岩作为桩端持力层的情况未能包括在内。此外，考虑到美国 PID 公司所建议的取值范围是基于打入式桩提出的，而我国灌注桩高应变动力检测的数量又很大，应用时难以满足公式推导中关于等截面的假定。加上灌注桩施工工艺不同所造成的桩端持力层的差异对阻尼系数取值的影响，使采用凯斯法判定承载力带有较大的经验性和不确定性。为防止凯斯法的不合理应用，应采用动静对比试验或实测曲线拟合法确定阻尼系数值。

还应指出，尽管美国 PID 公司给出的阻尼系数值的范围(表 1-2-11)是通过静荷载试验校核后得到的，但其静荷载试验确定极限承载力的准则与我国现行规范的规定有差异。此外，某些以端承为主的大直径桩、嵌岩桩，高应变动力检测所产生的动位移通常比静荷载试验时所产生的沉降要小得多，因此，对于由动静对比试验得到的阻尼系数值，也应通过认真分析后取定。表 1-2-12 为上海地区凯斯阻尼系数建议值。

美国 PID 公司的凯斯阻尼系数建议值 表 1-2-11

土的类型	取值范围	土的类型	取值范围
砂	0～0.15	粉质黏土	0.45～0.70
砂质粉土	0.15～0.25	黏土	0.9～1.20

上海地区凯斯阻尼系数建议值 表 1-2-12

土的类型	取值范围	土的类型	取值范围
污泥质灰色黏土，灰色黏土	0.6～0.9	灰色砂质粉土，黄绿色砂质粉土	0.15～0.45
褐黄色表土，污泥质灰色粉质黏土	0.4～0.7	粉砂，细砂，砂	0.05～0.20
灰色粉质黏土，暗绿色粉质黏土			

⑧凯斯法适用范围和优点。

a. 适用范围。凯斯法判定单桩极限承载力只限于中、小直径桩；用于混凝土灌注桩时，桩身材质应均匀，且有可靠经验。在无静载试验情况下，应采用实测曲线拟合法确定 J_c 值，拟合计算的桩数不应小于检测总数的 30%，并不少于 3 根，在同一场地，桩形、尺寸相同情况下，阻尼系数极值与平均值之差不应大于 0.1。

采用高应变动力检测法检验桩身结构的完整性，一般来说是不经济的。检验桩身结构的完整性一般采用低应变动力检测方法。

b. 优点。凯斯法有较完整的理论体系，测试较简单，尤其对打入桩，可在沉桩过程中同步进行测试。传感器为工具式的，装卸方便，能重复使用和进行实时分析。可对施工进行监测，并可作为确定打入桩的停打标准手段，也可随机抽样检查。功能较多，能提供的数据也多。例如：能确定单桩极限承载力，能对桩身的缺损、裂缝和桩材整体质量作检测，能给出打桩时桩身的最大动压应力和最大动拉应力值，还能给出桩锤的有效锤击能量。

c. 精度。动、静试验资料对比的精度不仅取决于动测方法本身，还依赖于静载试验所采用的破坏判别标准。世界各地大量的动静对比资料表明，凯斯法预估的单桩极限承载力值与静荷载试验相比，其误差一般不超过 ±20%。根据上海地区近两年来的试验资料统计，其误差也在这一范围之内。

d. 存在问题。凯斯法有许多优点，但是还存在着不少问题有待进一步研究。有兴趣的读者可查阅有关专著。

高应变测试是一项复杂的现场试验技术，疏忽一个细节都有可能得到失败的无用信号。不少测试人员随意的测试给高应变法的信誉带来了极大伤害，社会上许多高应变测试，许多现场试验和提交结果是经不起推敲的。某些地区所见高应变测桩报告以及听到的现场试验办法有些就非常可笑，有的对一个直径 1m、长 4m 的“桩”进行高应变测试，有的将充满交流干扰或出现严重拉应力的曲线提交为报告。高应变本身是一个仍在发展中的技术，尚有许多问题有待解决，因而提交承载力时或多或少有些人为因素与误差，再加上测试信号质量的低劣，所提承载力要想可信自然是笑话。测试人员多练内功提高测试水平是当务之急，否则高应变的应用将陷入死胡同。总的来说，现场试验、桩身处理、传感器安装、锤击系统的安装、桩垫的选用、干扰防治以及试验参数的选择与信号质量的判断，每个环节都必须加倍注意，只有细心地工作，才能得到正确的数据，给出合理的解释。

三、桩基础质量检验评定

桩基础质量检验评定，按表 1-2-13 ~ 表 1-2-15 进行。

钻、挖孔成孔质量标准 表 1-2-13

项　目	允 许 偏 差
孔的中心位置（mm）	群桩：100；单排桩：50
孔径（mm）	不小于设计桩径
倾斜度	钻孔：小于 1%；挖孔：小于 0.5%
孔深	摩擦桩：不小于设计规定； 支承桩：比设计深度超深不小于 50mm
沉淀厚度（mm）	摩擦桩：符合设计要求，当设计无要求时，对于直径 ≤1.5m 的桩，≤200；对桩径 >1.5m或桩长 >40m 或土质较差的桩，≤300； 支承桩：不大于设计规定，设计未规定时 ≤50
清孔后泥浆指标	相对密度：1.03 ~ 1.10；黏度：17 ~ 20Pa · s；含砂率：<2%；胶体率：>98%

注：清孔后的泥浆指标，是从桩孔的顶、中、底部分别取样检验的平均值。本项指标的测定，限指大直径桩或有特定要求的钻孔桩。

钻孔灌注桩质量检验评定表

表 1-2-14

项目名称：　　　　工程合同段：　　　　（子）分项工程名称：　　　　工程部位：

施工单位：　　　　监理单位：　　　　使用者类别：

项次	检查项目		规定值或允许偏差	检查方法和频率	权值	检查实测值	平均值代表值	合格率（%）	得分
基本要求	桩身混凝土所用的材料的质量和规格必须符合有关规范的要求，按规定的配合比施工；成孔后必须清孔，测量孔径、孔深、孔位和沉淀层厚度，确认满足设计或施工技术规范要求后，方可灌注水下混凝土；水下混凝土应连续灌注，严禁有夹层和断桩；嵌入承台的锚固钢筋长度不得低于设计规范规定的最小锚固长度要求；应选择有代表性的桩用无破损法进行检测，重要工程或重要部位的桩宜逐根进行检测。设计有规定或对桩的质量有怀疑时，应采取芯样法对桩进行检测；凿除桩头预留混凝土后，桩顶应无残余的松散混凝土								
1△	混凝土强度（MPa）		在合格标准内	按附录 D 检查	3				
2△	桩位（mm）	群桩	100	全站仪或经纬仪：每桩检查	2				
		排架桩	50						
3△	孔深（m）		不小于设计	测绳量：每桩测量	3				
4△	孔径（mm）		不小于设计	探孔器：每桩测量	3				
5	钻孔倾斜度（mm）		1% 桩长，且不大于 500	用测壁（斜）仪或钻杆垂线法：每桩检查	1				
6△	沉淀厚度（mm）	摩擦桩	符合设计规定，设计未规定时按施工规范要求	沉淀盒或标准测锤：每桩检查	2				
		支承桩	不大于设计规定						
7	钢筋骨架底面高程（mm）		±50	水准仪：测每桩骨架顶面高程后反算	1				
8	清孔后泥浆指标	相对密度	1.03～1.10	查清孔资料	1				
		黏度	17～20Pa·S						
		含砂率	<2%						
		胶体率	>98%						
9	（子）分项工程得分								
10	外观鉴定		桩的质量有缺陷，但经设计单位确认仍可用，减 3 分		检查结果				
			桩顶面应平整，桩柱连接处应平顺且无局部修补，不符合要求时减 1～3 分						
11	质量保证资料		资料、图表残缺，缺乏最基本数据，有伪造涂改者，不予检验和评定。资料不全者，视情况每款减 1～3 分						
12	（子）分项工程评分值								
13	质量等级								

监理工程师：　　　　日期：　　　　检测人：　　　　日期：　　　　承包人：　　　　日期：

挖孔桩质量检验评定表

表 1-2-15

项目名称：　　　　工程合同段：　　　　（子）分项工程名称：　　　　工程部位：

施工单位：　　　　监理单位：　　　　使用者类别：

基本要求	桩身混凝土所用材料的质量和规格必须符合有关规范的要求，按规定的配合比施工挖孔达到设计深度后，应及时进行孔底处理，必须做到无松渣、淤泥等扰动软土层，使孔底情况满足设计要求；嵌入承台的锚固钢筋长度不得小于设计规范规定的最小锚固长度要求									
项次	检 查 项 目			规定值或允许偏差	检查方法和频率	权值	检查实测值	平均值 代表值	合格率 （%）	得分
1△	混凝土强度（MPa）			在合格标准内	按附录 D 检查	3				
2△	桩位 （mm）	群桩		100	全站仪或经纬仪：每桩检查	2				
		排架桩	允许	50						
			极值	100						
3△	孔深（m）			不小于设计值	测绳量：每桩测量	3				
4△	孔径（mm）			不小于设计值	探孔器：每桩测量	3				
5	孔的倾斜度（mm）			0.5%桩长，且不大于 200	垂线法：每桩检查	1				
6	钢筋骨架底面高程（mm）			±50	水准仪测骨架顶面高程后反算：每桩检查	1				
7	（子）分项工程得分									
8	外观鉴定			无破损检测桩的质量有缺陷，但经设计单位确认仍可用，减 3 分		检查结果				
				桩顶面应平整，桩柱连接处应平顺且无局部修补，不符合要求时，减 1～3 分						
9	质量保证资料			资料、图表残缺，缺乏最基本数据，有伪造涂改者，不予检验和评定。资料不全者，视情况每款减 1～3 分						
10	（子）分项工程评分值									
11	质量等级									

监理工程师：　　　　日期：　　　　检测人：　　　　日期：　　　　承包人：　　　　日期：

小 结

目前,桩基础在工程基础中应用广泛,但桩基础在施工中容易出现各种质量问题,因此,桩基工程的试验、检测非常重要。本任务主要学习了桩基从开始施工到最后完工过程中所做的检测,使学生对桩基础施工的检测能够系统地掌握。桩基完整性检测方法较多,应用最广泛的是反射波法,其次是声波透射法。反射波法易于理解,但对桩身缺陷的准确判定有赖于检测人员的经验;声波透射法对缺陷判定准确,但成本较高,检测效率较低。对桩基承载力检测,静载试验至今仍是最可靠的一种方法,但静载试验费力费时,故读者还应了解目前比较成熟的动测试验方法。

任务1.3 墩、台身、锥坡和盖梁施工检测

任务导入

当基础施工完成后,接下来应该进行墩、台身、锥坡和盖梁施工。客观、准确、规范、及时的试验检测数据,是指导、控制和评定工程质量的科学依据。

桥梁墩、台身、锥坡和盖梁施工在施工准备阶段、施工阶段、竣工验收阶段的试验检测任务有哪些内容呢?让我们来学一学吧。

任务目的

墩、台身、锥坡和盖梁施工中,按照施工准备阶段、施工阶段和竣工验收阶段进行试验检测评定,避免不合格的材料和产品流入下一道工序。只有保证施工过程中每一道工序的质量,才能保证整个工程的质量。

任务实施

一、墩、台身和盖梁施工准备阶段检测

1. 检测项目

施工准备阶段主要对原材料及各种配合比进行试验检测,避免不合格的材料用于工程,为开工做好前期准备工作。墩、台身、锥坡和盖梁施工准备阶段需检测的项目见表1-3-1。

2. 检测方法

墩、台身和盖梁施工准备阶段的检测项目依据表1-3-1中相应规程(标准),参照《道路建筑材料》课程进行试验检测。

3. 桥涵结构物对石料的要求

桥涵工程使用的石料主要用于砌体工程,如桥涵拱圈、墩台、基础、锥坡等。路基工程主要用于排水、挡墙等。桥涵结构物所用石料一般有如下两个方面的要求。

墩、台身、锥坡和盖梁施工准备阶段需检测的项目　　表 1-3-1

类　型	序号	检 测 项 目	采用规程(标准)
墩、台身、锥坡和盖梁	1	水泥物理力学性能试验	《公路工程水泥及水泥混凝土试验规程》(JTG E30—2005)、《公路工程质量检验评定标准(土建工程)》(JTG F80/1—2004)
	2	外掺剂技术性能试验	
	3	混凝土拌和物性能试验	
	4	混凝土抗压强度试验	
	5	粗集料技术性能试验	《公路工程集料试验规程》(JTG E42—2005)
	6	细集料技术性能试验	
	7	混凝土配合比设计	《普通混凝土配合比设计规程》(JGJ 55—2000)、《公路工程水泥及水泥混凝土试验规程》(JTG E30—2005)
	8	砂浆配合比设计	《砌筑砂浆配合比设计规程》(JGJ/98—2000)、《砖石工程施工及验收规范》(GBJ 203—83)
	9	砂浆稠度、分层度试验	
	10	砂浆抗压强度试验	
	11	钢筋拉伸试验	《金属材料室温拉伸试验方法》(GB 228—2002)
	12	钢筋冷弯试验	《金属材料弯曲试验方法》(GB/T 232—1999)
	13	岩石抗压强度、抗冻性试验	《公路工程岩石试验规程》(JTG E41—2005)

1)石料制品的物理、力学性质

(1)石料应符合设计规定的类别和强度，石质应均匀、不易风化、无裂纹。石料强度、试件规格及换算应符合设计要求。桥梁结构物用石料强度技术标准见表 1-3-2。

桥梁结构物用石料强度技术标准　　表 1-3-2

序　号	结构物类型	石料最低强度(MPa)
1	拱圈	30
2	大、中桥墩台及基础、梁式桥轻型桥台	25
3	小桥墩台及基础、挡土墙	25

(2)一月份平均气温低于 -10℃的地区，除干旱地区的不受冰冻部位或根据以往实践经验证明材料确有足够抗冻性者外，所用石料及混凝土材料须通过冻融试验证明符合表 1-3-3 的抗冻性指标时，方可使用。

石料及混凝土材料抗冻性指标　　表 1-3-3

结构物类型	大、中桥	小桥及涵洞
镶面或表层	50	25

注：抗冻性指标系指材料在含水饱和状态下经 -15℃的冻结与融化的循环次数。试验后的材料应无明显损伤(裂缝、脱层)，其强度不低于试验前的 0.85 倍。

2)石料的规格和几何尺寸

(1)片石

片石一般指用爆破或楔劈法开采的石块，厚度不应小于 150mm(卵形和薄片者不得采用)。用作镶面的片石，应选择表面较平整、尺寸较大者，并应稍加修整。

(2)块石

块石的形状应大致方正，上、下面大致平整，厚度 200 ~ 300mm，宽度约为厚度的

1.0 ~1.5 倍，长度约为厚度的 1.5 ~3.0 倍。块石用作镶面时，应由外露面四周向内稍加修凿，后部可不修凿，但应略小于修凿部分。其加工形状如图 1-3-1 所示。

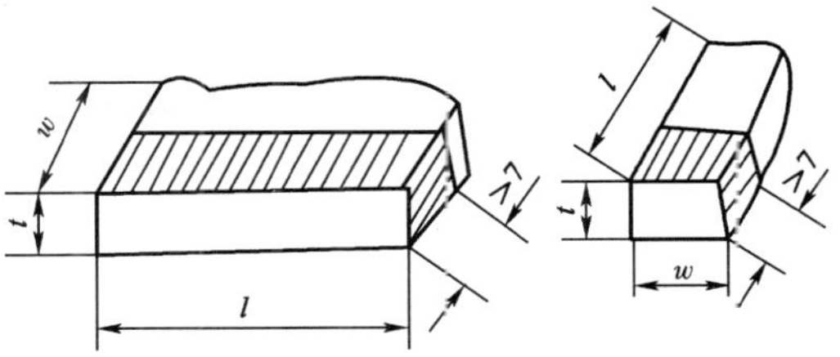

图 1-3-1　镶面块石(尺寸单位:cm)

w-宽度;t-厚度;l-长度

(3)粗料石

粗料石是由岩层或大块石料开劈并经粗略修凿而成，外形应方正，成六面体，厚度 200 ~300mm，宽度为厚度的 1.0 ~1.5 倍，长度为厚度的 2.5 ~4.0 倍，表面凹陷深度不大于 20mm。加工精度，如图 1-3-2 所示。镶面粗料石的外露面如带细凿边缘时，细凿边缘的宽度应为 30 ~50mm。

(4)拱石

拱石可根据设计采用粗料石或块石，主要用于石拱桥的拱圈砌筑，如图 1-3-3 所示。

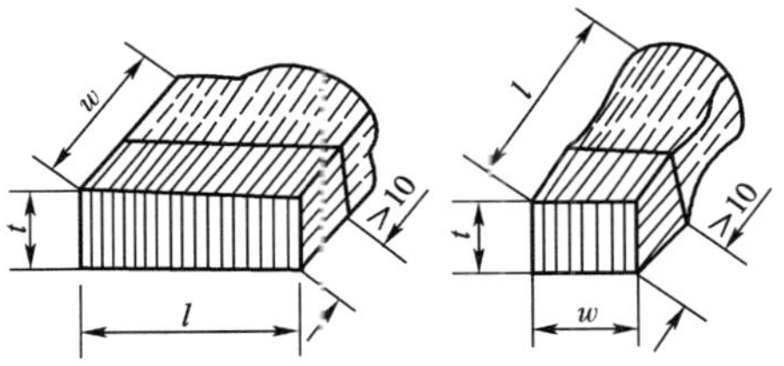

图 1-3-2　镶面粗料石(尺寸单位:cm)

w-宽度;t-厚度;l-长度

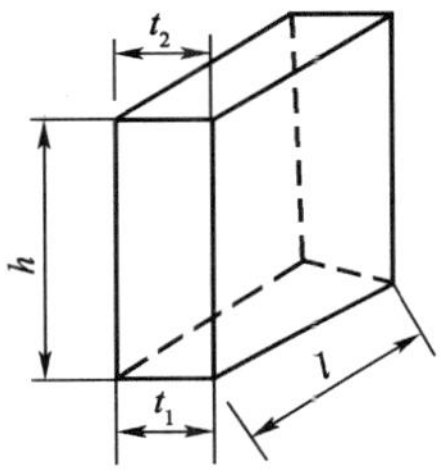

图 1-3-3　拱石

4. 砂浆的技术要求

(1)砌筑用砂浆的类别和强度等级应符合设计规定。

(2)砂浆中所用水泥、砂、水等材料的质量标准，宜符合混凝土工程相应材料的质量标准。砂浆中所用砂，宜采用中砂或粗砂，当缺乏中砂及粗砂时，在适当增加水泥用量的基础上，也可采用细砂。砂的最大粒径，当用于砌筑片石时，不宜超过 5mm；当用于砌筑块石、粗料石时，不宜超过 2.5mm。如砂的含泥量达不到混凝土用砂的标准，当砂浆强度等级大于或等于 M5 时，可不超过 5%，小于 M5 时可不超过 7%。

(3)石灰水泥砂浆所用生石灰，应成分纯正，煅烧均匀、透彻。一般宜熟化成消石灰粉或石灰膏使用，也可磨细成生石灰粉使用。消石灰粉和石灰膏应通过网筛过滤，并且石灰膏应在沉淀池内储存 14d 以上。磨细生石粉应经 4 900 孔/cm^2 筛子过筛。

(4)砂浆的配合比可通过试验确定，并应满足该规范中技术条件的要求。当变更砂浆的组成材料时，其配合比应重新试验确定。

(5)砂浆必须具有良好的和易性，其稠度以标准圆锥体沉入度表示，用于石砌体时宜为 50 ~70mm，气温较高时应适当增大。零星工程用砂浆的稠度，也可用直观法进行检查，以用于能将砂浆捏成小团，松手后既不松散、又不由灰铲上流下为度。

(6)为改善水泥砂浆的和易性，可掺入无机塑化剂或以皂化松香为主要成分的微沫剂等有机塑化剂。

(7)砂浆配制应采用质量比，砂浆应随拌随用，保持适宜的稠度，一般宜在 3 ~4h 内使用完毕；气温超过30℃时，宜在2～3h内使用完毕。在运输过程或在储存器中发生离析、泌水的砂浆，砌筑前应重新拌和；已凝结的砂浆，不得使用。

5. 浆砌石块的技术要求

1）一般要求

（1）砌块在使用前必须浇水湿润，表面如有泥土、水锈，应清洗干净。

（2）砌筑基础的第一层砌块时，如基底为岩层或混凝土基础，应先将基底表面清洗、湿润，再坐浆砌筑；如基底为土质，可直接坐浆砌筑。

（3）砌体应分层砌筑，砌体较长时可分段分层砌筑，但两相邻工作段的砌筑差一般不宜超过1.2m；分段位置宜尽量设在沉降缝或伸缩缝处，各段水平砌缝应一致。

（4）各砌层应先砌外圈定位行列，然后砌筑里层，外圈砌块应与里层砌块交错连成一体。砌体外露面镶面种类应符合设计规定，位于流冰或有严重漂流物河中的墩台，宜选用较坚硬的石料或高强度混凝土预制块进行镶砌。砌体里层应砌筑整齐，分层应与外围一致，应先铺一层适当厚度的砂浆再安放砌块和填塞砌缝。砌体外露面应进行勾缝，并应在砌筑时靠外露面预留深约20mm的空缝备作勾缝之用。砌体隐蔽面砌缝可随砌随刮平，不另勾缝。

（5）各砌层的砌块应安放稳固，砌块间应砂浆饱满，黏结牢固，不得直接贴靠或脱空。砌筑时，底浆应铺满，竖缝砂浆应先在已砌石块侧面铺放一部分，然后于石块放好后填满捣实。用小石子混凝土塞竖缝时，应以扁铁捣实。

（6）砌筑上层砌块时，应避免振动下层砌块。砌筑工作中断后恢复砌筑时，已砌筑的砌层表面应加以清扫和湿润。

2）浆砌片石的技术要求

（1）片石应分层砌筑，宜以2～3层砌块组成一工作层，每一工作层的水平缝应大致找平。各工作层竖缝应相互错开，不得贯通。

（2）外圈定位行列和转角石，应选择形状较为方正及尺寸较大的片石，并长短相间地与里层砌块咬接。砌缝宽度一般不应大于40mm，用小石子混凝土砌筑时，可为30～70mm。

（3）较大的砌块应使用于下层，安砌时应选取形状及尺寸较为合适的砌块，尖锐凸出部分应敲除。竖缝较宽时，应在砂浆中填塞小石块，不得在石块下面用高于砂浆砌缝的小石片支垫。

3）浆砌块石的技术要求

（1）石块应平砌，每层石料高度应大概一致。外圈定位行和镶面石块，应丁顺相间或两顺一丁排列，砌缝宽度不大于30mm，上、下层竖缝错开距离不小于80mm。

（2）砌体里层平缝宽度不应大于30mm，竖缝宽度不应大于40mm，用小石子混凝土砌筑时不应大于50mm。

4）浆砌粗料石及混凝土预制块的技术要求

（1）砌筑前，应先计算层数，选好料，砌筑时应严格控制平面位置和高度。镶面石应一顺一丁排列，砌缝应横平竖直。砌缝宽度，当为粗料石时不应大于20mm，当为混凝土砌块时不应大于10mm；上、下层竖缝错开距离不应小于100mm，同时在丁石的上层或下层不宜有竖缝。砌体里层为浆砌块石时，其要求同第3）条第（2）款。

（2）桥墩破冰体镶面的砌筑应符合下列要求：

①破冰棱与垂线的夹角大于20°时，破冰体镶面横缝应垂直于破冰棱；夹角小于等于

20°时，镶面横缝可成水平。

②破冰体镶面的砌筑层次应与墩身一致。

③砌缝宽度为 10~12mm。

④不得在破冰棱中线上及破冰棱与墩身相交线上设置砌缝。

二、墩、台身和盖梁施工阶段检测

1. 检测项目

墩、台身和盖梁施工阶段的检测项目除了按试验检测频率对准备阶段的项目进行检测外，还需对表1-3-4中的项目进行检测。

墩、台身和盖梁施工阶段的检测项目 表1-3-4

序号	检测项目	采用规程(标准)
1	钢筋加工及安装质量检测	《公路工程质量检验评定标准(土建工程)》(JTG F80/1—2004)、《金属材料室温拉伸试验方法》(GB 228—2002)、《金属材料弯曲试验方法》(GB/T 232—1999)、《钢筋焊接及验收规程》(JGJ 18)、《公路桥涵施工技术规范》(JTG/T F50—2011)
2	模板、支架、拱架制作及安装质量检测	《公路桥涵施工技术规范》(JTG/T F50—2011)
3	混凝土浇筑质量检测	《公路桥涵施工技术规范》(JTG/T F50—2011)、《公路工程水泥及水泥混凝土试验规程》(JTG E30—2005)
4	砂浆稠度、分层度试验	《砌筑砂浆配合比设计规程》(JGJ/98—2000)、《砖石工程施工及验收规范》(GBJ 203—83)
5	砂浆抗压强度试验	

2. 检测方法

检测方法同任务1.1中表1-1-1的第1项至第3项的检测。

1)砂浆稠度和分层度试验

(1)目的和适用条件

本方法适用于确定配合比或施工过程中控制砂浆的稠度和使用过程中的保水能力，是为了控制用水量，以保证砂浆质量为目的。

(2)仪器设备

①砂浆稠度测定仪：由试锥、容器和支座3部分组成(图1-3-4)；试锥由钢材或铜材制成，试锥高度为145mm、锥底直径为75mm、试锥连同滑杆的质量应为300g；盛砂浆容器由钢板制成，筒高为180mm，锥底内径为150mm；支座分底座、支架及稠度显示3个部分，由铸铁、钢及其他金属制成。

②钢制捣棒直径10mm、长350mm、端部磨圆。

③秒表、木槌等。

④砂浆分层度测定仪(图1-3-5)，由金属制成，内径为150mm，上节无底，高度为200mm，下节带底，净高100mm，由连接螺栓在两侧连接，上、下层连接处需加宽到3~5mm，并设有橡胶垫圈。

(3)砂浆的制备

试验室拌制砂浆进行试验时，拌和用的材料要求提前运入室内，试验室的温度应保持在

20℃ ±5℃。试验用水泥和其他原材料应与现场使用材料一致。水泥应通过 0.9mm 方孔筛，细集料应采用干砂或饱和面干砂，能通过 5mm 筛，如砖砌体的砂浆用砂，须筛去大于 2.5mm 颗粒。

如为混合砂浆，需按选好的砂浆配合比，称出各材料的用量，先在拌锅或拌盘上干拌均匀，在中间做一凹口，将称好的石灰膏或黏土膏倒入凹口中，再倒入一部分水，将石灰膏或黏土膏稀释，然后充分拌和，并逐步加水，直至混合料色泽一致，和易性凭观察符合要求为止，一般须拌和 5min。拌和好之后立即进行稠度测定。

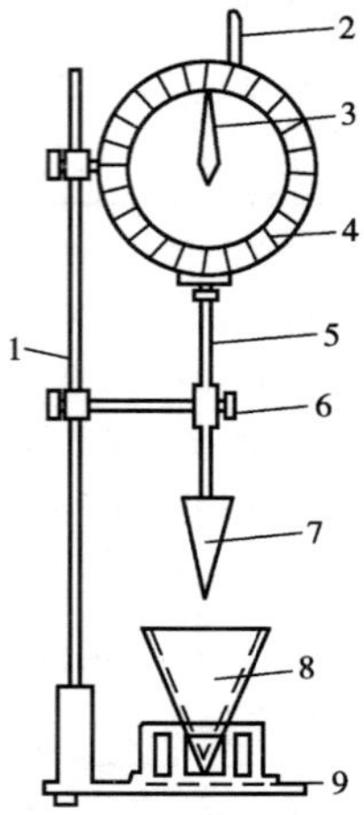

图 1-3-4　砂浆稠度测定仪

1-支架；2-齿条测杆；3-指针；4-刻度盘；5-滑杆；6-制动螺钉；7-试锥；8-盛浆容器；9-底座

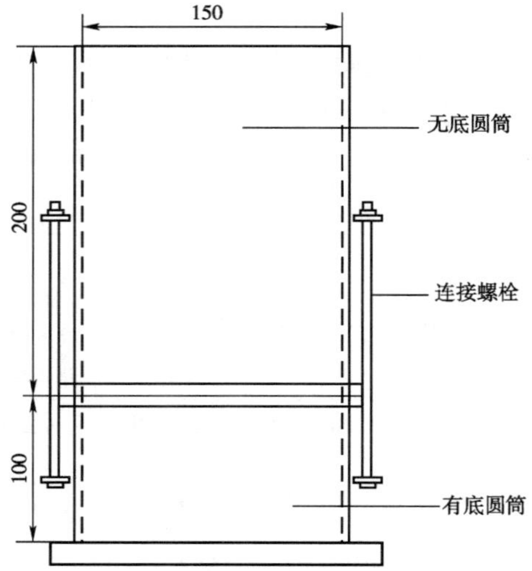

图 1-3-5　砂浆分层度测定仪（尺寸单位：mm）

（4）试验步骤

①盛浆容器和试锥表面用湿布擦干净，并用少量润滑油轻擦滑杆，后将滑杆上多余的油用吸油纸擦净，使滑杆能自由滑动。

②将砂浆拌和物一次装入容器，使砂浆表面低于容器口约 10mm 左右，用捣棒自容器中心向边缘插捣 25 次，然后轻轻地将容器摇动或敲击 5 ~6 下，使砂浆表面平整，随后将容器置于稠度测定仪的底座上。

③拧开试锥滑杆的制动螺钉，向下移动滑杆，当试锥尖端与砂浆表面刚接触时，拧紧制动螺钉，使齿条侧杆下端刚接触滑杆上端，并将指针对准零点。

④拧开制动螺钉，同时计时间，待 10s 立即固定螺钉，将齿条测杆下端接触滑杆上端，从刻度盘上读出下沉深度（精确至 1mm）即为砂浆的稠度值。

⑤圆锥形容器内的砂浆，只允许测定一次稠度，重复测定时，应重新取样测定。

⑥将测完稠度的砂浆，重新翻拌后一次装入分层度筒内，用木槌在分层度试筒四周距离大致相等的四个不同地方轻击 1 ~2 次，如砂浆沉落到分层度筒口以下，应随时添加砂浆，然后刮去多余的砂浆，并用抹刀抹平表面。

⑦静置 30min，去掉上面 200mm 砂浆，剩下 100mm 砂浆重新拌和后再测其稠度，前后两次稠度差值即为分层度（mm），取两次试验结果的算术平均值为砂浆的分层度值。

(5)试验记录

砂浆稠度和分层度试验记录格式,见表1-3-5。

砂浆稠度和分层度试验记录表　　表1-3-5

水泥品种强度等级		砂产地、细度模数		
砂浆配合比	水泥(kg/m^3)	砂(kg/m^3)	水(kg/m^3)	外掺料(kg/m^3)
试验次数	稠度(cm)		分层度(cm)	
	第一次	第二次	第一次	第二次
1				
2				

(6)结果评定

①取两次试验结果的算术平均值,计算值精确至1mm;

②两次试验值之差如大于20mm,则应另取砂浆搅拌后重新测定。

2)砂浆抗压强度试验

(1)目的和适用条件

本方法测定砂浆立方体的抗压强度,作为评定砂浆质量的一项依据。

(2)仪器设备

①试模为70.7mm×70.7mm×70.7mm的立方体,由铸铁或钢制成,应具有足够的刚度并拆装方便;试模的内表面应机械加工,其不平度应为每100mm不超过0.05mm;组装后各相邻面的不垂直度不应超过±0.5°。

②捣棒:直径10mm、长350mm的钢棒,端部应磨圆。

③压力试验机:采用精度(示值的相对误差)不大于±12%的试验机,其量程应能使试件的预期破坏荷载值不小于全量程的20%,也不大于全量程的80%。

④垫板:试验机上、下压板及试件之间可垫以钢垫板,垫板的尺寸应大于试件的承压面,其不平度应为每100mm不超过0.02mm。

(3)试验步骤

①制作砌筑砂浆试件时,将无底试模放在预先铺有吸水性较好的纸的普通黏土砖上(砖的吸水率不小于10%,含水率不大于20%),试模内壁事先涂刷薄层机油或脱模剂。

②放于砖上的湿纸,应为湿的新闻纸(或其他未黏过胶凝材料的纸),纸的大小要以能盖过砖的四边为准;砖的使用面要求平整,凡砖四个垂直面黏过水泥或其他胶结材料后,不允许再使用。

③向试模内一次注满砂浆,用捣棒均匀地由外向里按螺旋方向插捣25次。为了防止低稠度砂浆插捣后,可能留下孔洞,允许用油灰刀沿模壁插数次,使砂浆高出试模顶面6~8mm。

④当砂浆表面开始出现麻斑状态时(约15~30min),将高出部分的砂浆沿试模顶面削去抹平。

⑤试件制作后应在20℃±5℃温度环境下停置一昼夜(24h±2h),当气温较低时,可适当延长时间,但不应超过两昼夜,然后对试件进行编号并拆模;试件拆模后,应在标准养护条件下,继续养护至28d,然后进行试压。

⑥标准养护的条件是：水泥混合砂浆温度应为20℃ ±3℃，相对湿度为60% ~80%；水泥砂浆和微沫砂浆温度应为20℃ ±3℃，相对湿度为90%以上；养护期间，试件彼此间隔不少于10mm。

⑦试件从养护地点取出后，应尽快进行试验，以免试件内部的温（湿）度发生显著变化；试验前先将试件擦拭干净，测量尺寸，并检查其外观；试件尺寸测量精确至1mm，并据此计算试件的承压面积；如实测尺寸与公称尺寸之差不超过1mm，可按公称尺寸进行计算。

⑧将试件安放在试验机的下压板上（或下垫板上），试件的承压面应与成型时的顶面垂直，试件中心应与试验机下压板（或下垫板）中心对准；开动试验机，当上压板与试件（或上垫板）接近时，调整球座，使接触面均衡受压；承压试验应连续而均匀地加荷，加荷速度应为每秒钟0.5 ~1.5kN（砂浆强度5MPa及5MPa以下时，取下限为宜，砂浆强度5MPa以上时，取上限为宜），当试件接近破坏而开始迅速变形时，停止调整试验机油门，直至试件破坏，然后记录破坏荷载。

⑨砂浆立方体抗压强度，应按式（1-3-1）计算：

$$f_{m,cu} = \frac{N_u}{A} \tag{1-3-1}$$

式中：$f_{m,cu}$——砂浆立方体抗压强度，MPa；

N_u——立方体破坏压力，N；

A——试件承压面积，mm^2。

砂浆立方体抗压强度计算应精确至0.1MPa。

以6个试件测值的算术平均值作为该组试件的抗压强度值，平均值计算精确至0.1MPa。

当6个试件的最大值或最小值与平均值的差超过20%时，以中间4个试件的平均值作为该组试件的抗压强度值。

（4）试验记录

砂浆抗压强度试验记录格式见表1-3-6。

砂浆抗压强度试验记录表 表1-3-6

水泥品种强度等级		砂产地、细度模数		
砂浆配合比	水泥（kg/m³）	砂（kg/m³）	水（kg/m³）	外掺料（kg/m³）
试件龄期（d）	试件编号	破坏荷载（N）	受压面积（mm²）	抗压强度（MPa）
	1			
	2			
	3			
	4			
	5			
	6			

（5）砂浆强度评定

①评定水泥砂浆的强度，应以标准养生28d的试件为准。试件边长为70.7mm的立方

体。试件6件为1组,制取组数应符合下列规定:

a. 不同强度等级及不同配合比的水泥砂浆应分别制取试件,试件应随机制取,不得挑选。

b. 重要及主体砌筑物,每工作班制取2组。

c. 一般及次要砌筑物,每工作班可制取1组。

d. 拱圈砂浆应同时制取与砌体同条件养生试件,以检查各施工阶段强度。

②水泥砂浆强度的合格标准。

a. 同强度等级试件的平均强度不低于设计强度等级。

b. 任意一组试件的强度最低值不低于设计强度等级的75%。

③实测项目中,水泥砂浆强度评为不合格时相应分项工程评定为不合格。

三、墩台身和盖梁质量检验评定

墩台身和盖梁的质量检验评定标准(包括承台)见表1-3-7~表1-3-14。

承台的质量检验标准 表1-3-7

项目	允许偏差(mm)	项目	允许偏差(mm)
混凝土强度等级(MPa)	符合设计要求	平面尺寸	±30
轴线偏位	15	顶面高程	±20

墩台砌体位置及外形尺寸允许偏差 表1-3-8

项目		允许偏差(mm)
名称	类别	
轴线偏位		10
墩台宽度与长度	片石	-40,-10
	块石	-30,-10
	粗料石	-20,-10
大面积平整度(2m直尺检查)	片石	30
	块石	20
	粗料石	10
竖直度或坡度	片石	0.5%*H*
	块石、粗料石	0.3%*H*
墩台顶面高程		±10

注:①*H*为墩台高度;

②混凝土预制砌体允许偏差可按粗料石标准执行。

墩台安装允许偏差 表1-3-9

检查项目	允许偏差(mm)	检查项目	允许偏差(mm)
轴线平面位置	10	倾斜度	0.3%墩、台高,且不大于20
顶面高程	±10	相邻墩、台柱间距	±5

承台质量检验评定表

表 1-3-10

项目名称：　　工程合同段：　　（子）分项工程名称：　　工程部位：

施工单位：　　监理单位：　　使用者类别：

<table>
<tr><td>基本要求</td><td colspan="8">所用材料的质量和规格必须符合有关技术规范的要求，按规定的配合比施工；必须采取措施控制水化热引起的混凝土内最高温度及内外温差在允许范围内，防止出现温度裂缝；不得出现露筋和空洞现象</td></tr>
<tr><td>项次</td><td>检 查 项 目</td><td>规定值或允许偏差</td><td>检查方法和频率</td><td>权值</td><td>检查实测值</td><td>平均值
代表值</td><td>合格率
（%）</td><td>得分</td></tr>
<tr><td>1△</td><td>混凝土强度（MPa）</td><td>在合格标准内</td><td>按附录 D 检查</td><td>3</td><td></td><td></td><td></td><td></td></tr>
<tr><td>2</td><td>尺寸（mm）</td><td>±30</td><td>尺量：长、宽、高检查各 2 点</td><td>1</td><td></td><td></td><td></td><td></td></tr>
<tr><td>3</td><td>顶面高程（mm）</td><td>±20</td><td>水准仪：检查 5 ~ 8 处</td><td>2</td><td></td><td></td><td></td><td></td></tr>
<tr><td>4</td><td>轴线偏位（mm）</td><td>15</td><td>全站仪或经纬仪：纵、横各测量 2 点</td><td>2</td><td></td><td></td><td></td><td></td></tr>
<tr><td>5</td><td colspan="3">（子）分项工程得分</td><td></td><td colspan="4"></td></tr>
<tr><td rowspan="3">6</td><td rowspan="3">外观鉴定</td><td colspan="2">混凝土表面平整，棱角平直，无明显施工接缝。不符合要求时，每处减 1 ~ 3 分</td><td rowspan="4">检查
结果</td><td colspan="3"></td><td></td></tr>
<tr><td colspan="2">混凝土蜂窝、麻面面积不超过该面总面积的 0.5%；深度超过 1cm 必须处理。不符合要求时，每超过 0.5% 减 3 分</td><td colspan="3"></td><td></td></tr>
<tr><td colspan="2">混凝土表面无非受力裂缝；混凝土表面出现非受力裂缝减 1 ~ 3 分，裂缝宽度超过设计规定或设计未规定时超过 0.15mm 必须处理</td><td colspan="3"></td><td></td></tr>
<tr><td>7</td><td>质量保证资料</td><td colspan="2">资料、图表残缺，缺乏最基本数据，有伪造涂改者，不予检验和评定；资料不全者，视情况每款减 1 ~ 3 分</td><td colspan="3"></td><td></td></tr>
<tr><td>8</td><td>（子）分项工程评分值</td><td colspan="7"></td></tr>
<tr><td>9</td><td>质量等级</td><td colspan="7"></td></tr>
</table>

监理工程师：　　日期：　　检测人：　　日期：　　承包人：　　日期：

表 1-3-11

墩台身砌体质量检验评定表

项目名称：　　　　工程合同段：　　　　(子)分项工程名称：　　　　工程部位：

施工单位：　　　　监理单位：　　　　使用者类别：

基本要求	石料或混凝土预制块的质量和规格必须符合有关规范的要求；砂浆所用的水泥、砂和水的质量必须符合有关规范的要求，按规定的配合比施工；砌块应错缝、坐浆挤紧，嵌缝料和砂浆饱满，无空洞、宽缝、大堆砂浆填隙和假缝							
项次	检查项目	规定值或允许偏差	检查方法和频率	权值	检查实测值	平均值代表值	合格率(%)	得分
1△	砂浆强度(MPa)	在合格标准内	按附录F检查	3				
2	轴线偏位(mm)	20	全站仪或经纬仪：纵、横各测量2点	1				
3	墩台长、宽(mm) 料石	+20，-10	尺量：检查3个断面	1				
	墩台长、宽(mm) 块石	+30，-10						
	墩台长、宽(mm) 片石	+40，-10						
4	竖直度或坡度(%) 料、块石	0.3	垂线或经纬仪：纵、横各测量2处	1				
	竖直度或坡度(%) 片石	0.5						
5△	墩台顶面高程(mm)	±10	水准仪：测量3点	2				
6	大面积平整度(mm) 料石	10	2m直尺：检查竖直、水平两个方向，每 $20m^2$ 测1处	1				
	大面积平整度(mm) 块石	20						
	大面积平整度(mm) 片石	30						
7	(子)分项工程得分							
8	外观鉴定	砌体直顺，表面平整。不符合要求时，减1～3分		监理意见				
		勾缝平顺，无开裂、脱落现象。不符合要求时，减1～3分						
		砌缝不应有裂隙，裂隙宽度超过0.5mm时必须处理。不符合要求时，减1～3分						
9	质量保证资料	资料、图表残缺，缺乏最基本数据，有伪造涂改者，不予检验和评定。资料不全者，视情况每款减1～3分						
10	(子)分项工程评分值							
11	质量等级							

监理工程师：　　　日期：　　　检测人：　　　日期：　　　承包人：　　　日期：

表 1-3-12

混凝土墩、台身质量检验评定表

项目名称：　　工程合同段：　　（子）分项工程名称：　　工程部位：

施工单位：　　监理单位：　　使用者类别：

基本要求	混凝土所用材料的质量和规格必须符合有关技术规范的要求，按规定的配合比施工；不得出现空洞和露筋现象							
项次	检 查 项 目	规定值或允许偏差	检查方法和频率	权值	检查实测值	平均值代表值	合格率（%）	得分
1△	混凝土强度(MPa)	在合格标准内	按附录 D 检查	3				
2	断面尺寸(mm)	±20	尺量：检查 3 个断面	2				
3	竖直度或斜度(mm)	0.3% H 且不大于 20	吊垂线或经纬仪：测量 2 点	2				
4	顶面高程(mm)	±10	水准仪：测量 3 处	2				
5△	轴线偏位(mm)	10	全站仪或经纬仪：纵、横各测量 2 点	2				
6	节段间错台	5	尺量：每节检查 4 处	1				
7	大面积平整度(mm)	5	2m 直尺：检查竖直、水平两个方向，每 $20m^2$ 测 1 处	1				
8	预埋件位置(mm)	符合设计规定，未规定时：10	尺量：每件	1				
9	（子）分项工程得分							
10	外观鉴定	混凝土表面平整，施工缝平顺，棱角线平直，外露色泽一致。不符合要求时，每处减 1 ~3 分		检查结果				
		混凝土蜂窝麻面面积不得超过该面面积的 0.5%，深度超过 10mm 必须处理。不符合要求时，每超过 0.5% 减 3 分						
		混凝土表面无非受力裂缝。混凝土表面出现非受力裂缝减1 ~3 分，裂缝宽度超过设计规定或设计未规定时，超过 0.15 mm者必须处理						
		施工临时预埋件或其他临时设施未清除处理，减 1 ~2 分						
11	质量保证资料	资料、图表残缺，缺乏最基本数据，有伪造涂改者，不予检验和评定。资料不全者，视情况每款减 1 ~3 分						
12	（子）分项工程评分值							
13	质量等级							

监理工程师：　　日期：　　检测人：　　日期：　　承包人：　　日期：

表 1-3-13

墩、台帽或盖梁质量检验评定表

项目名称：　　工程合同段：　　(子)分项工程名称：　　工程部位：

施工单位：　　监理单位：　　使用者类别：

基本要求	混凝土所用材料的质量和规格必须符合有关技术规范的要求，按规定的配合比施工；不得出现空洞和露筋现象							
项次	检 查 项 目	规定值或允许偏差	检查方法和频率	权值	检查实测值	平均值代表值	合格率（%）	得分
1△	混凝土强度(MPa)	在合格标准内	按附录 D 检查	3				
2	断面尺寸(mm)	±20	尺量：检查 3 个断面	2				
3△	轴线偏位(mm)	10	全站仪或经纬仪：纵、横各测量 2 点	2				
4△	顶面高程(mm)	±10	水准仪：检查 3～5 点	2				
5	支座垫石预留位置(mm)	10	尺量：每个	1				
6	预埋件位置(mm)	5	用尺量	1				
7	(子)分项工程得分			11				
8	外观鉴定	混凝土表面平整、光洁，棱角线平直。不符合要求时减 1～3分		检查结果				
		不得出现蜂窝、麻面；出现混凝土蜂窝、麻面必须进行修整并减 1～4 分						
		混凝土表面无非受力裂缝；混凝土表面出现非受力裂缝减 1～3 分，裂缝宽度超过设计规定或设计未规定时，超过 0.15mm 必须处理						
9	质量保证资料	资料、图表残缺，缺乏最基本数据，有伪造涂改者，不予检验和评定；资料不全者，视情况每款减 1～3 分						
10	(子)分项工程评分值							
11	质量等级							

监理工程师：　　日期：　　检测人：　　日期：　　承包人：　　日期：

表 1-3-14

锥、护坡质量检验评定表

项目名称：　　工程合同段：　　（子）分项工程名称：　　工程部位：

施工单位：　　监理单位：　　使用者类别：

基本要求	①石料的质量和规格应符合有关规定。砂浆所用的水泥、砂、水的质量应符合有关规范的要求，按规定的配合比施工；②锥、护坡基础埋置深度及地基承载力应符合设计要求；③砌体应咬扣紧密，嵌缝饱满密实；④锥、护坡填土密实度应达到设计要求，对坡面刷坡整平后方可铺砌							
项次	检 查 项 目	规定值或允许偏差	检查方法和频率	权值	检查实测值	平均值代表值	合格率（%）	得分
1△	砂浆强度（MPa）	在合格标准内	按附录 F 检查	3				
2	顶面高程（mm）	±50	水准仪：每 50m 检查 3 点，不足 50m 时至少检查 2 点	1				
3	表面平整度（mm）	30	2m 直尺：锥坡检查 3 处，护坡每 50m 检查 3 处	1				
4	坡 度	不陡于设计	坡度尺量：每 50m 量 3 处	1				
5△	厚 度（mm）	不小于设计	尺量：每 100m 检查 3 处	2				
6	底面高程（mm）	±50	水准仪：每 50m 检查 3 处	1				
7	（子）分项工程得分							
8	外观鉴定	表面平整，无垂直通缝。不符合要求时，减 1～3 分		检查结果				
		勾缝平顺，无脱落现象。不符合要求时，减 1～3 分						
9	质量保证资料	施工资料和图表必须齐全，不缺乏最基本数据，不得伪造涂改。不符合要求时，不予检查和评定。资料不全者，视情况每款减 1～3 分						
10	（子）分项工程评分值							
11	质量等级							

监理工程师：　　日期：　　检测人：　　日期：　　承包人：　　日期：

小　结

本任务主要学习墩台身和盖梁从开始施工到最后完工过程中所做的检测，使学生对墩台身、锥坡和盖梁施工检测能够系统地掌握。

复习思考题

1. 什么是标准贯入试验？如何根据标准贯入试验锤击数确定砂类土地基承载力？

2. 地基破坏分为几个阶段，现场荷载试验需要什么设备？如何进行现场荷载试验并根据其结果评定地基承载力？

3. 钢材的力学性能指标有哪些？如何分析和判定各种钢筋的力学性能试验结果是否满足要求？

4. 简述各种钢筋试验的取样频率和试件的长度规定？钢筋试验时的拉伸速度应该怎样控制？

5. 钢筋的接头长度区段是如何规定的？配置在接头长度区段内的受力钢筋，其接头的截面面积占总截面面积的百分率应符合哪些规定？

6. 如何检验闪光对焊和搭接电弧焊的焊接接头质量？

7. 钢筋加工及安装的质量评定应满足哪些要求？

8. 某一钢筋试件直径 $d=20\text{mm}$，标距长度 $l_0=200\text{mm}$，在进行拉伸试验时，屈服荷载为75 360N，破坏荷载为125 600N，拉断后试件标距长度 $l_1=252\text{mm}$，试计算该试件的屈服强度 σ_s、抗拉强度 σ_b 和伸长率 δ。

9. 钻孔灌注桩成孔质量检测项目有哪些？

10. 泥浆性能指标及检测方法有哪些？

11. 泥浆各种外加剂各有什么作用？

12. 常用桩基质量检测方法有哪些？

13. 反射波法检测桩基的注意事项有哪些？

14. 如何根据反射波法检测的波形判定基桩质量？

15. 基桩静压试验时，怎样确定极限荷载值？

16. 静力载荷试验出现什么现象时应终止试验？

17. 砌体工程中片石、块石、料石的尺寸规格是怎样规定的？

18. 浆砌片石、料石有哪些技术要求？

19. 各种砌体砂浆稠度是怎样规定的？砂浆稠度和分层度试验的步骤是什么？稠度试验结果应如何处理？

20. 砂浆试模的尺寸是多少？砂浆试块标准养护的条件是什么？一组砂浆试件有几个？砂浆试块的取样频率是如何规定的？

21. 应如何评定一组砂浆试件的强度值？水泥砂浆强度的合格标准是什么？

学习情境 2 桥梁上部构造检测

情境导入

按照桥梁施工顺序，桥梁基础及下部构造施工完成后，下一分项工程是桥梁上部构造。桥梁上部结构多采用预应力混凝土结构，预应力混凝土结构由于有许多优点，目前在土木工程中应用十分广泛。根据其施工工艺可分为先张法施工和后张法施工，在不同的施工工艺中，每一个分项工程按照施工准备阶段、施工阶段和竣工验收阶段进行试验检测评定，避免不合格的材料和产品流入下一道工序。只有保证每一道工序的质量，才能保证整个工程的质量。

学习目标

【知识目标】 知道桥梁上部构造施工中先张法、后张法构件各项检测任务的目的和检测方法、步骤以及试验原理；熟悉施工图纸；熟悉各种检测仪器的性能；熟悉与所检测项目相关的技术标准、技术规范和技术规程；能用定量的方法科学地评定各种上部构件的质量。

【能力目标】 按照施工准备阶段、施工阶段、分项工程质量检验评定的工作过程，明确桥梁上部构造施工中先张法、后张法构件在施工过程中所要进行的各种检测项目，了解成品及半成品的检测方法；能熟练操作各种检测仪器进行试验；正确填写原始记录和检验评定表，能够对工程质量做出正确评价。

任务 2.1 先张法构件检测

任务导入

先张法，即先张拉钢筋，后浇筑构件混凝土的方法。先张法施工工序简单，筋束靠黏结力自锚，不必耗费特制的锚具，临时固定所用的锚具都可以重复使用。在大批量生产时，先张法构件比较经济，质量也比较稳定，但先张法一般仅适合于直线配筋的中小型构件。

先张法施工的主梁在施工准备阶段、施工阶段、竣工验收阶段的试验检测任务有哪些内容呢？

任务目的

主梁采用先张法施工时，按照施工准备阶段、施工阶段和竣工验收阶段进行试验检测评定，避免不合格的材料和产品流入下一道工序。只有保证施工过程中每一道工序的质量，才能保证整个工程的质量。

任务实施

一、施工准备阶段检测

1. 检测项目

先张法构件施工准备阶段需检测的项目见表2-1-1。

先张法构件施工准备阶段需检测的项目　　表2-1-1

类　型	序号	检测项目	采用规程(标准)
先张法构件	1	水泥物理力学性能试验	《公路工程水泥及水泥混凝土试验规程》(JTG E30—2005)、《公路工程质量检验评定标准(土建工程)》(JTG F80/1—2004)
	2	外掺剂技术性能试验	
	3	混凝土拌和物性能试验	
	4	混凝土抗压强度试验	
	5	混凝土配合比设计	《普通混凝土配合比设计规程》(JGJ 55—2000)、《公路工程水泥及水泥混凝土试验规程》(JTG E30—2005)
	6	钢筋拉伸试验	《金属材料室温拉伸试验方法》(GB 228—2002)
	7	钢筋冷弯试验	《金属材料弯曲试验方法》(GB/T 232—1999)
	8	预应力钢筋质量检测	《预应力混凝土用钢丝》(GB/T 5223)； 《预应力混凝土用钢绞线》(GB/T 5224)； 《预应力混凝土用热处理钢筋》(GB 4463)； 《公路桥涵施工技术规范》(JTG/T F50—2011)
	9	预应力锚具、夹具和连接器检测	《预应力筋用锚具、夹具和连接器》(GB/T 14370—2000)； 《公路钢筋混凝土及预应力混凝土桥涵设计规范》(JTG D62—2004)
	10	张拉设备校验	
	11	混凝土弹性模量试验	
	12	张拉台座检测	

2. 检测方法

检测方法同任务1.1中表1-1-1的第1项至第7项的检测。

1)预应力钢筋质量检测

预应力钢筋强度检测方法，参照《道路建筑材料》教材进行试验检测。

(1)预应力钢筋的力学性能和表面质量要求

预应力钢筋的种类比较多，包括热处理钢筋、冷拉钢筋、精轧螺纹钢筋、冷拔钢丝、预应力混凝土用钢丝、钢绞线，分别简述如下：

①热处理钢筋。热处理钢筋由热轧螺纹钢筋经淬火和回火的调质处理而成，经热处理

后改变了钢筋的内部组织结构，其性能得到改善，抗拉强度提高到预应力钢筋所需要的强度等级。热处理钢筋按其螺纹外形分有纵肋和无纵肋。热处理钢筋的力学性能见表 2-1-2；其尺寸及允许偏差和计算数值见表 2-1-3 和表 2-1-4。

热处理钢筋的力学性能 表 2-1-2

公称直径 d (mm)	牌　号	屈服强度 $\sigma_{0.2}$ (MPa)	抗拉强度 σ_b (MPa)	伸长率 δ_{10} (%)
		不小于		
6	40Si2Mn	1 325	1 470	6
8.2	48Si2Mn			
10	45Si2Cr			

热处理钢筋（有纵肋）的尺寸及允许偏差和计算数值 表 2-1-3

公称直径 d (mm)	尺寸及允许偏差(mm)							截面计算面积 F (mm²)	理论质量 (kg/m)
	垂直内径 d_1	水平内径 d_2	肋距 L	横肋高 h_1	横肋宽 b_2	纵肋高 h_2	纵肋宽 b_2		
8.2	$8.0\pm^{0.6}_{0.2}$	$8.3\pm^{0.6}_{0.2}$	7.5 ± 0.5	$0.7\pm^{0.5}_{0.2}$	$0.7\pm^{0.5}_{0.2}$	$0.7\pm^{0.5}_{0.2}$	1.2 ± 0.5	52.81	0.432
10	$9.6\pm^{0.6}_{0.2}$	9.6 ± 0.4	7.0 ± 0.5	1.0 ± 0.4	$1.0\pm^{0.7}_{0.3}$	$1.0\pm^{0.5}_{0.2}$	1.5 ± 0.5	78.54	0.617

热处理钢筋（无纵肋）的尺寸及允许偏差和计算数值 表 2-1-4

公称直径 d (mm)	尺寸及允许偏差(mm)					截面计算面积 F (mm²)	理论质量 (kg/m)
	垂直内径 d_1	水平内径 d_2	肋距 L	横肋高 h	横肋宽 b		
6	$5.8\pm^{0.6}_{0.2}$	$6.3\pm^{0.6}_{0.2}$	7.5 ± 0.5	$0.4\pm^{0.3}_{0.2}$	$0.7\pm^{0.5}_{0.2}$	28.27	0.230
8.2	$7.9\pm^{0.6}_{0.2}$	$8.5\pm^{0.6}_{0.2}$	7.5 ± 0.5	$0.7\pm^{0.5}_{0.2}$	$0.7\pm^{0.5}_{0.2}$	52.73	0.424

表面质量要求：钢筋表面不得有肉眼可见的裂纹、结疤、折叠；允许有凸块，但不得有超过横肋高度的凸块；表面允许有不影响使用的缺陷，但不得沾有油污。

②冷拉钢筋。冷拉是将钢筋在常温下拉伸超过屈服点，以提高钢筋的屈服极限、强度极限和疲劳极限的一种加工工艺，但经冷拉后会降低钢筋的延伸率、断面收缩率、冷弯性能和冲击韧性。预应力混凝土结构所用的钢筋，主要要求具有高的屈服极限、变形极限等强度性能，而延伸率、断面收缩率、冷弯性能要求不高，因此，这就为采用冷拉加工工艺提供了可能性。冷拉钢筋的力学性能要求见表 2-1-5。

表面质量要求：钢筋冷拉后，其表面不应发生裂纹。冷弯试验后无裂纹、鳞落或断裂现象。

冷拉钢筋的力学性能 表 2-1-5

钢筋级别	直径(mm)	屈服强度(MPa)	抗拉强度(MPa)	伸长率 δ_{10} (%)	冷　弯	
		不小于			弯曲直径	弯曲角度
冷拉 IV 级钢筋	10 ~ 28	700	835	6	5 d	90°

注：表中 d 为钢筋直径(mm)，直径大于 25mm 的钢筋，冷弯弯曲直径应增加一个 d。

③精轧螺纹钢筋。精轧螺纹钢筋是用热轧方法直接生产的一种无纵肋的钢筋，钢筋的连接是在端部用螺纹套筒进行连接接长，其力学性能如表 2-1-6 所示。

精轧螺纹钢筋的力学性能 表2-1-6

级别	屈服强度 $\sigma_{0.2}$(MPa)	抗拉强度 σ_b(MPa)	伸长率 δ_5(%)	冷弯		10h,松弛率(%)
	不小于			弯曲直径	弯曲角度	不大于
JL540	540	835	10	$D=6d$	90°	1.5
JL785	785	980	7	$D=7d$	90°	
JL930	930	1 080	6			

注:① d 为钢筋直径(mm),其规格一般为18mm、25mm、32mm、40mm;D 为弯心直径。
②除非生产厂家另有规定,弹性模量取为 2×10^5 MPa。
③冷弯指标不作为交货条件。

精轧螺纹钢筋表面质量要求:钢筋表面不得有横向裂纹、结疤和机械损伤;钢筋表面允许有不影响力学性能和连接的缺陷。

④冷拔钢丝。冷拔钢丝是把直径6~8mm的普通碳素钢筋条用强力拉过比它本身直径还小的硬质合金拉丝模,这时钢筋同时受到纵向拉力和横向压力的作用,截面变小,长度拉长,经过几次拉丝,其强度比原来有极大提高。冷拔钢丝的力学性能要求,如表2-1-7所示。

冷拔低碳钢丝的力学性能 表2-1-7

直径(mm)	抗拉强度(MPa)		伸长率 δ_{100}(%)	180°反复弯曲次数
	不小于		不小于	
	Ⅰ组	Ⅱ组		
4	700	650	2.5	4
5	650	600	3.0	

注:冷拔低碳钢丝经机械调直后,抗拉强度标准值应降低50MPa。

冷拔钢丝表面质量要求:钢丝表面不得有裂纹和机械损伤。

⑤预应力混凝土用钢丝。预应力混凝土用钢丝包括冷拉钢丝、消除应力钢丝和消除应力刻痕钢丝。按《预应力混凝土用钢丝》(GB/T 5223—2002)的规定,钢丝按加工状态分为冷拉钢丝、消除应力钢丝两种。冷拉钢丝是用盘条通过拔丝模或轧辊经冷加工而成的产品;消除应力钢丝是按下述一次性连续处理方法之一生产的钢丝。

a. 钢丝在塑性变形下(轴应变)进行的短时热处理,得到的应是低松弛钢丝,其代号为WLR。

b. 钢丝通过矫直工序后在适当温度下进行的短时热处理,得到的应是普通松弛钢丝,其代号为WNR。

桥涵工程用钢丝一般为低松弛钢丝。

冷拉钢丝的力学性能,如表2-1-8所示;消除应力光圆及螺旋肋钢丝的力学性能,如表2-1-9所示。

冷拉钢丝的力学性能 表 2-1-8

<table>
<tr><th>公称直径（mm）</th><th>抗拉强度 σ_b（MPa）不小于</th><th>规定非比例伸长应力 $\sigma_{P0.2}$（MPa）不小于</th><th>最大力下总伸长率（L_0 = 200mm）δ_{gt}（%）不小于</th><th>弯曲次数（次/180°）不小于</th><th>弯曲半径 R（mm）</th><th>断面收缩率 ψ（%）不小于</th><th>每 210mm 扭矩的扭转次数 n 不小于</th><th>初始应力相当于 70% 公称抗拉强度时，1 000h 后应力松弛率 r（%）不大于</th></tr>
<tr><td>3.00</td><td rowspan="3">1 470
1 570
1 670
1 770</td><td rowspan="3">1 100
1 180
1 250
1 330</td><td rowspan="6">1.5</td><td>4</td><td>7.5</td><td>—</td><td>—</td><td rowspan="6">8</td></tr>
<tr><td>4.00</td><td>4</td><td>10</td><td rowspan="2">35</td><td>8</td></tr>
<tr><td>5.00</td><td>4</td><td>15</td><td>8</td></tr>
<tr><td>6.00</td><td rowspan="3">1 470
1 570
1 670
1 770</td><td rowspan="3">1 100
1 180
1 250
1 330</td><td>5</td><td>15</td><td rowspan="3">30</td><td>7</td></tr>
<tr><td>7.00</td><td>5</td><td>20</td><td>6</td></tr>
<tr><td>8.00</td><td>5</td><td>20</td><td>5</td></tr>
</table>

消除应力光圆及螺旋肋钢丝的力学性能 表 2-1-9

<table>
<tr><th rowspan="4">公称直径（mm）</th><th rowspan="4">抗拉强度 σ_b（MPa）不小于</th><th colspan="2" rowspan="3">规定非比例伸长应力 $\sigma_{P0.2}$（MPa）不小于</th><th rowspan="4">最大力下总伸长率（L_0 = 200mm）δ_{gt}（%）不小于</th><th rowspan="4">弯曲次数（次/180°）不小于</th><th rowspan="4">弯曲半径 R（mm）</th><th colspan="3">松　弛</th></tr>
<tr><th rowspan="2">初始应力相当于公称抗拉强度的百分数（%）</th><th colspan="2">1 000h 后应力松弛率 r（%）不大于</th></tr>
<tr><th>WLR</th><th>WNR</th></tr>
<tr><th>WLR</th><th>WNR</th><th colspan="3">对所有规格</th></tr>
<tr><td>4.00</td><td rowspan="3">1 470
1 570
1 670
1 770
1 860</td><td rowspan="3">1 290
1 380
1 470
1 560
1 640</td><td rowspan="3">1 250
1 330
1 410
1 500
1 580</td><td rowspan="11">3.5</td><td>3</td><td>10</td><td rowspan="11">60
70
80</td><td rowspan="11">1.0
2.0
4.5</td><td rowspan="11">4.5
8
12</td></tr>
<tr><td>4.80</td><td rowspan="2">4</td><td rowspan="2">15</td></tr>
<tr><td>5.00</td></tr>
<tr><td>6.00</td><td rowspan="3">1 470
1 570
1 670
1 770</td><td rowspan="3">1 290
1 380
1 470
1 560</td><td rowspan="3">1 250
1 330
1 410
1 500</td><td>4</td><td>15</td></tr>
<tr><td>6.25</td><td>4</td><td>20</td></tr>
<tr><td>7.00</td><td>4</td><td>20</td></tr>
<tr><td>8.00</td><td rowspan="2">1 470
1 570</td><td rowspan="2">1 290
1 380</td><td rowspan="2">1 250
1 330</td><td>4</td><td>20</td></tr>
<tr><td>9.00</td><td>4</td><td>25</td></tr>
<tr><td>10.00</td><td rowspan="2">1 470</td><td rowspan="2">1 290</td><td rowspan="2">1 250</td><td>4</td><td>25</td></tr>
<tr><td>12.00</td><td>4</td><td>30</td></tr>
</table>

消除应力的刻痕钢丝的力学性能，应符合表 2-1-10 的规定。规定非比例伸长应力 $\sigma_{P0.2}$ 值对低松弛钢丝应不小于公称抗拉强度的 88%，对普通松弛钢丝应不小于公称抗拉强度的 85%。

钢丝弹性模量为 205GPa ± 10GPa，但不作为交货条件。允许用不少于 100h 的测试数据推算 1 000h 的松弛值。

消除应力的刻痕钢丝的力学性能 表 2-1-10

<table>
<tr><th rowspan="3">公称直径(mm)</th><th rowspan="3">抗拉强度 σ_b (MPa) 不小于</th><th colspan="2" rowspan="2">规定非比例伸长应力 $\sigma_{P0.2}$ (MPa) 不小于</th><th rowspan="3">总伸长率 (L_0=200mm) δ_g(%) 不小于</th><th rowspan="3">弯曲次数 (次/180°) 不小于</th><th rowspan="3">弯曲半径 R(mm)</th><th colspan="3">松 弛</th></tr>
<tr><th rowspan="2">初始应力相当于公称抗拉强度的百分数(%)</th><th colspan="2">1 000h 后应力松弛率 r(%)不大于</th></tr>
<tr><th>WLR</th><th>WNR</th><th>WLR</th><th>WNR</th></tr>
<tr><td rowspan="5">≤5.0</td><td>1 470</td><td>1 290</td><td>1 250</td><td rowspan="9">3.5</td><td rowspan="9">3</td><td rowspan="5">15</td><td>对所有规格</td><td>对所有规格</td><td>对所有规格</td></tr>
<tr><td>1 570</td><td>1 380</td><td>1 330</td><td rowspan="3">60</td><td rowspan="3">1.0</td><td rowspan="3">4.5</td></tr>
<tr><td>1 670</td><td>1 470</td><td>1 410</td></tr>
<tr><td>1 770</td><td>1 560</td><td>1 500</td></tr>
<tr><td>1 860</td><td>1 640</td><td>1 580</td><td rowspan="2">70</td><td rowspan="2">2.0</td><td rowspan="2">8</td></tr>
<tr><td rowspan="4">>5.0</td><td>1 470</td><td>1 290</td><td>1 250</td><td rowspan="4">20</td></tr>
<tr><td>1 570</td><td>1 380</td><td>1 330</td><td rowspan="3">80</td><td rowspan="3">4.5</td><td rowspan="3">12</td></tr>
<tr><td>1 670</td><td>1 470</td><td>1 410</td></tr>
<tr><td>1 770</td><td>1 560</td><td>1 500</td></tr>
</table>

三面刻痕钢丝的尺寸及允许偏差见表 2-1-11，其外形见图 2-1-1，钢丝的公称横截面积，每米参考质量与光圆钢丝相同。光圆钢丝的尺寸及允许偏差和每米参考质量见表 2-1-12，计算钢丝每米参考质量时的密度为 7.85g/cm^3。螺旋肋钢丝的尺寸及允许偏差见表 2-1-13，其外形见图 2-1-2，钢丝的公称横截面积，每米参考质量与光圆钢丝相同。表面质量要求：钢丝表面不得有裂纹、小刺、机械损伤、氧化铁皮及油污；回火成品表面允许有回火颜色。除非另有协议，表面允许有浮锈，但不得锈蚀成目视可见的麻坑。

三面刻痕钢丝的尺寸及允许偏差 表 2-1-11

<table>
<tr><th rowspan="2">公称直径 d_m(mm)</th><th colspan="2">刻 痕 深 度</th><th colspan="2">刻 痕 长 度</th><th colspan="2">节 距</th></tr>
<tr><th>公称深度 a (mm)</th><th>允许偏差 (mm)</th><th>公称长度 b (mm)</th><th>允许偏差 (mm)</th><th>公称节距 L (mm)</th><th>允许偏差 (mm)</th></tr>
<tr><td>≤5.0</td><td>0.12</td><td rowspan="2">±0.05</td><td>3.5</td><td rowspan="2">±0.05</td><td>5.5</td><td rowspan="2">±0.05</td></tr>
<tr><td>>5.0</td><td>0.15</td><td>5.0</td><td>8.0</td></tr>
</table>

光圆钢丝的尺寸及允许偏差、每米参考质量 表 2-1-12

公称直径 d_0(mm)	直径允许偏差(mm)	公称横截面积 S_n(mm^2)	每米参考质量(g/m)
3.00	±0.04	7.07	55.5
4.00		12.57	98.6
5.00	±0.05	19.63	154
6.00		28.27	222
6.25		30.68	241
7.00		38.48	302
8.00	±0.06	50.26	394
9.00		63.62	499
10.00		78.54	616
12.00		113.1	888

螺旋肋钢丝的尺寸及允许偏差 表 2-1-13

公称直径 d_n(mm)	螺旋肋数量	基圆尺寸		外轮廓尺寸		单肋尺寸	螺旋肋导程 C(mm)
		基圆直径 D_i(mm)	允许偏差(mm)	外轮廓直径 D(mm)	允许偏差(mm)	宽度 a(mm)	
4.00	4 条	3.85	±0.05	4.25	±0.05	0.90～1.30	24～30
4.80		4.60		5.10		1.30～1.70	28～36
5.00		4.80		5.30			
6.00		5.80		6.30		1.60～2.00	30～38
6.25		6.00		6.70			30～40
7.00		6.73		7.46	±0.10	1.80～2.20	35～45
8.00		7.75		8.45		2.00～2.40	40～50
9.00		8.75		9.45		2.10～2.70	42～52
10.00		9.75		10.45		2.50～3.00	45～58

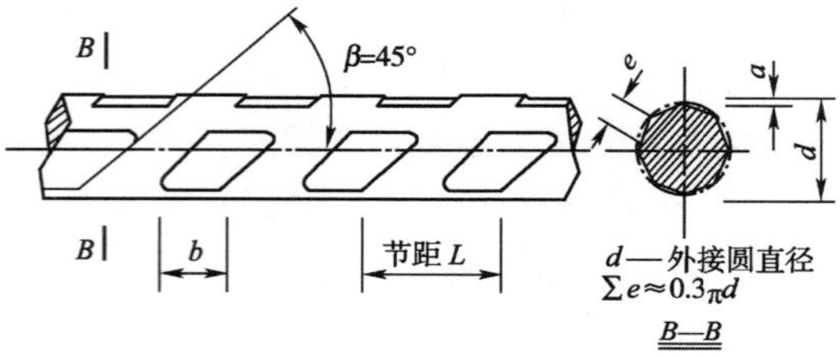

图 2-1-1 三面刻痕钢丝外形示意图

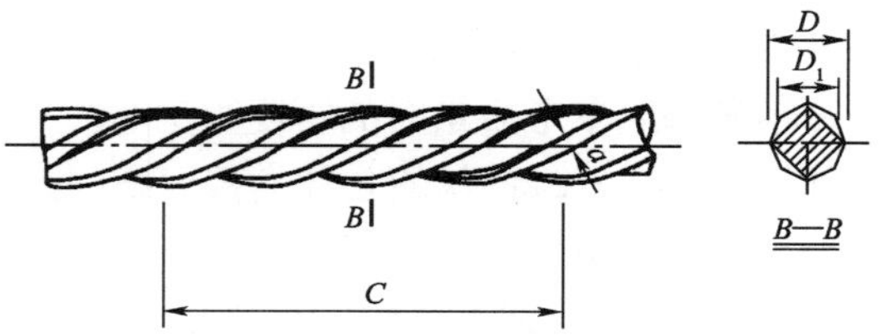

图 2-1-2 螺旋肋钢丝外形示意图

⑥钢绞线。钢绞线是钢厂用优质碳素结构钢经过冷加工、再经回火和绞捻等加工而成的，塑性好，无接头，使用方便，专供预应力混凝土结构使用。桥涵工程常用 1×7 结构钢绞线（图 2-1-3），其力学性能要求见表 2-1-14，尺寸及允许偏差和每米参考质量见表 2-1-15。

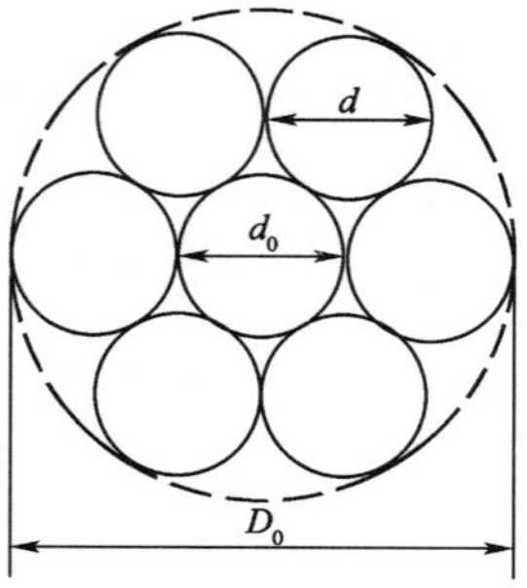

图 2-1-3 1×7 钢绞线外形示意图

钢绞线弹性模量为 195GPa±10GPa，但不作为交货条件。允许用不少于 100h 的测试数据推算 1 000h 的松弛值。

钢绞线表面质量要求：钢绞线表面不得带有降低钢绞线与混凝土黏结力的润滑剂、油渍等物质，允许有轻微的浮锈，但不得锈蚀成肉眼可见的麻坑。

（2）预应力钢筋的力学性能检测

①组批规则。各种预应力混凝土用钢筋、钢丝和钢绞线应按批进行检查和验收，每批应由同一牌号、同一外形、同一规格、同一生产工艺和同一交货状态的钢筋组成。

②取样、复验规则。

a. 热处理钢筋。每批钢筋的质量应不大于60t。从每批钢筋中抽取10%的盘数（不小于25 盘）进行表面质量和尺寸偏差的检查。如检查不合格，则应对该批钢筋进行逐盘检查。从每批钢筋中抽取10%的盘数（不小于25 盘）进行力学性能试验。试验结果如有一项不符合表 2-1-2 所规定的要求时，该不合格盘应报废，并再从未试验过的钢筋中取双倍数量的试样进行复验，如仍有一项不合格，则该批钢筋为不合格。

1×7 结构钢绞线力学性能 表 2-1-14

钢绞线结构	钢绞线公称直径 D_n(mm)	抗拉强度 R_m(MPa) 不小于	整根钢绞线最大力 F_m(kN) 不小于	规定非比例延伸力 $F_{P0.2}$(kN) 不小于	最大力总伸长率 ($L_0 \geq 500$mm) A_{gt}(%) 不小于	应力松弛性能	
						初始负荷相当于公称最大力的百分数(%)	1 000h 后应力松弛率 r(%) 不大于
1×7	9.50	1 720	94.3	84.9	对所有规格	对所有规格	对所有规格
		1 860	102	91.8			
		1 960	107	96.3		60	
	11.10	1 720	128	115			1.0
		1 860	138	124			
		1 960	145	131			
	12.70	1 720	170	153			
		1 860	184	166	3.5	70	
		1 960	193	174			2.5
	15.20	1 470	206	185			
		1 570	220	198		80	
		1 670	234	211			4.5
		1 720	241	217			
		1 860	260	234			
		1 960	274	247			
	15.70	1 770	266	239			
		1 860	279	251			
	17.80	1 720	327	294			
		1 860	353	318			
(1×7)C	12.70	1 860	208	187			
	15.20	1 820	300	270			
	18.00	1 720	384	346			

注：规定非比例延伸力 $F_{P0.2}$ 不少于整根钢绞线公称最大负荷的 90%。

1×7 结构钢绞线尺寸及允许偏差和每米参考质量 表 2-1-15

钢绞线结构	公称直径 D_n(mm)	直径允许偏差 (mm)	钢绞线参考截面积 S_n(mm^2)	每米钢绞线参考质量(g/m)	中心钢丝直径 d_0 加大范围(%) 不小于
1×7	9.50	+0.30 −0.15	54.8	430	2.5
	11.10		74.2	582	
	12.70	+0.40 −0.20	98.7	775	
	15.20		140	1 101	
	15.70		150	1 178	
	17.80		191	1 500	
(1×7)C	12.70	+0.40 −0.20	112	890	
	15.20		165	1 295	
	18.00		223	1 750	

b. 冷拉钢筋。冷拉钢筋应分批进行检验，每批质量不得大于20t。每批钢筋的级别和直径均应相同。每批钢筋外观经逐根检查合格后，再从任选的两根钢筋上各取一套试件进行拉力试验（屈服强度、抗拉强度、伸长率）和冷弯试验；如有一项试验结果不符合表 2-1-5 所规定的要求时，则另取双倍数量的试件重做全部各项试验；如仍有一根试件不合格，则该批钢筋为不合格。

计算冷拉钢筋的屈服强度和抗拉强度时，采用冷拉前的公称截面面积。钢筋冷拉后，其表面不得有裂纹和局部缩径。冷弯试验后，冷拉钢筋的外观不得有裂纹、鳞落或断裂现象。

c. 精轧螺纹钢筋。应分批进行检验，每批质量不大于 100t，对表面质量应逐根进行目视检查，外观检查合格后在每批中任选两根钢筋截取试件进行拉伸试验。试验结果如有一项不符合表 2-1-6 所规定的要求时，则另取双倍数量的试件重做全部各项试验；如仍有一根试件不合格，则该批钢筋为不合格。拉伸试验的试件，不允许进行任何形式的加工。

d. 冷拔低碳钢丝。应逐盘进行抗拉强度、伸长率和弯曲试验。从每盘钢丝上任一端截去不少于 500mm 后再取两个试样，分别做拉力和 180°反复弯曲试验，试验结果应符合表 2-1-7 的要求。弯曲试验后，不得有裂纹、鳞落或断裂现象。

e. 高强钢丝。应分批检验，每批质量不大于 60t。先从每批中抽查 5%，但不少于 5 盘，进行形状、尺寸和表面检查；如检查不合格，则将该批钢丝逐盘检查。在上述检查合格的钢丝中抽取 5%，但不少于 3 盘，在每盘钢丝的两端取样进行抗拉强度、弯曲和伸长率的试验，其力学性能应符合表 2-1-8、表 2-1-9 或表 2-1-10 的要求。试验结果如有一项不合格，则不合格盘报废，并从同批未试验过的钢丝盘中取双倍数量的试样进行该不合格项的复验；如仍有一项不合格，则该批钢丝为不合格。

f. 钢绞线。每批钢绞线的质量应不大于 60t。从每批钢绞线中任取 3 盘，并从每盘所选的钢绞线端部正常部位截取一根试样进行表面质量、直径偏差和力学性能试验。如每批少于 3 盘，则应逐盘取样进行上述试验。试验结果如有一项不合格时，则不合格盘报废，并再从该批未试验过的钢绞线中取双倍数量的试样进行该不合格项的复验；如仍有一项不合格，则该批钢绞线为不合格。

g. 规定非比例延伸力测试。钢绞线规定非比例延伸力采用的是引伸计标距的非比例延伸达到原始标距 0.2% 时所受的力（$F_{P0.2}$）。为便于供方日常检验，也可以测定规定总延伸达到原始标距 1% 的力（F_{t1}），其值符合本标准规定的 $F_{P0.2}$ 值时可以交货，但仲裁试验时测定 $F_{P0.2}$。测定 $F_{P0.2}$ 和 F_{t1} 时，预加负荷为规定非比例延伸力的 10%。

2）预应力锚具、夹具和连接器检测

（1）分类与代号

①锚具、夹具和连接器按锚固方式不同，可分为夹片式、支承式、锥塞式和握裹式 4 种。

②锚具、夹具或连接器的代号可以用两个汉语拼音字母表示：第一位字母为预应力体系代号，由研制单位选定，无研制单位者可省略不写；第二位字母为锚具（M）、夹具（J）或连接器（L）代号。锚具、夹具或连接器的标记由代号、预应力钢材直径、预应力钢材根数 3 部分组成。

例：锚固 9 根直径 15.2mm 预应力混凝土用钢绞线的 QM 型群锚锚具，标记为 QM15—9。

(2)常规检测项目及抽样方法

①锚具、夹具和连接器进场时,除应按出厂合格证和质量证明书核查其锚固性能类别、型号、规格及数量外,还应按下列规定进行验收:

a. 外观检查:应从每批中抽取10%的锚具且不少于10套,检查其外观和尺寸。如有一套表面有裂纹或超过产品标准及设计图纸规定尺寸的允许偏差,则应另取双倍数量的锚具重作检查;如仍有一套不符合要求,则应逐套检查,合格者方可使用。

b. 硬度检验:应从每批中抽取5%的锚具且不少于5套,对其中有硬度要求的零件做硬度试验,对多孔夹片式锚具的夹片,每套至少抽取5片。每个零件测试3点,其硬度应在设计要求范围内,如有一个零件不合格,则应另取双倍数量的零件重做试验;如仍有一个零件不合格,则应逐个检查,合格者方可使用。

c. 静载锚固性能试验:对大桥等重要工程,当质量证明书不齐全、不正确或质量有疑点时,经上述两项试验合格后,应从同批中抽取6套锚具(夹具或连接器)组成3个预应力筋锚具组装件,进行静载锚固性能试验;如有一个试件不符合要求,则应另取双倍数量的锚具(夹具或连接器)重做试验;如仍有一个试件不符合要求,则该批锚具(夹具或连接器)为不合格品。

对用于其他桥梁的锚具(夹具或连接器)进场验收,其静载锚固性能可由锚具生产厂提供试验报告。

②预应力筋锚具、夹具和连接器验收批的划分:在同种材料和同一生产工艺条件下,锚具、夹具应以不超过1 000套组为一个验收批;连接器以不超过500套组为一个验收批。

(3)技术要求

锚具、夹具和连接器应具有可靠的锚固性能、足够的承载能力和良好的适用性,以保证充分发挥预应力筋的强度,并安全地实现预应力张拉作业。锚具、夹具,如图2-1-4所示。

图2-1-4 锚具、夹具

①锚具。

a. 锚具的静载锚固性能,应由预应力筋-锚具组装件静载试验测定的锚具效率系数 η_a 和达到实测极限拉力时组装件受力长度的总应变 ε_{aPu} 确定。

锚具效率系数 η_a 按式(2-1-1)计算:

$$\eta_a = \frac{F_{aPu}}{\eta_P F_{Pm}} \tag{2-1-1}$$

η_P 的取用:预应力筋-锚具组装件中预应力钢材为1~5根时,$\eta_P=1$;6~12根时,$\eta_P=0.99$;13~19根时,$\eta_P=0.98$;20根以上时,$\eta_P=0.97$。

锚具的静载锚固性能应同时满足下列两项要求:

$$\eta_a \geqslant 0.95 \tag{2-1-2}$$

$$\varepsilon_{aPu} \geqslant 2.0\% \tag{2-1-3}$$

上述式中:F_{aPu}——预应力筋-锚具组装件的实测极限拉力;

F_{Pm}——按预应力钢材试件实测破断荷载平均值计算的预应力筋的实际平均极限

抗拉力，也可表示 $F_{Pm}=f_{Pm}A_P$；

ε_{aPu}——预应力筋-锚具组装件达到实测极限拉力时的总应变；

A_P——预应力筋-锚具、夹具组装件中各根预应力钢材特征（公称）截面面积之和；$A_P=nA_{Pk}$，n 为预应力钢材根数；

f_{Pm}——试验所用预应力钢材（截面以 A_{Pk} 计）的实测极限抗拉强度平均值；

A_{Pk}——预应力钢材单根试件的特征（公称）截面面积；

η_a——预应力筋-锚具组装件静载试验测得的锚具效率系数；

η_P——预应力筋的效率系数。

b. 在预应力筋-锚具组装件达到实测极限拉力时，应当是由于预应力筋的断裂，而不应当是由于夹具的破坏所导致。试验后锚具部件会有残余变形，但应能确认锚具的可靠性。

c. 预应力筋-锚具组装件，除必须满足静载锚固性能外，尚须满足循环次数为200万次的疲劳性能试验。即试件经受200万次循环荷载后，锚具零件不应疲劳破坏。预应力筋在锚具夹持区域发生疲劳破坏的截面面积不应大于试件总截面面积的5%。

d. 用于有抗震要求结构中的锚具，预应力筋-锚具组装件还应满足循环次数为50次的周期荷载试验。即试件经50次循环荷载后预应力筋在锚具夹持区域不应发生破断、滑移和夹片松脱现象。

e. 锚具应满足分级张拉及补张拉预应力筋的要求，并宜具有放松预应力筋的性能。

f. 锚具或其附件上宜设置灌浆孔或排气孔。灌浆孔应有保证浆液畅通的截面面积；排气孔应设在锚具垫板空腔的上部。

g. 锚固过程中预应力筋的内缩量不大于6mm。

h. 锚口摩阻损失不大于2.5%。

②夹具。

a. 夹具的静载锚固性能，应由预应力筋-夹具组装件静载锚固试验测定的夹具效率系数 η_g 确定：

$$\eta_g=\frac{F_{gPu}}{F_{Pm}} \tag{2-1-4}$$

式中：F_{gPu}——预应力筋-夹具组装件的实测极限拉力。

夹具的静载锚固性能应符合 $\eta_g \geqslant 0.92$。

b. 在预应力筋-夹具组装件达到实测极限拉力时，应当是由于预应力筋的断裂，而不应当是由于夹具的破坏所导致。而夹具的全部零件均不应出现肉眼可见的裂缝或破坏；夹具应有良好的自锚性能、松锚性能和重复使用性能。需敲击才能松开的夹具，必须保证其对预应力筋的锚固没有影响，且对操作人员的安全不造成危险。

③连接器。在先张法或后张法施工中，在张拉预应力后永久留在混凝土结构或构件中的连接器，都必须符合锚具的性能要求；如在张拉后还须放张和拆卸的连接器，则必须符合夹具的性能要求。

（4）静载锚固性能试验（图2-1-5）

①试验要求。

a. 试验用的预应力筋-锚具、夹具或连接器组装件应由全部零件和预应力筋组装而成。

组装时锚固零件必须擦拭干净，不得在锚固零件上添加影响锚固性能的物质，如金刚砂、石墨、润滑剂等（设计规定的除外）。束中各根预应力筋应等长平行，其受力长度不应小于3m。

a)

b)

图2-1-5　静载锚固性能试验

b. 对于预应力筋在锚具夹持部位不弯折的组装件（全部锚筋孔均与锚板底面垂直），可以不安装束口状的锚下垫板（图2-1-6）；如预应力筋在锚具夹持部位有偏转角度（部分锚筋孔与锚板底面有倾斜角）而必须使预应力钢材在某个位置弯折时，可以在此处安装轴向可移动的偏转装置（如钢环或多孔梳子板等，见图2-1-7）。当对组装件施加拉力时该偏转装置不应与预应力筋之间产生滑动摩擦。

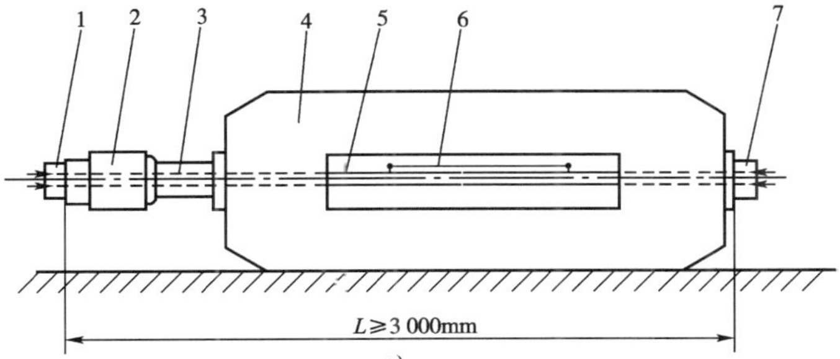

a)

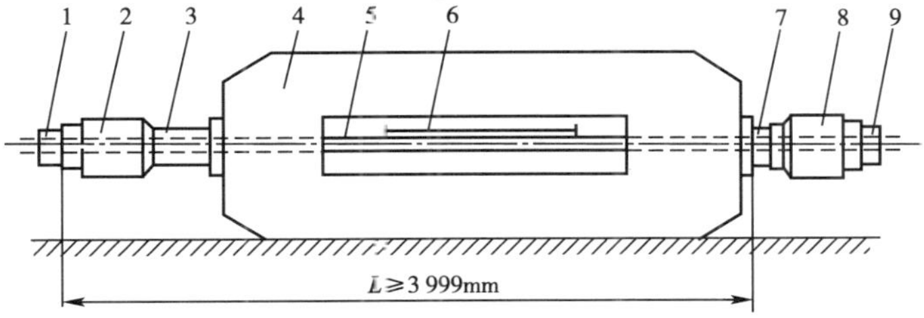

b)

图　2-1-6

a）先锚固后张拉式预应力筋-锚具组装件静载试验装置；b）先张拉后锚固式预应力筋—锚具组装件静载试验装置

a）：1-试验锚具；2-加载用千斤顶；3-荷载传感器；4-承力台座；5-预应力筋；6-测量总应变的装置；7-试验锚具

b）：1-试验锚具；2-1号加荷载用千斤顶；3-荷载传感器；4-承力台座；5-预应力筋；6-测量总应变的装置；7-试验锚具；8-2号施荷载用千斤顶（施工用型号）；9-工具锚

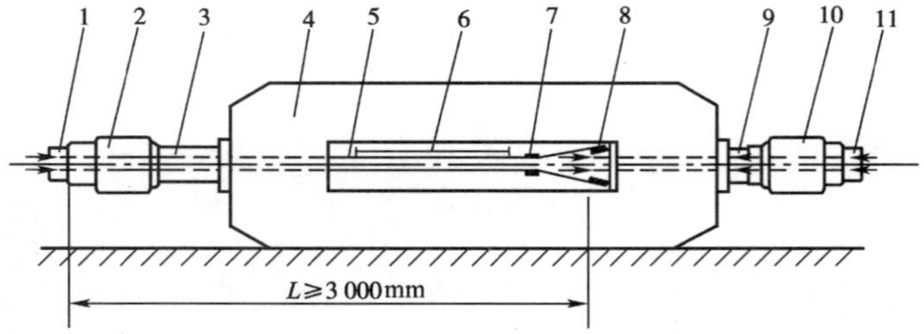

图 2-1-7　预应力筋-连接器组装件静载试验装置

1-试验锚具;2-1 号加荷载用千斤顶;3-荷载传感器;4-承力台座;5-预应力筋;6-测量总应变的装置;7-转向钢环;8-连接器;9-试验锚具;10-2 号千斤顶(预紧锚固后卸去);11-工具锚

c. 单根钢绞线的组装件试件,不包括夹持部位,其受力长度不应小于 0.8m,并参照试验设备确定。

d. 试验用预应力钢材应经过选择,全部力学性能必须严格符合该产品的国家标准或行业标准;同时,所选用的预应力钢材其直径公差应在锚具、夹具或连接器产品设计的允许范围之内。对符合要求的预应力钢材,应先进行母材性能试验,试件不应少于 3 根,证明其符合国家或行业产品标准后才可用于组装件试验。

e. 在锚具确定适用于某一等级的预应力钢材后,试验用的预应力钢材实测极限抗拉强度平均值 f_{Pm} 不应高于产品系列中高一个等级的抗拉强度标准值 f_{Ptk}。

f. 试验用的测力系统,其不确定度不得大于 2%;测量总应变用的量具,其标距的不确定度不得大于标距的 0.2%,指示应变的不确定度不得大于 0.1%。

②试验方法。对于先安装锚具、夹具或连接器再张拉预应力筋的预应力体系,可直接用试验机或试验台座加载。加载之前必须先将各根预应力钢材的初应力调匀,初应力可取钢材抗拉强度标准值 f_{Ptk} 的 5% ~10%。正式加载步骤为:按预应力钢材抗拉强度标准值的 20%、40%、60%、80% 分 4 级等速加载,加载速度每分钟宜为 100MPa,达到 80% 后,持荷 1h,再逐步加载至破坏。

a. 在试验过程中测量以下项目:

(a)有代表性的若干根预应力钢材与锚具、夹具或连接器之间,在预应力筋应力达到 $0.8f_{Ptk}$ 时的相对位移 Δa(图 2-1-8);

(b)锚具、夹具或连接器若干有代表性的零件之间,在预应力筋应力达到 $0.8f_{Ptk}$ 时的相对位移 Δb(图 2-1-8);

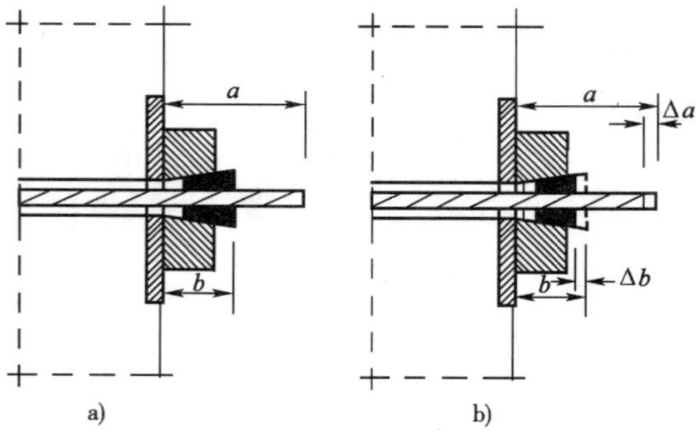

图 2-1-8　试验期间的位移

a)锚固之前;b)锚固之后

(c)试件的实测极限拉力 F_{aPu},将其代入式(2-1-5)可得静载锚固效率系数 η_g;

(d)达到实测极限拉力时的总应变 ε_{aPu},其值由下式确定:

$$\varepsilon_{aPu} = \frac{L_2 - L_1 - \Delta a}{L_0} \times 100\% \qquad (2\text{-}1\text{-}5)$$

式中:L_1——千斤顶活塞初始行程读数;

L_2——试件破坏时活塞终了行程读数;

L_0——预应力筋受力长度;

Δa——预应力钢材与锚具、夹具或连接器之间在预应力筋应力达到极限力 F_{aPu} 时的相对位移。

b. 试验过程中应观察以下项目(图 2-1-8)：

(a)在预应力筋达到 $0.8f_{\mathrm{Ptk}}$ 时，持荷 1h，观察锚具、夹具或连接器的变形。

(b)试件的破坏部位与形式。

用试验机进行单根预应力筋-锚具组装件静载试验时，在应力达到 $0.8f_{\mathrm{Ptk}}$ 时，持荷时间可以缩短，但不少于 10min。

对于先张拉预应力筋再锚固的预应力体系，试验装置如图 2-1-6b)所示。在不安装 2 号千斤顶的情况下，加载之前必须先将各根预应力钢材的初应力调匀，初应力可取钢材抗拉强度标准值 f_{Ptk} 的 5% ~10%；然后用 2 号千斤顶(施工用的张拉设备)按预应力钢材抗拉强度标准值 f_{Ptk} 的 20%、40%、60%、80% 分 4 级等速张拉达到 80% 后，松开 2 号千斤顶，完成件号 7 的锚固，持荷 1h，再用 1 号千斤顶逐步加载至破坏。在试验过程中测量和观察项目同前。

③试验记录和结果。静载试验结果，见表 2-1-16；静载试验记录，见表 2-1-17。

静载试验结果表 表 2-1-16

试件编号	锚具型号	钢绞线根数	钢绞线计算极限拉力之和(kN)	钢绞线锚具组装件实测极限拉力(kN)	锚具效率系数	总应变(%)	破坏情况			
							破断丝数	缩径丝数	斜切口断丝数	其他

备注： 试验者： 计算者： 委托单位：
校对者： 审核者： 生产厂家：
试验单位： 试验日期： 监检单位：

静载试验记录表 表 2-1-17

<table>
<tr><td colspan="2">锚具型号</td><td colspan="2"></td><td rowspan="2">钢绞线</td><td>规格</td><td></td><td>计算极限拉力之和(kN)</td><td colspan="3"></td></tr>
<tr><td colspan="2">千斤顶型号</td><td colspan="2"></td><td>强度级别(MPa)</td><td></td><td>实测极限拉力(kN)</td><td colspan="3"></td></tr>
<tr><td colspan="2">传感器型号</td><td colspan="2"></td><td colspan="2">L_0(mm)</td><td></td><td>破断情况</td><td colspan="3"></td></tr>
<tr><td rowspan="2">序号</td><td rowspan="2">加载量(kN)</td><td colspan="2">夹片位移 Δb(m)</td><td colspan="2">内缩量 Δc(m)</td><td colspan="2">千斤顶活塞行程(mm)</td><td rowspan="2">破断时</td><td>Δa(mm)</td><td></td></tr>
<tr><td>固定端</td><td>张拉端</td><td>固定端</td><td>张拉端</td><td></td><td></td><td>Δb(mm)</td><td></td></tr>
<tr><td></td><td></td><td></td><td></td><td></td><td></td><td></td><td></td><td colspan="3"></td></tr>
<tr><td></td><td></td><td></td><td></td><td></td><td></td><td></td><td></td><td colspan="3"></td></tr>
<tr><td colspan="11">持荷时间：</td></tr>
<tr><td>持荷后</td><td></td><td></td><td></td><td></td><td></td><td></td><td></td><td colspan="3"></td></tr>
<tr><td>断裂时</td><td></td><td></td><td></td><td></td><td></td><td></td><td></td><td colspan="3"></td></tr>
</table>

参加人： 日期：

(5)检测结果判定

①外观检验。如表面无裂缝，影响锚固能力的尺寸符合设计要求，应判为合格；如此项尺

寸有1套超过允许偏差,则应另取双倍数量重做检验;如仍有1套不符合要求,则应逐套检查,合格者方可使用。如发现一套有裂纹,即应对全部产品进行逐件检验,合格者方可使用。

②硬度检验(送专门的检测机构进行检验)。每个零件测试3点,当硬度值符合设计要求的范围时,应判为合格;如有1个零件不合格,则应另取双倍数量的零件重做检验;如仍有1个零件不合格,则应逐个检验,合格者方可使用。

③静载锚固性能检验。静载试验应连续进行三个组装件的试验,全部试验结果均应做好记录,并据此按式(2-1-1)、式(2-1-4)以及式(2-1-5)计算锚具、夹具或连接器的锚固效率系数 η_a 或 η_g 和相应的总应变 ε_{aPu}。3个试验结果均应满足 $\eta_a \geq 0.95$ 或 $\eta_g \geq 0.92$、$\varepsilon_{aPu} \geq 2.0\%$ 的规定,不得进行平均。若有1个试件不符合要求,则另取双倍数量重做检验;如仍有1个试件不合格,则该批为不合格品。

3)张拉设备校验

常用的张拉设备由油压千斤顶和配套的高压油泵、压力表及外接油管等组成。液压千斤顶按其构造可分为台座式(普通油压千斤顶)、穿心式、锥锚式和拉杆式。由于每台千斤顶液压配合面实际尺寸和表面粗糙度不同,密封圈和防尘圈松紧程度不同,造成千斤顶内摩擦阻力不同,而且摩阻要随油压高低和使用时间的变化而改变。所以,千斤顶、油压表、油泵及油管一起要定期进行配套校验,以减少累积误差,提高施加预应力时张拉力的控制精度。

(1)校验条件

①新千斤顶初次使用前;

②油压表指针不能退回零点时;

③千斤顶、油压表和油管进行过更换或维修后;

④当千斤顶使用超过6个月或张拉超过300次;

⑤在使用过程中出现其他不正常现象。

(2)校验方法

校验应在经主管部门授权的法定计量技术机构进行。校验时,应将千斤顶、油泵及油压表一起配套进行。校验用的标准仪器可选用材料试验机,或压力(拉力)传感器。该标准仪器的精度不得低于±2%,压力表的精度不宜低于1.5级,最大量程不宜小于设备额定张拉力的1.3倍。校验时,千斤顶活塞的运行方向应与实际张拉工作状态一致。

①用长柱压力试验机校验。校验时,应采取被动校验法,即在校验时用千斤顶试验机,这样活塞运行方向、摩阻力的方向与实际工作时相同,校验比较准确。

在进行被动校验时,压力试验机本身也有摩阻力,且与正常使用时相反,故试验机表盘读数反映的也不是千斤顶的实际作用力。因此,用被动法校验千斤顶时,必须事先用具有足够吨位的标准测力计对试验机进行被动标定,以确定试验机的度盘读数值。标定后在校验千斤顶时,就可以从试验机度盘上直接读出千斤顶的实际作用力以及相应的油压表的准确读数。用压力试验机校验的步骤如下:

a.千斤顶就位。当校验穿心式千斤顶时(图2-1-9),将千斤顶放在试验机台面上,千斤顶活塞面或撑套与试验机压板紧密接触,并使千斤顶与试验机的受力中心线重合。

当校验拉杆式千斤顶时(图2-1-9),先把千斤顶的活塞杆推出,取下封尾板,在缸体内放入一根厚壁无缝钢管,然后将千斤顶两脚向下立于试验机的中心线部位。放好后,调整试验机，使钢管的上端与试验机上压板接紧，下端与缸体内活塞面接紧，并对准缸体中心。

b. 校验千斤顶。开动油泵，千斤顶进油，使活塞杆上升，顶试验机上压板。在千斤顶顶试验机且使荷载平缓增加的过程中（此时不得用试验机压千斤顶），自零位到最大吨位，将试验机被动标定的结果逐点标记到千斤顶的油压表上。标定点应均匀地分布在整个测量范围内，且不少于 5 点。当采用最小二乘法回归分析千斤顶的标定经验公式时需 10 ~ 20 点。各标定点重复标定 3 次，取平均值，并且只测读进程，不得读回程。

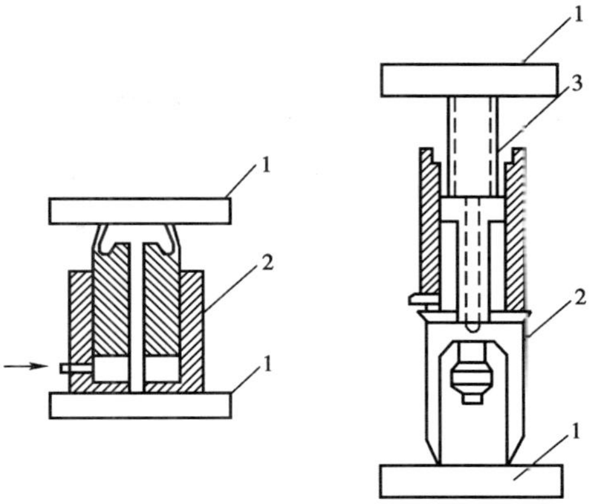

a)　　b)

图 2-1-9　用压力试验机校验拉伸机
a）校验穿心式千斤顶；b）校验拉杆式千斤顶
1-试验机上下压板；2-拉伸机；3-无缝钢管

c. 对千斤顶校验数值采用表2-1-18 记录，并可根据校验结果绘制千斤顶校验曲线供预应力筋钢材张拉时使用；亦可采用最小二乘法求出千斤顶校验的经验公式，供预应力筋张拉时使用。

张拉设备校验记录表　　表 2-1-18

张拉设备	油压千斤顶	名称	型号规格	精度等级	制造厂	出厂编号
	高压油泵					
	油压表					
检定吨位（kN）		油压表校验读数				
		（一）	（二）	（三）	平均	
试验机	型号规格					
	精度等级					
	制造厂					
	出厂编号					
备注						

送检单位：　　检定日期：

检定地点：　　有效期至：

检定时室温：　　检定单位（盖章）：

②用标准测力计校验。用水银压力计、测力环、弹簧拉力计等标准测力计校验千斤顶，是一种简单可靠的方法。校验穿心式千斤顶时的装置，如图 2-1-10 所示（校验拉杆式千斤顶

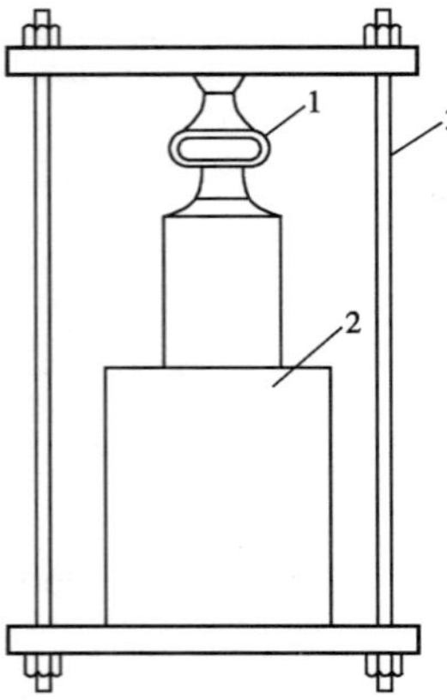

图 2-1-10　标准测力计校验
1-标准测力计;2-千斤顶;3-框架

的附加装置与压力试验机校验时相同)。校验时,开动油泵,千斤顶进油,活塞杆推出,顶压测力计。

当测力计达到一定吨位 T_1 时,立即读出千斤顶油压表相应读数 P_1,同样方法可得 T_2、P_2、T_3、P_3、…,此时,T_1、T_2、T_3…即为相应于油压表读数为 P_1、P_2、P_3…时的实际作用力。将测得的各值绘成曲线,实际使用时,即可由此曲线找出要求的 T 值和相应的 P 值。

(3)校验结果的回归计算

千斤顶的作用力 T 和油缸的油压 P 的关系是线性关系。考虑活塞和油缸之间的摩阻力后,它们的关系可以表示为:

$$T = AP + B \qquad (2\text{-}1\text{-}6)$$

可以利用千斤顶检验测得的作用力和油压(T_1,P_1)、(T_2,P_2)、(T_3,P_3)、…、(T_n,P_n),对式(2-1-6)进行线性回归。

(4)注意事项

①施加预应力所用的张拉设备及仪表应由专人使用和管理,并应定期维护和校验,以提高施加预应力时张拉力的控制精度。

②千斤顶与压力表应配套校验,配套使用。即在使用时严格按照标定报告上注明的油泵号、油表号和千斤顶号配套安装成张拉系统使用。

4)混凝土弹性模量试验

(1)适用范围

本方法适用于测定水泥混凝土在静力作用下的受压弹性模量,混凝土的受压弹性模量取轴心抗压强度 1/3 时对应的弹性模量。

(2)仪器设备

①压力机或万能试验机:同立方体抗压强度试验。

②球座:同立方体抗压强度试验。

③微变形测量仪:千分表 2 个(0 级或 1 级);或精度不低于 0.001mm 的其他仪表,如引伸仪。

④微变形测量仪固定架两对,标距为 150mm。

⑤钢尺(量程 600mm,分度值为 1mm)、502 胶水、铅笔和秒表等。

(3)试件制备

①试件尺寸,见表 2-1-19。

抗压弹性模量试件尺寸　　　　表 2-1-19

集料公称最大粒径(mm)	试件尺寸(mm)	备　注
31.5	150×150×300	标准尺寸
26.5	100×100×300	非标准尺寸
53	200×200×400	非标准尺寸

②每组为同龄期同条件制作和养护的试件 6 根,其中 3 根用于测定轴心抗压强度,提出弹性模量试验的加荷标准,另 3 根则用于弹性模量试验。

(4)试验步骤

①试件取出后，用湿毛巾覆盖并及时进行试验，保持试件干湿状态不变。

②擦净试件，量出尺寸并检查外形，尺寸测量精确至1mm，试件不得有明显缺损，端面不平时须预先抹平。

③取3根试件进行轴心抗压强度试验，计算轴心抗压强度值f_{cp}。

④取另3根试件做抗压弹性模量试验，微变形测量仪应安装在试件两侧的中线上并对称于试件两侧。

⑤将试件移于压力机球座上，几何对中。加荷方式，见图2-1-11。

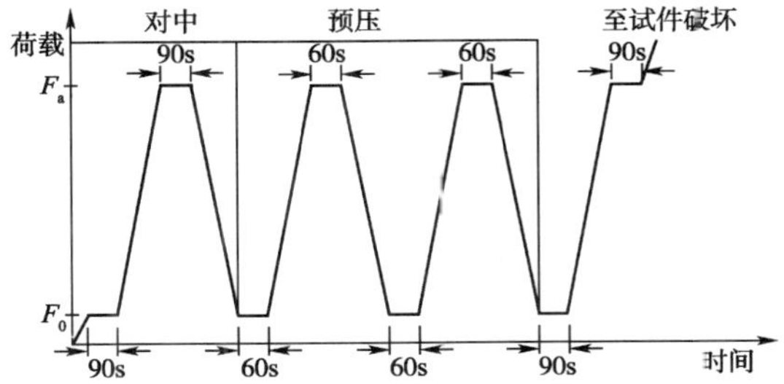

图2-1-11　弹性模量加荷方法示意图

注：①90s包括60s持荷时间，30s读数时间。

②60s为持荷时间。

⑥调整试件位置：开动压力机，当上压板与试件接近时，调整球座，使接触均衡。加荷至基准应力为0.5MPa对应的初始荷载值F_0，保持恒载60s并在以后的30s内记录两侧变形测量仪的读数$\varepsilon_0^{左}$、$\varepsilon_0^{右}$。应立即以0.6MPa/s±0.4MPa/s的加荷速率连续均匀加荷至1/3轴心抗压强度f_{cp}对应的荷载值F_a，保持恒载60s并在以后的30s内记录两侧变形测量仪的读数$\varepsilon_a^{左}$、$\varepsilon_a^{右}$。

⑦以上读数应和它们的平均值相差在20%以内，否则应重新对中试件后重复⑥中的步骤。如果无法使差值降低到20%以内，则此次试验无效。

⑧预压：确认⑦后，以相同的速度卸荷至基准应力0.5MPa对应的初始荷载值F_0，并持荷60s。以相同的速度加荷至荷载值F_a，再保持60s恒载，最后以相同的速度卸荷至初始荷载值F_0，至少进行两次预压循环。

⑨测试：在完成最后一次预压后，保持60s初始荷载值F_0，在后续的30s内记录两侧变形测量仪的读数$\varepsilon_0^{左}$、$\varepsilon_0^{右}$，再用同样的加荷速度加荷至荷载值F_a，再保持60s恒载，并在后续的30s内记录两侧变形测量仪的读数$\varepsilon_a^{左}$、$\varepsilon_a^{右}$。

⑩卸除微变形测量仪，以同样的速度加荷至破坏，记下破坏极限荷载F(N)。如果试件的轴心抗压强度与f_{cp}之差超过f_{cp}的20%时，应在报告中注明。

(5)试验结果

①混凝土抗压弹性模量E_c按下式计算：

$$E_c = \frac{F_a - F_0}{A} \times \frac{L}{\Delta n} \tag{2-1-7}$$

式中：E_c——混凝土抗压弹性模量，MPa；

F_a——终荷载($1/3 f_{cp}$时对应的荷载值)，N；

F_0——初荷载(0.5MPa时对应的荷载值)，N；

L——测量标距，mm；

A——试件承压面积，mm^2；

Δn——最后一次加荷时，试件两侧在F_a及F_0作用下变形差平均值(mm)，按下式计算：

$$\Delta n=\frac{(\varepsilon_a^{左}+\varepsilon_a^{右})}{2}-\frac{(\varepsilon_0^{左}+\varepsilon_0^{右})}{2} \tag{2-1-8}$$

$\varepsilon_a^{左,右}$——F_a 时标距间试件变形，mm；

$\varepsilon_0^{左,右}$——F_0 时标距间试件变形，mm。

②以 3 根试件试验结果的算术平均值为测定值。如果其循环后的任一根与循环前轴心抗压强度之差超过后者的 20%，则弹性模量值按另两根试件试验结果的算术平均值计算；如有两根试件试验结果超出上述规定，则试验结果无效。计算结果精确至 100MPa。

5）张拉台座检测

张拉台座在先张法中用作张拉和临时锚固筋束，因台座需要承受张拉筋束的巨大回缩力，设计时应保证它具有足够的强度、刚度和稳定性。批量生产时，有条件的应尽量设计成长线式台座，以提高生产效率。

先张法墩式台座结构应符合下列规定：

（1）承力台座须具有足够的强度和刚度，其抗倾覆安全系数应不小于 1.5，抗滑移系数应不小于 1.3。

（2）横梁须有足够的刚度，受力后挠度应不大于 2mm。张拉台座的挠度可通过现场张拉放张后固定梁、活动梁的变形位移确定。

（3）在台座上铺放预应力筋时，应采取措施防止弄脏预应力筋。

（4）张拉前，应对台座、横梁及各项张拉设备进行详细检查，符合要求后方可进行操作。

二、施工阶段检测

1. 检测项目

先张法构件施工阶段需检测的项目见表 2-1-20。

先张法构件施工阶段需检测的项目　　表 2-1-20

序号	检 测 项 目	采用规程（标准）
1	钢筋加工及安装质量检测	《公路工程质量检验评定标准（土建工程）》（JTG F80/1—2004）、《金属材料室温拉伸试验方法》（GB 228—2002）、《金属材料弯曲试验方法》（GB/T 232—1999）、《钢筋焊接及验收规程》（JGJ 18）、《公路桥涵施工技术规范》（JTG/T F50—2011）
2	模板加工及安装质量检测	《公路桥涵施工技术规范》（JTG/T F50—2011）
3	混凝土浇筑质量检测	《公路桥涵施工技术规范》（JTG/T F50—2011）、《公路工程水泥及水泥混凝土试验规程》（JTG E30—2005）
4	张拉力控制检测	《公路钢筋混凝土及预应力混凝土桥涵设计规范》（JTG D62—2004）
5	预应力筋张拉质量检测	

2. 检测方法

检测方法同任务 1.1 中表 1-1-1 的第 1 项至第 3 项的检测。

1）张拉力控制检测

预应力钢材的张拉力控制一般采用“双控”的方法，即采用预应力钢材张拉控制应力乘以预应力筋截面积得到张拉控制力 F，再根据千斤顶校验公式求出相应的油表压力 P。进行张拉时，应对实测预应力钢材伸长量进行校验。

(1)预应力筋的张拉控制应力

预应力钢筋的张拉控制应力(σ_{con})，是指张拉钢筋进行锚固前，张拉千斤顶所指示的总拉力除以预应力钢筋截面积所求得的钢筋应力值。对于钢制锥形锚具等有锚圈口摩阻力的锚具，σ_{con}应为扣除锚圈口摩擦损失后的锚下拉应力值，故《公路钢筋混凝土及预应力混凝土桥涵设计规范》(JTG D62—2004)，以下简称《公桥规》特别指出，σ_{con}为张拉钢筋时锚下的控制应力。

从经济方面来说，张拉控制应力越高越好，这样，在构件抗裂性相同的情况下，可以减少用钢量；在预应力筋数量相同的情况下，可使混凝土中的预压应力增大。但是，σ_{con}值过高也将存在以下问题：

①可能引起钢丝束断丝。因为同一束中各根钢丝的应力不可能完全相同，其中少数钢丝的应力必然超过 σ_{con}，如果 σ_{con} 值本身定得过高，个别钢丝就可能破断。另外，如果需要进行超张拉(即全束平均拉应力要比 σ_{con} 高 5% ~10%)，这种个别钢丝先被拉断的现象就可能更多一些。此外，由于气温的降低，也可能使张拉后的预应力钢筋在与混凝土黏结之前突然断裂。

②σ_{con}值越高，钢筋的应力松弛也越增大。

③σ_{con}值过高，预应力混凝土构件就没有足够的安全系数来防止混凝土的脆裂。

因此，预应力钢筋的张拉控制应力 σ_{con}不能定得过高，应留有适当的余地，一般宜在钢筋的比例极限之下。钢筋张拉控制应力的确定，还需要根据钢筋的不同品质而定。因此，《公桥规》第 6.1.3 条规定，预应力混凝土构件预应力钢筋的张拉控制应力值 σ_{con}应符合下列规定：

钢丝、钢绞线：

$$\sigma_{con} \leqslant 0.75 f_{Pk}$$

精轧螺纹钢筋：

$$\sigma_{con} \leqslant 0.90 f_{Pk}$$

式中：f_{Pk}——预应力钢筋抗拉强度标准值。

上述张拉控制应力，对后张法构件系指体内锚下钢筋应力。先张法和后张法构件在进行超张拉或计入锚圈口摩擦损失等任何情况下，钢筋中的最大控制应力(千斤顶油泵上反映的数值)对钢丝和钢绞线不应超过 $0.80 f_{Pk}$，对精轧螺纹钢筋不应超过 f_{Pk}。

(2)施加预应力的准备工作

①在钢筋施加预应力之前，必须完成或检验以下工作：

a. 施工现场应具备经批准的张拉程序和现场施工说明书；

b. 现场已有具备预应力施工知识和正确操作的施工人员；

c. 锚具安装正确，对后张构件，混凝土已达到要求的强度；

d. 施工现场已具备确保全体操作人员和设备安全的必要的预防措施。

②实施张拉时，应使千斤顶的张拉力作用线与预应力筋的轴线重合一致。

(3)预应力的张拉控制

当混凝土的强度达到设计要求，且高于设计强度等级 70% 时，即可进行预应力张拉。预应力钢筋的张拉控制应力及张拉程序应首先满足设计要求。当设计无具体要求时，可参考《公桥规》的规定进行预应力的张拉控制。

需要注意的是，设计中的张拉控制应力包括预计的预应力损失值，但不包括锚头摩阻损失（其值可通过试验测定）。因此，在进行预应力钢筋张拉时，钢筋中的实际张拉控制应力必须加上锚头摩阻引起的应力损失。当施工中预应力筋需要超张拉或计入锚圈口预应力损失时，可比设计要求提高5%。

在对钢绞线预应力钢筋进行张拉时发现，由于现在普遍采用低松弛钢绞线，预应力钢筋的应力松弛损失都较小，加上施加预应力时多数采用自锚式千斤顶，如采用超张拉方法进行张拉时，一旦张拉应力达到105%σ_{con}后就很难再回到σ_{con}，即使能回到σ_{con}，夹片已开始工作，经回缩损失后锚固，实际上钢绞线是在105%σ_{con}和σ_{con}之间时开始锚固的。因此，在张拉低松弛钢绞线预应力钢筋时，若采用自锚式千斤顶，其张拉程序可参照《公路桥涵施工技术规范》（JTG/T F50—2011），以下简称《公施规》的表7.7.3-1进行。

（4）锚圈口及孔道摩阻损失测定

必要时，应对锚圈口及孔道摩阻损失进行测定，张拉时予以调整。

①锚圈口摩阻损失的测定方法。用油压千斤顶测定时，可在张拉台上或用一根直孔道钢筋混凝土柱进行。两端均用锥形锚时，其测定步骤如下：

a. 两端同时充油，油表数值均保持4MPa，然后将甲端封闭作为被动端，乙端作为主动端，张拉至控制吨位。设乙端控制吨位为N_a时，甲端相应吨位为N_b，则锚圈口摩阻力：

$$N_0 = N_a - N_b \tag{2-1-9}$$

克服锚圈口摩阻力的超张拉系数：

$$n_0 = \sqrt{\frac{N_a}{N_b}}$$

测试反复进行三次，取平均值。

b. 乙端封闭，甲端张拉，同样按上述方法进行三次，取平均值。

c. 两次的N_0和n_0平均值，再予以平均，即为测定值。

②孔道摩阻损失的测定。用千斤顶测定曲线孔道摩阻时，测试步骤如下：

a. 梁的两端装千斤顶后同时充油，保持一定数值（约4MPa）。

b. 甲端封闭，乙端张拉。张拉时分级升压，直至张拉控制应力。如此反复进行三次，取两端压力差的平均值。

c. 按上述方法，但乙端封闭，甲端张拉，取两端三次压力差的平均值。

d. 将上述两次压力差平均值再次平均，即为孔道摩阻力的测定值。如两端为锥形锚，上述测定值应扣除锚圈口摩阻力。

③预应力筋的锚固，应在张拉控制应力处于稳定状态下进行。锚固阶段张拉端预应力筋的内缩量，应不大于设计规定或不大于表2-1-21所列容许值。对夹片式锚具（用于预应力钢绞线），如预应力筋锚固时的夹片回缩不均匀，夹片间的相对高差超过回缩容许值的1/3，应认为不满足要求。

锚具变形、预应力筋回缩和接缝压缩容许值(mm)　　表2-1-21

锚具、接缝类型		变形形式	容许值
钢制锥形锚具		力筋回缩、锚具变形	6
夹片式锚具(用于预应力钢绞线)		力筋回缩、锚具变形	6
镦头锚具		缝隙压密	1
JM15锚具	用于预应力钢丝时	力筋回缩、锚具变形	3
	用于预应力钢绞线时		6
粗钢筋锚具(用于精轧螺纹钢筋)		力筋回缩、锚具变形	1
每块后加垫板的缝隙		缝隙压密	1
水泥砂浆接缝		缝隙压密	1
环氧树脂砂浆接缝		缝隙压密	1

(5)预应力钢筋伸长值的计算与测量

《公施规》第7.6.3条3规定:预应力筋采用应力控制方法张拉时,应以伸长值进行校核,实际伸长值与理论伸长值的差值应符合设计要求;设计无规定时,实际伸长值与理论伸长值的差值应控制在±6%以内,否则应暂停张拉,待查明原因并采取措施予以调整后,方可继续张拉。

①预应力筋理论伸长值的计算公式。

先张法:

$$\Delta L = \frac{PL}{A_P E_P} \tag{2-1-10}$$

式中:P——预应力筋的张拉力,N;

L——预应力筋的长度,mm;

A_P——预应力筋的截面面积,mm^2;

E_P——预应力筋的弹性模量,N/mm^2。

后张法:

$$\Delta L = \frac{P_P L}{A_P E_P} \tag{2-1-11}$$

式中:P_P——预应力筋的平均张拉力,直线筋取张拉端的张拉力;两端张拉的曲线筋按下式计算:

$$P_P = \frac{P[1 - e^{-(kx+\mu\theta)}]}{kx + \mu\theta} \tag{2-1-12}$$

式中:P——预应力筋张拉端的张拉力,N;

x——从张拉端至计算截面的孔道长度,m;

θ——从张拉端至计算截面曲线孔道部分切线的夹角之和,rad;

μ——孔道每米局部偏差对摩擦的影响系数，见表 2-1-22；

k——预应力筋与孔道壁的摩擦系数，见表 2-1-22。

系数 k 及 μ 值表 表 2-1-22

孔道成形方式	k	μ 值		
		钢丝束、钢绞线、光面钢筋	带肋钢筋	精轧螺纹钢筋
预埋铁皮管道	0.003 0	0.35	0.40	—
抽芯成形孔道	0.001 5	0.55	0.60	—
预埋金属螺旋管道	0.001 5	0.20 ~ 0.25	—	0.50

②实际伸长量的测量。预应力筋张拉时，应先调整到初应力 σ_0，该初应力宜为张拉控制应力 σ_{con} 的 10% ~25%，伸长值应从初应力时开始测量。力筋的实际伸长量为测量的伸长值与初应力时的推算伸长值之和。对后张法构件，在张拉过程中产生的弹性压缩值一般可省略。

预应力筋张拉的实际伸长值 ΔL(mm)，可按式(2-1-13)计算：

$$\Delta L = \Delta L_1 + \Delta L_2 \tag{2-1-13}$$

式中：ΔL_1——从初应力至最大张拉应力间的实测伸长值，mm；

ΔL_2——初应力以下的推算伸长值，mm，可采用相邻级的伸长值。

关于初应力以下的推算伸长值，由于在最初张拉时各根预应力钢筋的松紧弯曲程度不一致，在初应力以下拉伸过程中，既有弹性伸长，也有非弹性伸长，所以不宜采用测量的方法，而宜采用推算的方法。推算时，应以实际伸长值与实测应力之间的关系线为依据，也可采用相邻级的伸长值。

预应力钢筋的实际伸长值与理论计算伸长值之间有一定的误差。究其原因，主要有：预应力钢筋的实际弹性模量与计算时的取值不一致；千斤顶的拉力不准确；孔道的摩擦损失计算与实际不符；测量误差等。特别是弹性模量的取值是否正确，对伸长值的计算影响较大。必要时，预应力钢筋的弹性模量、锚圈口及孔道摩阻损失应通过试验测定，计算时予以调整。

2）预应力筋张拉质量检测

（1）张拉

①同时张拉多根预应力筋时，应预先调整其初应力，使相互之间的应力一致；张拉过程中，应使活动横梁与固定横梁始终保持平行，并应抽查力筋的预应力值，其偏差的绝对值不得超过按一个构件全部力筋预应力总值的 5%。

②预应力筋张拉完毕后，与设计位置的偏差不得大于 5mm，同时不得大于构件最短边长的 4%。

③预应力筋的张拉应符合设计要求；设计无规定时，其张拉程序可按表 2-1-23 的规定进行。

④张拉时，预应力筋的断丝数量不得超过表 2-1-24 的规定。

先张法预应力筋张拉程序 表2-1-23

预应力筋种类		张拉程序
钢丝、钢绞线	夹片式等具有自锚性能的锚具	普通松弛预应力筋：0→初应力→$1.03\sigma_{con}$（锚固）； 低松弛预应力筋：0→初应力→σ_{con}（持荷5min锚固）
	其他锚具	0→初应力→$1.05\sigma_{con}$（持荷5min）→0→σ_{con}（锚固）
螺纹钢筋		0→初应力→$1.05\sigma_{con}$（持荷5min）→$0.9\sigma_{con}$→σ_{con}（锚固）

注：①表中σ_{con}为张拉时的控制应力值，包括预应力损失值。

②超张拉数值超过规定的最大超张拉应力限值时，应按《公桥规》第2.8.3条规定的限制张拉应力进行张拉。

③张拉钢筋时，为保证施工安全，应在超张拉放张至$0.9\sigma_{con}$时安装模板、普通钢筋及预埋件等。

先张法预应力筋断丝限制 表2-1-24

类别	检查项目	控制值
钢丝、钢绞线	同一构件内断丝数	不得超过钢丝总数的1%
钢筋	断筋	不容许

（2）放张

①预应力筋放张时的混凝土强度须符合设计规定，设计未规定时，不得低于设计的混凝土强度等级值的75%。

②预应力筋的放张顺序应符合设计要求；设计未规定时，应分阶段、对称、相互交错地放张。在力筋放张之前，应将限制位移的侧模、翼缘模板或内模拆除。

③多根整批预应力筋的放张，可采用砂箱法或千斤顶法。用砂箱放张时，放砂速度应均匀一致；用千斤顶放张时，放张宜分数次完成。单根钢筋采用拧松螺母的方法放张时，宜先两侧后中间，并不得一次将一根力筋松完。

④钢筋放张后，可用乙炔-氧气切割，但应采取措施防止烧坏钢筋端部。钢丝放张后，可用切割、锯断或剪断的方法切断；钢绞线放张后，可用砂轮锯切断。

长线台座上预应力筋的切断顺序，应由放张端开始，逐次切向另一端。

（3）质量检测

先张预应力筋的制作安装允许偏差以及各项质量检验评定，见表2-1-25～表2-1-28。

先张预应力筋制作安装允许偏差 表2-1-25

项目		允许偏差（mm）
镦头钢丝同束长度相对差	束长>20m	L/5 000及5
	束长6～20m	L/3 000
	束长<6m	2
冷拉钢筋接头在同一平面的轴线偏位		2及1/10直径
力筋张拉后的位置与设计位置之间偏位		4%构件最短边长及5

钢丝、钢绞线先张法质量检验评定表

表 2-1-26

项目名称：　　工程合同段：　　（子）分项工程名称：　　工程部位：

施工单位：　　监理单位：　　使用者类别：

基本要求	预应力筋的各项技术性能必须符合国家现行标准规定和设计要求；预应力束中的钢丝、钢绞线应梳理顺直，不得有缠绞、扭麻花现象，表面不应有损伤；单根钢绞线不允许断丝、单根钢筋不允许断筋或滑移；同一截面预应力筋接头面积不超过预应力筋面积的25%，接头质量应满足施工技术规范的要求								
项次	检查项目		规定值或允许偏差	检查方法和频率	权值	检查实测值	平均值代表值	合格率（%）	得分
1	镦头钢丝同束长度相对差（mm）	$L>20m$	$L/5\ 000$ 及 $\not>5$	尺量：每批抽查2束	2				
		$6m \leq L \leq 20m$	$L/3\ 000$ 及 $\not>4$						
		$L<6m$	2						
2△	张拉应力值		符合设计要求	查油压表读数，每束	3				
3△	张拉伸长率		符合设计规定，设计未规定时 ±6%	尺量：每束	3				
4	同一构件内断丝根数不超过钢丝总数的百分数		1%	目测：每根（束）检查	3				
5	（子）分项工程得分								
6	外观鉴定		预应力筋表面应保持清洁，不应有明显的锈迹。不符合要求时，减1～3分		检查结果				
7	质量保证资料		资料、图表残缺，缺乏最基本数据，有伪造涂改者，不予检验和评定。资料不全者，视情况每款减1～3分						
8	（子）分项工程评分值								
9	质量等级								

监理工程师：　　日期：　　检测人：　　日期：　　承包人：　　日期：

粗钢筋先张法质量检验评定表

表 2-1-27

项目名称： 工程合同段： （子）分项工程名称： 工程部位：

施工单位： 监理单位： 使用者类别：

基本要求	预应力筋的各项技术性能必须符合国家现行标准规定和设计要求；预应力束中的钢丝、钢绞线应梳理顺直，不得有缠绞、扭麻花现象，表面不应有损伤；单根钢绞线不允许断丝、单根钢筋不允许断筋或滑移；同一截面预应力筋接头面积不超过预应力筋面积的25%，接头质量应满足施工技术规范的要求							
项次	检 查 项 目	规定值或允许偏差	检查方法和频率	权值	检查实测值	平均值 代表值	合格率 （%）	得分
1	冷拉钢筋接头在同一平面内的轴线偏位（mm）	2及1/10直径	拉线用尺量：抽查30%	3				
2	中心偏位（mm）	4%短边及5	尺量：全部	1				
3△	张拉应力值	符合设计要求	查油压表读数：全部	3				
4△	张拉伸长率	符合设计规定，设计未规定时±6%	尺量：全部	3				
5	（子）分项工程得分							
6	外观鉴定	预应力筋表面应保持清洁，不应有明显的锈迹。不符合要求时减1～3分		检查结果				
7	质量保证资料	资料、图表残缺，缺乏最基本数据，有伪造涂改者，不予检验和评定。资料不全者，视情况每款减1～3分						
8	（子）分项工程评分值							
9	质量等级							

监理工程师： 日期： 检测人： 日期： 承包人： 日期：

预制梁（板）质量检验评定表

表 2-1-28

项目名称：　　　　工程合同段：　　　　（子）分项工程名称：　　　　工程部位：

施工单位：　　　　监理单位：　　　　使用者类别：

<table>
<tr><td>基本要求</td><td colspan="10">所用的材料质量和规格必须符合有关规范的要求，按规定的配合比施工；梁（板）不得出现露筋和空洞现象；空心板采用胶囊施工时，应采取有效措施防止胶囊上浮；梁（板）在吊移出预制底座时，混凝土的强度不得低于设计所要求的吊装强度</td></tr>
<tr><td>项次</td><td colspan="3">检 查 项 目</td><td>规定值或允许偏差</td><td>检查方法和频率</td><td>权值</td><td>检查实测值</td><td>平均值
代表值</td><td>合格率
（%）</td><td>得分</td></tr>
<tr><td>1△</td><td colspan="3">混凝土强度（MPa）</td><td>在合格标准内</td><td>按附录 D 检查</td><td>3</td><td></td><td></td><td></td><td></td></tr>
<tr><td>2</td><td colspan="3">梁（板）长度（mm）</td><td>+5，-10</td><td>尺量：每梁（板）</td><td>1</td><td></td><td></td><td></td><td></td></tr>
<tr><td rowspan="4">3</td><td rowspan="4">宽度
（mm）</td><td colspan="2">干接缝（梁翼缘、板）</td><td>±10</td><td rowspan="4">尺量：检查 3 处</td><td rowspan="4">1</td><td></td><td></td><td></td><td rowspan="4"></td></tr>
<tr><td colspan="2">湿接缝（梁翼缘、板）</td><td>±20</td><td></td><td></td><td></td></tr>
<tr><td rowspan="2">箱梁</td><td>顶宽</td><td>±30</td><td></td><td></td><td></td></tr>
<tr><td>底宽</td><td>±20</td><td></td><td></td><td></td></tr>
<tr><td rowspan="2">4△</td><td rowspan="2">高度
（mm）</td><td colspan="2">梁、板</td><td>±5</td><td rowspan="2">尺量：检查 2 个断面</td><td rowspan="2">1</td><td></td><td></td><td></td><td rowspan="2"></td></tr>
<tr><td colspan="2">箱 梁</td><td>+0，-5</td><td></td><td></td><td></td></tr>
<tr><td rowspan="3">5△</td><td colspan="2" rowspan="3">断面尺寸（mm）</td><td>顶板厚</td><td rowspan="3">+5，-0</td><td rowspan="3">尺量：检查 2 个断面</td><td rowspan="3">2</td><td></td><td></td><td></td><td rowspan="3"></td></tr>
<tr><td>底板厚</td><td></td><td></td><td></td></tr>
<tr><td>腹板或梁肋</td><td></td><td></td><td></td></tr>
<tr><td>6</td><td colspan="3">平整度（mm）</td><td>5</td><td>2m 直尺：每侧面每 10m 梁长测 1 处</td><td>1</td><td></td><td></td><td></td><td></td></tr>
<tr><td>7</td><td colspan="3">横系梁及预埋件位置（mm）</td><td>5</td><td>尺量：每件</td><td>1</td><td></td><td></td><td></td><td></td></tr>
<tr><td>8</td><td colspan="5">（子）分项工程得分</td><td></td><td colspan="4"></td></tr>
<tr><td rowspan="5">9</td><td colspan="2" rowspan="5">外观鉴定</td><td colspan="3">混凝土表面平整，颜色一致，无明显施工接缝。不符合要求时，减 1～3 分</td><td rowspan="6">检查
结果</td><td></td><td></td><td></td><td></td></tr>
<tr><td colspan="3">混凝土表面不得出现蜂窝、麻面；出现时必须修整，并减 1～2 分</td><td></td><td></td><td></td><td></td></tr>
<tr><td colspan="3">混凝土表面无非受力裂缝，出现非受力裂缝减 1～3 分。缝宽超过设计或未规定时，超过 0.15 mm 者必须处理</td><td></td><td></td><td></td><td></td></tr>
<tr><td colspan="3">封锚混凝土应密实、平整。不符合要求时，减 2～4 分</td><td></td><td></td><td></td><td></td></tr>
<tr><td colspan="3">梁体内不应遗留建筑垃圾、杂物、临时预埋件等。不符合要求时，减 1～2分并清理干净</td><td></td><td></td><td></td><td></td></tr>
<tr><td>10</td><td colspan="2">质量保证资料</td><td colspan="3">资料、图表残缺，最基本数据缺乏、伪造涂改，不予检验。评定资料不全者，视情况每款减 1～3 分</td><td></td><td></td><td></td><td></td></tr>
<tr><td>11</td><td colspan="2">（子）分项工程评分值</td><td colspan="8"></td></tr>
<tr><td>12</td><td colspan="2">质量等级</td><td colspan="8"></td></tr>
</table>

监理工程师：　　　　日期：　　　　检测人：　　　　日期：　　　　承包人：　　　　日期：

小　　结

先张法预应力结构在桥梁工程中的中小桥上应用广泛。大型构件因需配合庞大的张拉台座，同时构件尺寸大，起重、运输也不方便，故不宜采用。本任务主要学习了先张法预应力构件在施工中的技术要求和检测内容，使读者能够在工程中掌握张拉效果控制的技术要求，熟悉张拉方法、程序和要求，保证预应力结构的质量。

任务 2.2　后张法构件检测

任务导入

后张法，即先浇筑构件混凝土，待混凝土结硬后，再张拉钢筋束的方法。先浇筑构件混凝土，并在其中预留穿束孔道（或设套管），待混凝土达到要求强度后，将筋束穿入预留孔道内，将千斤顶支承于混凝土构件端部，张拉筋束，使构件也同时受到反力压缩。待张拉到控制拉力后，即用特制的锚具将筋束锚固于混凝土构件上，使混凝土获得并保持其预压应力，最后，在预留孔道内压注水泥浆，以保护筋束不致锈蚀，并使筋束与混凝土黏结成为整体。

后张法施工的主梁在施工准备阶段、施工阶段、竣工验收阶段的试验检测任务有哪些内容呢？让我们来学一学吧。

任务目的

主梁采用后张法施工时，按照施工准备阶段、施工阶段和竣工验收阶段进行试验检测评定，避免不合格的材料和产品流入下一道工序。只有保证施工过程中每一道工序的质量，才能保证整个工程的质量。

任务实施

一、施工准备阶段检测

1. 检测项目

施工准备阶段主要对原材料及各种配合比、张拉设备、锚夹具、水泥浆进行试验检测，避免不合格的材料用于工程，为开工做好前期准备工作。

后张法构件施工准备阶段需检测的项目见表 2-2-1。

2. 检测方法

检测方法同任务 2.1。

后张法构件施工准备阶段需检测的项目　　表 2-2-1

类　型	序号	检 测 项 目	采用规程（标准）
后张法构件	1	水泥物理力学性能试验	《公路工程水泥及水泥混凝土试验规程》（JTG E30—2005）、《公路工程质量检验评定标准（土建工程）》（JTG F80/1—2004）
	2	外掺剂技术性能试验	
	3	混凝土拌和物性能试验	
	4	混凝土抗压强度试验	

续上表

类　型	序号	检 测 项 目	采用规程(标准)
后张法构件	5	混凝土配合比设计	《普通混凝土配合比设计规程》(JGJ 55—2000)、《公路工程水泥及水泥混凝土试验规程》(JTG E30—2005)
	6	钢筋拉伸试验	《金属材料室温拉伸试验方法》(GB 228—2002)
	7	钢筋冷弯试验	《金属材料弯曲试验方法》(GB/T 232—1999)
	8	预应力钢筋强度检测	《预应力混凝土用钢丝》(GB/T 5223)、《预应力混凝土用钢绞线》(GB/T 5224) 、《预应力混凝土用热处理钢筋》(GB 4463)、《公路桥涵施工技术规范》(JTG/T F50—2011)
	9	预应力锚具、夹具和连接器检测	《预应力筋用锚具、夹具和连接器》(GB/T 14370—2000)、《公路钢筋混凝土及预应力混凝土桥涵设计规范》(JTG D62—2004)
	10	张拉设备校验	
	11	混凝土弹性模量试验	

二、施工阶段检测

1. 检测项目

施工阶段主要对原材料及各种配合比进行试验检测，避免不合格的材料用于工程，为开工做好前期准备工作。

后张法构件施工阶段需检测的项目见表 2-2-2。

后张法构件施工阶段需检测的项目　　表 2-2-2

类　型	序号	检 测 项 目	采用规程(标准)
后张法构件	1	钢筋加工及安装质量检测	《公路工程质量检验评定标准(土建工程)》(JTG F80/1—2004)、《金属材料室温拉伸试验方法》(GB 228—2002)、《金属材料弯曲试验方法》(GB/T 232—1999)、《钢筋焊接及验收规程》(JGJ 18)、《公路桥涵施工技术规范》(JTG/T F50—2011)
	2	模板加工及安装质量检测	《公路桥涵施工技术规范》(JTG/T F50—2011)
	3	混凝土浇筑质量检测	《公路桥涵施工技术规范》(JTG/T F50—2011)、《公路工程水泥及水泥混凝土试验规程》(JTG E30—2005)
	4	张拉力控制检测	《公路钢筋混凝土及预应力混凝土桥涵设计规范》(JTG D62—2004)
	5	管道检测	
	6	预应力筋张拉质量检测	
	7	水泥浆检测	
	8	后张孔道压浆检测	
	9	封锚端检测	

2. 检测方法

除下述几项的检测外，其余的检测方法同任务 2.1 中第 1)项至第 4)项。

1)管道检测

在后张有黏结预应力混凝土结构中，预应力筋的孔道宜由浇筑在混凝土中的刚性或半刚性管道构成；对一般工程，也可采取钢管抽芯、胶管抽芯及金属伸缩套管抽芯等方法进行预留。

浇筑在混凝土中的管道应不允许有漏浆现象。管道应具有足够的强度，以使其在混凝土的重力作用下能保持原有的形状，且能按要求传递黏结应力。对管道材料规定如下：

(1)除规范规定之外，刚性或半刚性管道应是金属的。刚性管道应具有光滑的内壁并可被弯曲成适当的形状而不出现卷曲或被压扁；半刚性管道应是波纹状的金属螺旋管。金属管道宜尽量采用镀锌材料制作。

(2)制作半刚性波纹状金属螺旋管的钢带，应符合现行《铠装电缆冷轧钢带》(GB 4175.1)和现行《铠装电缆镀锌钢带》(GB 4175.2)的有关规定，并附有合格证书。钢带厚度应根据管道直径、设置时间(在浇筑混凝土前或后设置钢束)及是否有特殊用途而定，一般情况下厚度不宜小于0.3mm。

注：近几年塑料波纹管已在工程中使用，这种完全密封和水密封的系统提供超卓的防腐蚀保护，并消除钢绞线束与塑料壁之间疲劳磨损；同时也减小了摩擦。关于其技术要求及检验详见有关企业标准。

(3)金属螺旋管的检验规定如下：

①金属螺旋管进场时，除应按出厂合格证和质量保证书核对其类别、型号、规格及数量外，还应对其外观、尺寸、集中荷载下的径向刚度、荷载作用后的抗渗漏及抗弯曲渗漏等进行检验。工地自行加工制作的管道亦应进行上述检验。要求外观应清洁，内外表面无油污，无引起锈蚀的附着物，无孔洞和不规则的折皱，咬口无开裂、无脱扣。在规定的集中荷载和均布荷载作用后，或在弯曲情况下，不得渗出水泥浆，但允许渗水。

②金属螺旋管应按批进行检验。每批应由同一钢带生产厂生产的同一批钢带所制造的金属螺旋管组成，累计半年或50 000m 生产量为一批；不足半年产量或50 000m 也作为一批的，则取产量最多的规格。

③当按本条第①款规定的项目检验结果有不合格项目时，应以双倍数量的试件对该不合格项目进行复验；复验仍不合格时，则该批产品为不合格。

④在桥梁的某些特殊部位，当设计规定时，可采用符合要求的平滑钢管和高密度聚乙烯管。

⑤用做管道的平滑钢管和聚乙烯管，其壁厚不得小于2mm。

⑥一般情况下，管道的内横截面积至少应是预应力筋净截面积的2.0～2.5倍。如果由于某种原因，管道与预应力筋的面积比低于给定的极限，则应通过试验验证其可以进行正常压浆作业。对于超长钢束的管道，亦应通过试验来确定其面积比。

⑦制孔采用胶管抽芯法时，胶管内应插入芯棒或充以压力水，以增加刚度；采用钢管抽芯法时，钢管表面应光滑，焊接接头应平顺。抽芯时间应通过试验确定，以混凝土抗压强度达到0.4～0.8MPa 时为宜，抽拔时不应损伤结构混凝土。抽芯后，应用通孔器或压气、压水等方法对孔道进行检查，如发现孔道堵塞或有残留物或与邻孔有串通，应及时处理。

(4)预留孔道

①预应力筋预留孔道的尺寸与位置应正确，孔道应平顺，端部的预埋钢垫板应垂直于孔道中心线。

②管道应采用定位钢筋固定安装，使其能牢固地置于模板内的设计位置，并在混凝土浇筑期间不产生位移。固定各种成孔管道用的定位钢筋的间距，对于钢管不宜大于1m；对于波纹管不宜大于0.8m；对于胶管不宜大于0.5m；对于曲线管道宜适当加密。

③金属管道接头处的连接管宜采用大一个直径级别的同类管道，其长度宜为被连接管道内径的 5～7 倍。连接时应不使接头处产生角度变化及在混凝土浇筑期间发生管道的转动或移位，并应缠裹紧密，防止水泥浆的渗入。

④所有管道均应设压浆孔，还应在最高点设排气孔及需要时在最低点设排水孔。压浆管、排气管和排水管应是最小内径为 20mm 的标准管或适宜的塑性管，与管道之间的连接应采用金属或塑料结构扣件，长度应足以从管道引出结构物以外。

⑤管道在模板内安装完毕后，应将其端部盖好，防止水或其他杂物进入。

2）预应力筋张拉质量检测

（1）预应力筋安装

①预应力筋可在浇筑混凝土之前或之后穿入管道。对钢绞线，可将一根钢束中的全部钢绞线编束后整体装入管道中，也可逐根将钢绞线穿入管道。穿束前应检查锚垫板和孔道。锚垫板应位置准确，孔道内应畅通，无水和其他杂物。

②预应力筋安装后的保护。

a. 对在混凝土浇筑及养生之前安装在管道中，但在下列规定时限内没有压浆的预应力筋，应采取防止锈蚀或其他防腐蚀的措施，直至压浆。

不同暴露条件下，未采取防腐蚀措施的力筋在安装后至压浆时的容许间隔时间为：空气湿度大于 70% 或盐分过大时，7d；空气湿度为 40% ～70% 时，15d；空气湿度小于 40% 时，20d。

b. 力筋安装在管道中后，管道端部开口应密封以防止湿气进入。采用蒸气养生时，在养生完成之前不应安装力筋。

c. 在任何情况下，当在安装有预应力筋的构件附近进行电焊时，对全部预应力筋和金属件均应进行保护，防止溅上焊渣或造成其他损坏。

③对在混凝土浇筑之前穿束的管道，力筋安装完成后，应进行全面检查，以查出可能被损坏的管道。在混凝土浇筑之前，必须将管道上一切非有意留的孔、开口或损坏之处修复，并应检查力筋能否在管道内自由滑动。

后张预应力筋制作安装允许偏差见表 2-2-3。

后张预应力筋制作安装允许偏差　　表 2-2-3

项　目		允许偏差(mm)
管道坐标	梁长方向	30
	梁高方向	10
管道间距	同排	10
	上下层	10

（2）张拉

后张预应力筋当两端同时张拉时，两端千斤顶升降压、画线、测伸长、插垫等工作应基本一致。

①对钢筋施加预应力之前，应对构件进行检验，外观和尺寸应符合质量标准要求。张拉时，构件的混凝土强度应符合设计要求；设计未规定时，不应低于设计强度等级值的 75% 。

②预应力筋的张拉顺序应符合设计要求；当设计未规定时，可采取分批、分阶段对称张拉。

③应使用能张拉多根钢绞线或钢丝的千斤顶同时对每一钢束中的全部力筋施加应力，

但对扁平管道中不多于 4 根的钢绞线除外。

④预应力筋张拉端的设置应符合设计要求；当设计无具体要求时，应符合下列规定：

a. 对曲线预应力筋或长度大于等于 25m 的直线预应力筋，宜在两端张拉；对长度小于 25m 的直线预应力筋，可在一端张拉。

b. 曲线配筋的精轧螺纹钢筋应在两端张拉，直线配筋的可在一端张拉。

c. 当同一截面中有多束一端张拉的预应力筋时，张拉端宜分别设置在构件的两端。预应力筋采用两端张拉时，可先在一端张拉锚固后，再在另一端补足预应力值进行锚固。

⑤后张预应力筋的张拉应符合设计要求；设计无规定时，其张拉程序可参照表 2-2-4 进行。

后张法预应力筋张拉程序　　表 2-2-4

锚具及预应力筋类型		张拉程序
夹片式等具有自锚性能的锚具	钢绞线束、钢丝束	普通松弛预应力筋：0→初应力→1.03σ_{con}（锚固）
		低松弛预应力筋：0→初应力→σ_{con}（持荷 5min 锚固）
其他锚具	钢绞线束	0→初应力→1.05σ_{con}（持荷 5min）→σ_{con}（锚固）
	钢丝束	0→初应力→1.05σ_{con}（持荷 5min）→0→σ_{con}（锚固）
螺母锚固锚具	螺纹钢筋	0→初应力→σ_{con}（持荷 5min）→0→σ_{con}（锚固）

注：①表中，σ_{con}为张拉时的控制应力，包括预应力损失值；

②两端同时张拉时，两端千斤顶升降压、画线、测伸长、插垫等工作应基本一致；

③梁的竖向预应力筋可一次张拉到控制应力，然后于持荷 5min 后测伸长和锚固；

④超张拉数值超过规定的最大超张拉应力限值时，应按规定的限值进行张拉。

⑥后张预应力筋断丝及滑移不得超过表 2-2-5 的控制数。

后张法预应力筋断丝、滑移限制　　表 2-2-5

类　别	检查项目	控制值
钢丝束、钢绞线束	每束钢丝断丝或滑丝	1 根
	每束钢绞线断丝或滑丝	1 丝
	每个断面断丝之和	不超过该断面钢丝总数的 1%
单根钢筋	断筋和滑移	不容许

注：①钢绞线断丝系指单根钢绞线内钢丝的断丝。

②超过表列控制数时，原则上应更换；当不能更换时，在许可的条件下，可采取补救措施，如提高其他束预应力值，则须满足设计上各阶段极限状态的要求。

⑦预应力筋在张拉控制应力达到稳定后方可锚固。预应力筋锚固后的外露长度不宜小于 30mm，锚具应用封端混凝土保护；当需长期外露时，应采取防止锈蚀的措施。一般情况下，锚固完毕并经检验合格后即可切割端头多余的预应力筋，严禁用电弧焊切割，强调用砂轮机切割。

3）水泥浆的检测

有黏结预应力筋的后张法预应力混凝土构件，在预应力筋张拉完毕后，均须向孔道内压满水泥浆，以保证预应力筋不锈蚀并与构件混凝土连成整体。压浆工作宜在张拉完毕后尽早进行，一般预应力混凝土构件，在张拉完毕 10h 左右，观察预应力筋和锚具稳定后，即可进行孔道压浆工作。

(1)水泥浆的配合比试验

水泥浆配合比组成材料由水泥和水两种材料组成，适当掺加膨胀剂和减水剂。水泥浆配合比试验，一般应选 2 ~3 种水泥，用 2 ~3 个不同的水灰比分别配制，检测其技术指标，选择各项技术指标均满足要求的配合比用于施工。水泥浆配合比实例见表 2-2-6。

水泥浆配合比实例 表 2-2-6

设计强度等级(MPa)	水泥品种及强度	外加剂掺量(%)		$1m^3$ 水泥用量(kg)	水灰比	稠度(s)	抗压强度(MPa)		密度(kg/m^3)
		铝粉	高效减水剂				R_7	R_{28}	
C40	P.O 42.5	0.01	0.3	1 420	0.38	18	34.3	42.8	1 960
C40	P.O 42.5	0.01	0.3	1 381	0.40	17	25.2	35.5	1 934

注：以上两配合比的泌水率和膨胀率均符合要求，最后选用 $R_{28}=42.8$MPa 的配合比用于施工。

(2)水泥浆所用材料应符合下列要求

①水泥。宜采用硅酸盐水泥或普通水泥。采用矿渣水泥时，应加强检验，防止材料性能不稳定。水泥的强度等级不宜低于 42.5 级。水泥不得含有任何团块。

②水。应不含有对预应力筋或水泥有害的成分，每升水不得含 500mg 以上的氯化物离子或任何一种其他有机物。可采用清洁的饮用水。

③外加剂。宜采用具有低含水率、流动性好、最小渗出及膨胀性等特性的外加剂，它们应不得含有对预应力筋或水泥有害的化学物质。外加剂的用量应通过试验确定。

(3)水泥浆的强度

水泥浆的强度是将 40mm ×40mm ×160mm 的试件，标准养护 28d 测得抗压强度，以强度等级表示。压浆时每一工作班应制取不少于 3 组抗压试件，作为水泥浆质量评定的依据。

(4)泌水率和膨胀率试验

试验容器如图 2-2-1 所示，容器用有机玻璃制成，带有密封盖，高 120mm，置放于水平面上。往容器内填灌水泥浆约 100mm 深，测填灌面高度并记录下来，然后盖严。置放 3h 和 24h 后测量其离析水水面和水泥浆膨胀面，然后按下式计算泌水率及膨胀率：

$$\text{泌水率} = \frac{100(a_2 - a_3)}{a_1}(\%) \tag{2-2-1}$$

$$\text{膨胀率} = \frac{100(a_3 - a_1)}{a_1}(\%) \tag{2-2-2}$$

(5)稠度试验

水泥浆稠度测定容器，如图 2-2-2 所示。测定时，先将漏斗调整放平，关上底口活门，将搅拌均匀的水泥浆倾入漏斗内，直至表面触及点测规下端。打开活门，让水泥浆自由流出，水泥浆全部流完的时间(s)，称为水泥浆的稠度。

(6)水泥浆的技术条件

水泥浆的强度应符合设计规定，设计无具体规定时，应不低于 30MPa。对截面较大的孔道，水泥浆中可掺入适量的细砂。水泥浆的技术条件应符合下列规定：

①水灰比宜为 0.40 ~0.45，掺入适量减水剂时，水灰比可减到 0.35。

②水泥浆的泌水率最大不得超过 3%，拌和后 3h 泌水率宜控制在 2%，泌水应在 24h 内重新全部被水泥浆吸回。

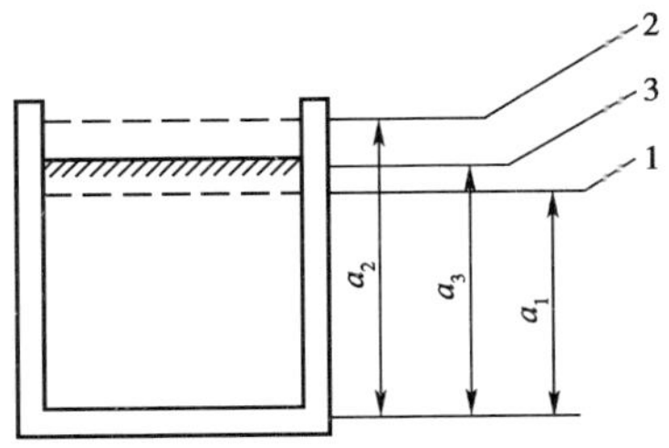

图 2-2-1 水泥浆泌水率和膨胀率试验
1-最初填满的水泥浆面;2-水面;3-膨胀后的水泥浆面

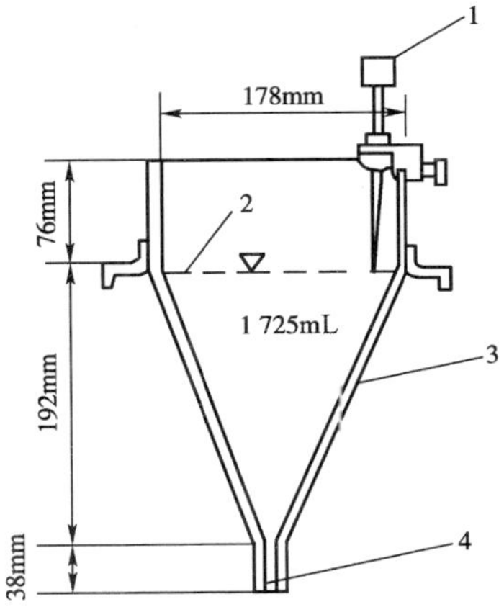

图 2-2-2 水泥浆稠度试验漏斗
1-点测规;2-水泥浆表面;3-不锈钢(3mm 厚);4-流出口(内径 13mm)

③通过试验后,水泥浆中可掺入适量膨胀剂,但其自由膨胀率应小于 10%。

④水泥浆稠度宜控制在 14 ~ 18s 之间。

4)后张孔道压浆的检测

对后张法预应力混凝土构件的孔道压浆,《公桥规》规定如下:

(1)预应力筋张拉后,孔道应尽早压浆。

(2)孔道的准备。压浆前,应对孔道进行清洁处理。对抽芯成形的混凝土空心孔道应冲洗干净并使孔壁完全湿润;金属管道必要时亦应冲洗以清除有害材料;对孔道内可能发生的油污等,可采用已知对预应力筋和管道无腐蚀作用的中性洗涤剂或皂液,用水稀释后进行冲洗。冲洗后,应使用不含油的压缩空气将孔道内的所有积水吹出。

(3)水泥浆自拌制至压入孔道的延续时间,视气温情况而定,一般在 30 ~ 45min 范围内。水泥浆在使用前和压注过程中应连续搅拌。对于因延迟使用所致的流动度降低的水泥浆,不得通过加水来增加其流动度。

(4)压浆时,对曲线孔道和竖向孔道应从最低点的压浆孔压入,由最高点的排气孔排气和泌水。压浆顺序宜先压注下层孔道。

(5)压浆应缓慢、均匀地进行,不得中断,并应将所有最高点的排气孔依次一一放开和关闭,使孔道内排气通畅。较集中和邻近的孔道,宜尽量先连续压浆完成;不能连续压浆时,后压浆的孔道应在压浆前用压力水冲洗通畅。

(6)对掺加外加剂泌水率较小的水泥浆,通过试验证明能达到孔道内饱满时,可采用一次压浆的方法;不掺外加剂的水泥浆,可采用二次压浆法,两次压浆的间隔时间宜为 30 ~ 45min。

(7)对水平或曲线孔道,压浆的最大压力宜为 0.5 ~ 0.7MPa;当孔道较长或采用一次压浆时,最大压力宜为 1.0MPa。梁体竖向预应力筋孔道的压浆最大压力可控制在 0.3 ~ 0.4MPa。压浆应达到孔道另一端饱满和出浆,并应达到排气孔排出与规定稠度相同的水泥浆为止。为保证管道中充满灰浆,关闭出浆口后,应保持不小于 0.5MPa 的一个稳压期,该稳压期的保持时间宜为 3 ~ 5min。

表 2-2-7

后张法质量检验评定表

项目名称：　　　　工程合同段：　　　　（子）分项工程名称：　　　　工程部位：

施工单位：　　　　监理单位：　　　　使用者类别：

基本要求	预应力筋的各项技术性能必须符合国家现行标准规定和设计要求；预应力束中的钢丝、钢绞线应梳理顺直，不得有缠绞、扭麻花现象，表面不应有损伤；单根钢绞线不允许断丝，单根钢筋不允许断筋或滑移；同一截面预应力筋接头面积不超过预应力筋面积的 25%，接头质量应满足施工技术规范的要求								
项次	检查项目		规定值或允许偏差	检查方法和频率	权值	检查实测值	平均值 代表值	合格率（%）	得分
1	管道坐标（mm）	梁长方向	±30	尺量：抽查 30%，每根检查 10 个点	1				
		梁高方向	±10						
2	管道间距（mm）	同排	10	尺量：抽查 30%，每根检查 5 个点	1				
		上下层	10						
3△	张拉应力值		符合设计要求	查油压表读数：全部	4				
4△	张拉伸长率		符合设计规定，设计未规定时为 ±6%	尺量：全部	3				
5	断丝滑丝数	钢束	每束 1 根，且每断面不超过钢丝总数的 1%	目测：每根（束）	3				
		钢筋	不允许						
6	（子）分项工程得分								
7	外观鉴定		预应力筋表面应保持清洁，不应有明显的锈迹。不符合要求时，减 1～3 分		检查结果				
8	质量保证资料		资料、图表残缺，缺乏最基本数据，有伪造涂改者，不予检验和评定。资料不全者，视情况每款减 1～3 分						
9	（子）分项工程评分值								
10	质量等级								

监理工程师：　　日期：　　检测人：　　日期：　　承包人：　　日期：

表 2-2-8

预制 T 梁质量检验评定表

项目名称：　　　　工程合同段：　　　　（子）分项工程名称：　　　　工程部位：

施工单位：　　　　监理单位：　　　　使用者类别：

项次	检查项目		规定值或允许偏差	检查方法和频率	权值	检查实测值	平均值代表值	合格率（%）	得分
基本要求	所用材料质量和规格必须符合有关规范的要求，按规定的配合比施工；T 梁不得出现露筋和空洞现象；预制 T 梁混凝土必须达到设计要求强度和混凝土龄期方可施加预应力；张拉过程中应随时注意上拱度的变化，张拉完毕后及时作封锚处理								
1△	混凝土强度（MPa）		在合格标准内	按附录 D 检查	3				
2	长度（mm）		+0，−10	尺量：每梁（板）	1				
3	断面尺寸（mm）	高度	+5，−10	查施工记录，每跨 5 个断面，钢尺量各 3 处	2				
		顶板宽	±30						
		顶翼板、底腹板厚	±10，−10						
4	轴线偏位（mm）		10	用经纬仪量 3 处	1				
5	平整度（mm）		7	用 2m 直尺检查	1				
6	预埋件位置		5	用尺量	1				
7	支座板平面高差（mm）		2	查混凝土浇筑前记录	1				
8	（子）分项工程得分								
9	外观鉴定	混凝土表面平整，颜色一致，无明显施工接缝。不符合要求时，减 1~3 分			检查结果				
		混凝土表面不得出现蜂窝、麻面，出现时必须修整并减 1~2 分							
		混凝土表面无非受力裂缝，出现非受力裂缝减 1~3 分。缝宽超过设计或未规定时，超过 0.15 mm 者必须处理							
		封锚混凝土应密实、平整，不符合要求时，减 2~4 分							
10	质量保证资料	资料、图表残缺，最基本数据缺乏、伪造涂改、不予检验和评定资料不全者，视情况每款减 1~3 分							
11	（子）分项工程评分值								
12	质量等级								

监理工程师：　　　　日期：　　　　检测人：　　　　日期：　　　　承包人：　　　　日期：

(8)压浆过程中及压浆后 48h 内，结构混凝土的温度不得低于 5℃，否则应采取保温措施。当气温高于 35℃时，压浆宜在夜间进行。

(9)压浆后应从检查孔抽查压浆的密实情况，如有不实，应及时处理和纠正。压浆时，每一工作班应留取不少于 3 组的 40mm×40mm×160mm 的试件，标准养护 28d，进行抗压强度和抗折强度试验，作为评定水泥浆质量的依据。

(10)对后张预制构件，在管道压浆前不得安装就位，在压浆强度达到设计要求后方可移运和吊装。

(11)孔道压浆应填写施工记录。

5)封锚端检测

对于封锚端，检测内容包括以下 4 个方面：

(1)封锚端混凝土的强度，要求不低于主梁混凝土强度。

(2)封锚端的端模板的尺寸及安装时是否紧紧地固定住，防止在浇筑混凝土时发生位移、变形。

(3)封锚端的钢筋安装质量检测。

(4)对需封锚的锚具，压浆后应先将其周围冲洗干净并对梁端混凝土凿毛，然后设置钢筋网浇筑封锚混凝土。封锚混凝土的强度应符合设计规定，一般不宜低于构件混凝土强度等级值的 80%。必须严格控制封锚后的梁体长度；长期外露的锚具，应采取防锈措施。

6)后张法构件的质量检验评定

后张法构件的质量检验评定，如表 2-2-7、表 2-2-8 所示。

小　结

在桥梁悬臂施工和尺寸较大的构件制作中，一般都采用后张法。本任务主要学习了桥梁后张法预应力构件在施工中的技术要求和检测内容。使读者能够在工程中掌握张拉效果控制的技术要求，熟悉预应力混凝土结构张拉方法、程序和要求，保证预应力结构的质量。

复习思考题

1. 预应力构件张拉时，如何对张拉效果进行控制？

2. 对 $7\phi^{j}15.24$ 钢绞线进行预应力张拉，先张法直线布筋，张拉长度为 20m，张拉控制应力为 1090MPa，预应力钢绞线截面积为 $973mm^2$，$E_y = 1.9\times10^5$MPa，张拉到控制应力时，实测伸长值为 11.20cm，试计算理论伸长值，并评价是否符合要求？

3. 后张预应力孔道水泥浆的技术条件有哪些？

学习情境3 支座、桥面系、附属工程和总体检测

情境导入

按照桥梁施工顺序，桥梁上部构造施工完成后，下一分部工程是桥面系和附属工程，其施工检测内容包括支座、桥面系、附属工程和总体的检测。每一个分项工程按照施工准备阶段、施工阶段和竣工验收阶段进行试验检测评定，避免不合格的材料和产品流入下一道工序。只有保证每一道工序的质量，才能保证整个工程的质量。

学习目标

【知识目标】 熟悉支座、桥面防水、桥面铺装、防撞墙（护栏）、搭板、锥坡的检测项目和检测方法，熟悉与所检测项目相关的技术标准、技术规范和技术规程；能用定量的方法科学地评定桥面系及附属结构的质量。

【能力目标】 了解支座及伸缩缝检测内容，能够对桥梁总体、桥面系和附属工程进行质量检测评定。

任务3.1 支座及伸缩缝检测

本任务介绍两部分内容：

(1) 支座及伸缩装置的检测；

(2) 支座及伸缩装置的安装检测。

板式橡胶支座应符合现行《公路桥梁板式橡胶支座》(JT/T 4—2004)标准的规定。安装是相当重要的环节，对水平面应仔细校核，支座不得发生偏歪，不能脱空。盆式橡胶支座应符合现行《公路桥梁盆式橡胶支座》(JT 391)标准的规定。支座安装位置应准确，并注意安装平整，且盆式橡胶支座应注意使其滑动方向符合设计要求。橡胶伸缩装置应符合现行《公路桥梁橡胶伸缩装置》(JT/T 327)标准的规定。

伸缩装置的位置、构造应按设计规定办理。安装各种伸缩装置时，定位值均应通过计算决定。梁体温度应测量准确，伸缩体横向高度应符合桥面线形。装设伸缩装置的缝槽应清理干净，如有顶头现象或缝宽不符合设计要求时，应凿剔平整。现浇混凝土时宜在接缝伸缩开放状态下浇筑，应防止已定位的构件变位。伸缩缝两边的组件及桥面应平顺，无扭曲。对

于梳形钢板伸缩装置、板式橡胶伸缩装置，施工前必须认真做好伸缩装置部位的清理工作。施工中应加强锚固系统的锚固，防止锚固螺栓松动，螺母脱落，注意养护。

一、桥梁支座试验检测

桥梁支座设置在梁板式体系中主梁与墩台之间，其主要功能是将上部结构的各种荷载传递给墩台，并能适应上部结构的荷载、温度变化、混凝土收缩等各种因素所产生的变形（水平位移及转角），使上部结构的实际受力情况符合设计计算图式。

桥梁支座按其材料可划分为小桥涵上使用的简易垫层支座、大中桥上使用的钢板支座、钢筋混凝土支座、铸钢或不锈钢支座。下面介绍目前使用极为广泛的板式橡胶支座、盆式橡胶支座和球形支座。

（一）板式橡胶支座检测（JT/T 4—2004）

板式橡胶支座构造简单，成本低，目前已实现了产品的标准化、系列化，是大中桥使用较为广泛的桥梁支座。

板式桥梁橡胶支座构造如图 3-1-1 和图 3-1-2 所示，通常由若干层橡胶片与薄钢板为刚性加劲物组合而成，各层橡胶与上下钢板经加压硫化牢固后黏结成为一体。支座在竖向荷载作用下，具有足够的刚度，主要是由于嵌入橡胶片之间的钢板限制橡胶的侧向膨胀。在水平力作用下，支座的水平位移量取决于橡胶片的净厚度。在运营期间为防止嵌入钢板的锈蚀，支座的上下面及四边都有橡胶保护层。

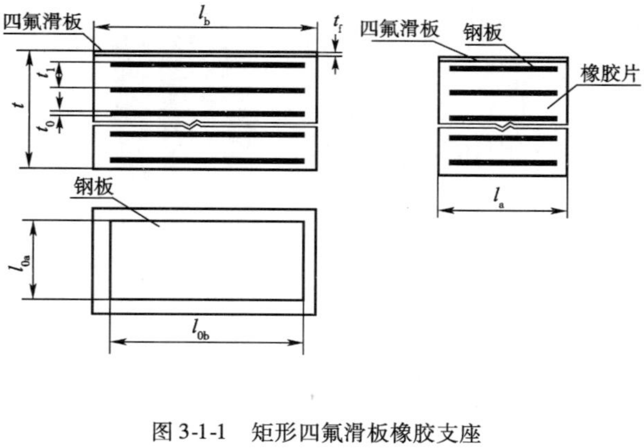

图 3-1-1　矩形四氟滑板橡胶支座

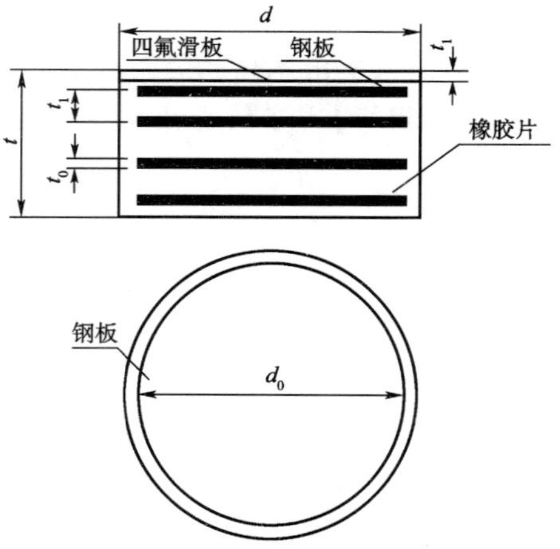

图 3-1-2　圆形四氟滑板橡胶支座

1. 板式桥梁橡胶支座的技术要求

《公路桥梁板式橡胶支座》（JT/T 4—2004）规定了桥梁板式橡胶支座标准系列规格。其支座成品力学性能指标及质量要求，应符合表 3-1-1 ~ 表 3-1-5 的规定。

支座抗压弹性模量 E 按式（3-1-1）计算。

$$E = 5.4GS^2 \tag{3-1-1}$$

式中：E——支座抗压弹性模量，MPa；

G——支座抗剪弹性模量，MPa；

S——支座形状系数。

成品支座力学性能指标 表 3-1-1

项目		指标
极限抗压强度 R_a(MPa)		≥70
实测抗压弹性模量 E_1(MPa)		$E \pm E \times 20\%$
实测抗剪弹性模量 G_1(MPa)		$G \pm G \times 15\%$
实测老化后抗剪弹性模量 G_2(MPa)		$G \pm G \times 15\%$
实测转角正切值 $\tan\theta$	混凝土桥	≥1/300
	钢桥	≥1/500
实测四氟板与不锈钢板表面摩擦系数 μ_f(加硅脂时)		≤0.03

成品支座平面尺寸偏差范围(单位:mm) 表 3-1-2

矩形支座		圆形支座	
长边范围 l_b	偏差	直径范围 d	偏差
$l_b \leqslant 300$	+2,0	$l_b \leqslant 300$	+2,0
$300 < l_b \leqslant 500$	+4,0	$300 < l_b \leqslant 500$	+4,0
$l_b > 500$	+5,0	$l_b > 500$	+5,0

成品支座厚度偏差范围(单位:mm) 表 3-1-3

矩形支座		圆形支座	
厚度范围 t	偏差	直径范围 t	偏差
$t \leqslant 49$	+1,0	$t \leqslant 49$	+1,0
$49 < t \leqslant 100$	+2,0	$49 < t \leqslant 100$	+2,0
$100 < t \leqslant 150$	+3,0	$100 < t \leqslant 150$	+3,0
$t > 150$	+4,0	$t > 150$	+4,0

成品支座解剖检验要求 表 3-1-4

名称	解剖检验标准
锯开后胶层厚度	胶层厚度应均匀，t_1 为 5mm 或 8mm 时，其偏差为 ±0.4mm；t_1 为 11mm 时，其偏差不得大于 ±0.7mm；t_1 为 15mm 时，其偏差不得大于 ±1.0mm
钢板与橡胶黏结	钢板与橡胶黏结应牢固，且无离层现象，其平面尺寸偏差为 ±1mm；保护层偏差为(+0.5,0)mm
剥离胶层[应按《硫化橡胶物理试验方法的一般要求》(HG/T 2198—91)规定制成试样]	剥离胶层后，测定的橡胶性能，其拉伸强度的下降不应大于 15%，扯断伸长率的下降不应大于 20%

成品支座解剖检验要求　　表 3-1-5

名　　称	成品质量标准
气泡、杂质	气泡、杂质总面积不得超过支座平面面积的 0.1%，且每一处气泡、杂质面积不能大于 $50mm^2$，最大深度不超过 2mm
凹凸不平	当支座平面面积 $<0.15m^2$ 时，不多于 2 处；$>0.15m^2$ 时，不多于 4 处，且每处凹凸高度不超过 0.5mm，面积不超过 $6mm^2$
四侧面裂纹、钢板外露	不允许
掉块、崩裂、机械损伤	不允许
钢板与橡胶黏结处开裂或剥离	不允许
支座表面平整度	①橡胶支座：表面不平整度不大于平面最大长度的 0.4%； ②四氟滑板支座：表面不平整度不大于四氟滑板平面最大长度的 0.2%
四氟滑板表面划痕、碰伤、敲击	不允许
四氟滑板与橡胶支座粘贴错位	不得超过橡胶支座矩边或直径尺寸的 0.5%

对于矩形支座：

$$S=\frac{l_{0a}\times l_{0b}}{2t_1(l_{0a}+l_{0b})} \tag{3-1-2}$$

对于圆形支座：

$$S=\frac{d_0}{4t_1} \tag{3-1-3}$$

式中：l_{0a}——矩形支座加劲钢板短边尺寸，mm；

l_{0b}——矩形支座加劲钢板长边尺寸，mm；

t_1——支座中间单层橡胶片厚度，mm；

d_0——圆形支座加劲钢板直径，mm。

2. 支座外形尺寸、外观质量和解剖检测

支座外形尺寸应用钢直尺测量，厚度应用游标卡尺或量规测量。对矩形支座，除应在四边上测量长短边尺寸外，还应测量平面与侧面对角线尺寸，厚度应在四边中点及对角线中心处测量；对圆形支座，其直径、厚度应至少测量 4 次，测点应垂直交叉，并测量圆心处厚度。外形尺寸和厚度取其实测值的平均值，其尺寸偏差应符合表 3-1-2 和表 3-1-3 的规定。

支座用钢锯锯开后应满足表 3-1-4 的要求。

支座外观质量用目测方法或量具逐块进行检查。每块支座不允许有表 3-1-5 规定的两项以上缺陷存在。

3. 支座力学性能检测方法

1）试样、试验条件和试验设备要求

（1）试样

试样应随机抽取实样，每种规格试样数量为三对，各种试验试样通用。凡与油及其他化学药品接触过的支座不得用作试样。试样试验前应暴露在标准温度 23℃ ±5℃下，停放 24h 以使试样内外温度一致。

（2）试验条件

试验室的标准温度为 23℃ ±5℃，且不能有腐蚀性气体及影响检测的振动源。

(3)仪器设备

试验机宜具备下列功能:微机控制,能自动、平稳连续加载、卸载,且无冲击和颤动现象,自动持荷(试验机满负荷保持时间可不少于4h,且试验荷载的示值变动不应大于0.5%),自动采集数据,自动绘制应力-应变图,自动储存试验原始记录及曲线图和自动打印结果。试验用承载板应具有足够的刚度,其厚度应大于其平面最大尺寸的1/2,且不能用分层垫板代替。平面尺寸必须大于被测试试样的平面尺寸,在最大荷载下不应发生挠曲。

进行剪切试验时,其剪切试验机构的水平油缸、负荷传感器的轴线应和中间钢拉板的对称轴相重合,确保被测试样水平轴向受力。

试验机的级别为Ⅰ级,示值相对误差最大允许值为1.0%,试验机正压力使用可在最大力值的0.4% ~90%范围内。水平力的使用可在最大力值的1% ~90%范围内。其示值的准确度和相关的技术要求应满足《测试电容传声器》(JJG 175—1998)的规定。

测量支座试样变形量的仪表量程应满足测量支座试样变形量的需要,测量转角变形量的分度值为0.001mm,测量竖向压缩变形量和水平位移变形量的分度值为0.01mm。

2)抗压弹性模量试验

(1)抗压弹性模量试验步骤(图3-1-3)。

①将试样置于试验机的承载板上,上下承载与支座接触面不得有油渍;对准中心,精度应小于1%的试件短边尺寸或直径。缓缓加载至压应力为1.0MPa且稳压后,核对承载板四角对称安置的4支位移传感器,确认无误后,开始预压。

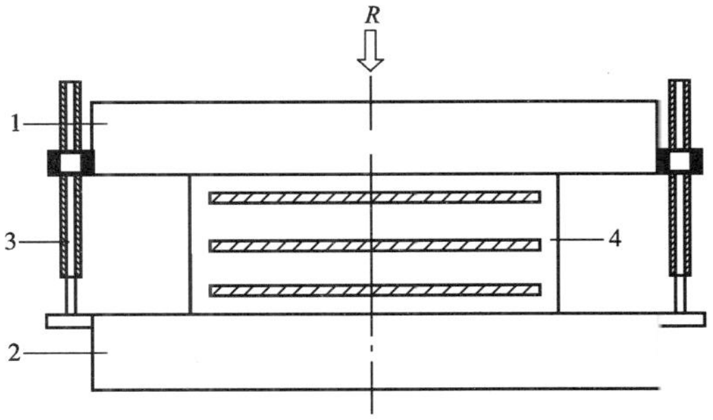

图3-1-3 压缩试验设备图

1-上承载板;2-下承载板;3-位移传感器;4-支座试样

②预压。将压应力以0.03 ~0.04MPa/s的速率连续地增至平均压应力$\sigma=10$MPa,持荷2min,然后以连续均匀的速度将压应力卸至1.0MPa,持荷5min,记录初始值,绘制应力-应变图,预压3次。

③正式加载。每一加载循环自1.0MPa开始,将压应力以0.03 ~0.04MPa/s的速率均匀加载至4MPa,持荷2min后,采集支座变形值,然后以同样速率每2MPa为一级逐级加载,每级持荷2min后,采集支座变形数据直至平均压应力σ为止,绘制的应力-应变图应呈线性关系。然后以连续均匀的速度卸载至压应力为1.0MPa,10min后进行下一加载循环。加载过程应连续进行3次。

④以承载板四角所测得的变化值的平均值,作为各级荷载下试样的累计竖向压缩变形Δ_c,按试样橡胶层的总厚度t_e求出在各级试验荷载作用下,试样的累计压缩应变$\varepsilon_i=\dfrac{\Delta_{ei}}{t_e}$。

(2)试样实测抗压弹性模量应按下列公式计算:

$$E_1=\frac{\sigma_{10}-\sigma_4}{\varepsilon_{10}-\varepsilon_4} \tag{3-1-4}$$

式中:E_1——试样实测的抗压弹性模量计算值,精确至1MPa;

σ_4、ε_4——第4MPa级试验荷载下的压应力和累计压缩应变值;

σ_{10}、ε_{10}——第10MPa级试验荷载下的压应力和累计压缩应变值。

(3)结果。

每一块试样的抗压弹性模量 E_1 为3次加载过程所得的3个实测结果的算术平均值。但单项结果和算术平均值之间的偏差不应大于算术平均值的3%，否则应对该试样重新复核试验1次，如果仍超过3%，应由试验机生产厂专业人员对试验机进行检修和检定，合格后再重新进行试验。

3)抗剪弹性模量试验

(1)抗剪弹性模量试验步骤(图3-1-4)。

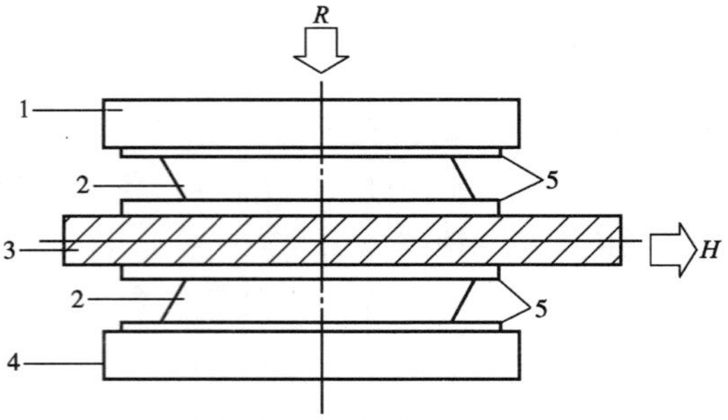

图3-1-4 剪切试验设备图

1-上承载板；2-支座试样；3-中间钢拉板；4-下承载板；5-防滑摩擦板

①在试验机的承载板上，应使支座顺其短边方向受剪，将试样及中间钢拉板按双剪组合配置好，使试样和中间钢拉板的对称轴和试验机承载板中心轴处在同一垂直面上，精度应小于1%的试件短边尺寸。为防止出现打滑现象，应在上下承载板和中间钢拉板上粘贴高摩擦板，以确保试验的准确性。

②将压应力以0.03～0.04MPa/s的速率连续地增至平均压应力 σ，绘制应力-时间图，并在整个抗剪试验过程中保持不变。

③调整试验机的剪切试验机构，使水平油缸、负荷传感器的轴线和中间钢拉板的对称轴重合。

④预加水平力。以0.02～0.03MPa/s的速率连续施加剪应力 $\tau=1.0$MPa，持荷5min；然后以连续均匀的速度卸载至剪应力为0.1MPa，持荷5min，记录始值，绘制应力-应变图。预载3次。

⑤正式加载。每一加载循环自 $\tau=1.0$MPa 开始，每级剪应力增加0.1MPa，持荷1min，采集支座变形数据，至 $\tau=1.0$MPa 为止，绘制的应力-应变图应呈线性关系。然后以连续均匀的速度卸载到剪应力为0.1MPa，10min后进行下一循环试验。加载过程应连续进行3次。

⑥将各级水平荷载作用下位移传感器所测得的试样累计水平剪切变形 Δ_s，按试样橡胶层的总厚度 t_e 求出在各级试验荷载作用下，试样的累计剪切应变 $\gamma_i=\dfrac{\Delta_s}{t_e}$。

(2)试样的实测抗剪弹性模量应按式(3-1-5)计算。

$$G_1=\frac{\tau_{1.0}-\tau_{0.3}}{\gamma_{1.0}-\gamma_{0.3}} \tag{3-1-5}$$

式中：G_1——试样的实测抗剪弹性模量计算值，精确至1%，MPa；

$\tau_{1.0}$、$\gamma_{1.0}$——第1.0MPa级试验荷载下的剪应力和累计剪切应变值，MPa；

$\tau_{0.3}$、$\gamma_{0.3}$——第0.3MPa级试验荷载下的剪应力和累计剪切应变值，MPa。

(3)结果。

每对检验支座所组成的综合抗剪弹性模量 G_1，为该对试件3次加载所得到的3个结果的算术平均值。但各单项结果与算术平均值之间的偏差应不大于算术平均值的3%，否则应对该试件重新复核试验一次，如果仍超过3%，应请试验机生产厂专业人员对试验机进行检修和检定，合格后再重新进行试验。

4)抗剪黏结性能试验

整体支座抗剪黏结性能试验方法与抗剪弹性模量试验方法相同，将压应力以0.03～

0.04MPa/s的速率连续地增至平均压应力 σ，绘制应力-时间图，并在整个试验过程中保持不变。然后以0.02～0.03MPa/s的速率连续施加水平力，当剪应力达到2MPa，持荷5min后，水平力以连续均匀的速率连续卸载，在加、卸载过程中绘制应力-应变图。试验中随时观察试件受力状态及变化情况，水平力卸载后试样是否完好无损。

5）抗剪老化试验

将试样置于老化箱内，在70℃±2℃温度下经72h后取出，将试件在标准温度23℃±5℃下，停放48h，再在标准试验室温度下进行剪切试验。试验与标准抗剪弹性模量试验方法步骤相同。老化后抗剪弹性模量 G_2 的计算方法与标准抗剪弹性模量计算方法相同。

6）摩擦系数试验

（1）摩擦系数试验步骤（图3-1-5）

①将四氟滑板支座与不锈钢板试样按规定摆放，对准试验机承载板中心位置，精度应小于1%的试件短边尺寸。试验时应将四氟滑板试样的储油槽内注满5201-2硅脂油。

②将压应力以0.03～0.04MPa/s的速率连续地增至平均压应力 σ，绘制应力-时间图，并在整个试验过程中保持不变。其预压时间为1h。

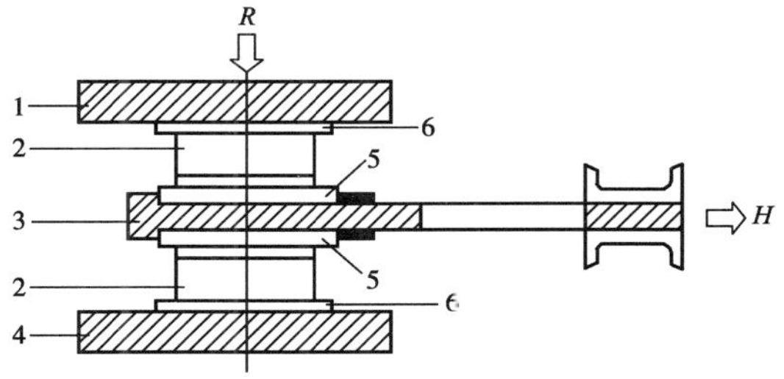

图3-1-5 摩擦系数试验设备

1-试验机上承载板；2-四氟滑板支座试样；3-中间钢拉板；4-试验机下承载板；5-不锈钢板试样；6-防滑摩擦板

③以0.02～0.03MPa/s的速率连续施加水平力，直至不锈钢板与四氟滑板试样接触面间发生滑动为止，记录此时的水平剪应力作为初始值。试验过程应连续进行3次。

（2）摩擦系数应按下列公式计算：

$$\mu_f = \frac{\tau}{\sigma} \tag{3-1-6}$$

$$\tau = \frac{H}{A_0} \tag{3-1-7}$$

$$\sigma = \frac{R}{A_0} \tag{3-1-8}$$

式中：μ_f——四氟滑板与不锈钢板表面的摩擦系数，精确至0.01；

τ——接触面发生滑动时的平均剪应力，MPa；

σ——支座的平均压应力，MPa；

H——支座承受的最大水平力，kN；

R——支座最大承压力，kN；

A_0——支座有效承压面积，mm^2。

（3）结果

每对试样的摩擦系数为3次试验结果的算术平均值。

7）转角试验

（1）试验原理

施加压应力至平均压应力 σ，则试样产生垂直压缩变形；用千斤顶对中间工字梁施加一个向上的力 P，工字梁产生转动，上下试样边缘产生压缩及回弹两个相反变形。由转动产生的支座边缘的变形必须小于由垂直荷载和强制转动共同影响下产生的压缩变形（图 3-1-6 和图 3-1-7）。

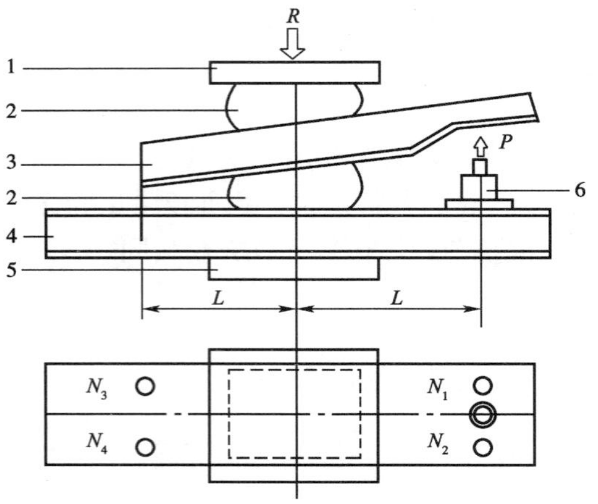

图 3-1-6 转角试验设备

1-试验机上承载板；2-支座试样；3-中间工字梁；4-工字梁；5-试验机下承载板；6-千斤顶

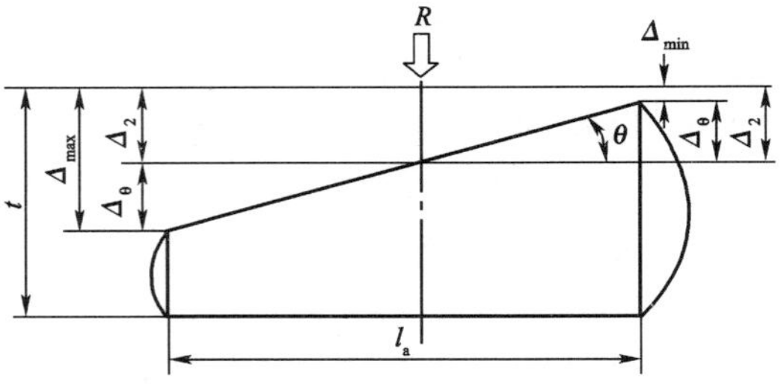

图 3-1-7 转角计算图

（2）试验步骤

转角试验应按下列步骤进行：

①将试样按图 3-1-6 规定摆放，对准中心位置，精度应小于 1% 的试件短边尺寸。在距试样中心 L 处，安装使梁产生转动用的千斤顶和测力计，并在承载梁（或板）四角对称安置 4 支高精度位移传感器（精度 0.001mm）。

②预压。将压应力以 0.03 ~ 0.04MPa/s 的速率连续地增至平均压应力 σ，绘制应力-时间图，维持 5min，然后以连续均匀的速率卸载至压应力为 1.0MPa，如此反复 3 遍。检查传感器是否灵敏准确。

③加载。将压应力按照抗压弹性模量试验要求增至 σ，采集支座变形数据，绘制应力-应变图，并在整个试验过程中维持 σ 不变。用千斤顶对中间工字梁施加一个向上的力 P，使其达到预期转角的正切值（偏差不大于 5%），停 5min 后，记录千斤顶力 P 及传感器的数值。

（3）计算

①实测转角的正切值应按下列公式计算：

$$\tan\theta = \frac{\Delta_1^2 + \Delta_3^4}{2L} \tag{3-1-9}$$

式中：$\tan\theta$——试样实测转角的正切值；

Δ_1^2——传感器 N_1、N_2 处的变形平均值，mm；

Δ_3^4——传感器 N_3、N_4 处的变形平均值，mm；

L——转动力臂。

②各种转角下，由于垂直承压力和转动共同影响产生的压缩变形值应按下式计算：

$$\Delta_2 = \Delta_c - \Delta_1 \tag{3-1-10}$$

$$\Delta_1 = \frac{(\Delta_1^2 - \Delta_3^4)}{2} \tag{3-1-11}$$

式中：Δ_c——支座最大承压力 P 时试样累计压缩变形值，mm；

Δ_1——转动试验时，试样中心平均回弹变形值，mm；

Δ_2——垂直承压力和转动共同影响下试样中心处产生的压缩变形值，mm。

③各种转角下，试样边缘换算变形值应按下式计算：

$$\Delta_\theta = \tan\theta \cdot \frac{l_a}{2} \tag{3-1-12}$$

式中：Δ_θ——实测转角产生的变形值，mm；

l_a——矩形支座试样的短边尺寸，mm，圆形支座采用直径 d，mm。

④各种转角下，支座边缘最大、最小变形值应按下列公式计算：

$$\Delta_{max} = \Delta_2 + \Delta_\theta \tag{3-1-13}$$

$$\Delta_{min} = \Delta_2 - \Delta_\theta \tag{3-1-14}$$

8）极限抗压强度试验

极限抗压强度试验步骤如下：

（1）将试样放置在试验机的承载板上，上、下承载板与支座接触面不得有油污，对准中心位置，精度应小于1%的试件短边尺寸。

（2）以0.1MPa/s的速率连续地加载至试样极限抗压强度 R_u 不小于70MPa为止，绘制应力-时间图，并随时观察试样受力状态及变化情况，试样是否完好无损。

4. 判定规则

（1）实测抗压弹性模量 E_1、抗剪弹性模量 G_1、试样老化后的抗剪弹性模量 G_2 和四氟滑板试样与不锈钢板的摩擦系数应满足表3-1-1的要求。

（2）支座在不小于70MPa压应力时，橡胶层未被挤坏，中间层钢板未断裂，四氟滑板与橡胶未发生剥离，则试样的抗压强度满足要求。

（3）支座在两倍剪应力作用下，橡胶层未被剪坏，中间层钢板未断裂错位，卸载后，支座变形恢复正常，认为试样抗剪黏结性能满足要求。

（4）试样的容许转角正切值，混凝土、钢筋混凝土桥在1/300，钢桥在1/500时，试样边缘最小变形值大于或等于零时，则试样容许转角满足要求。

（5）三块（或三对）试样中，有两块（或两对）不能满足要求时，则认为该批产品不合格。若有一块（或一对）试样不能满足要求时，则应从该批产品中随机再取双倍试样对不合格项目进行复验，若仍有一项不合格，则判定该批产品不合格。

（二）盆式橡胶支座检测（JT 391—1999）

盆式橡胶支座具有结构紧凑、摩擦系数小、承载能力大、质量小、结构高度小、转动及滑动灵活、成本较低等特点，是一种有发展前途的大中型桥梁支座。

1. 基本常识

1）分类

（1）按使用性能分类

①双向活动支座（多向活动支座）：具有竖向承载、竖向转动和多向滑移性能，代号为SX。

②单向活动支座：具有竖向承载、竖向转动和单一方向滑移性能，代号为DX。

③固定支座：具有竖向承载和竖向转动性能，代号为GD。

(2)按适用温度范围分类

①常温型支座:适用于 -25 ~ +60℃使用。

②耐寒型支座:适用于 -40 ~ +60℃使用,代号为 F。

2)支座型号表示方法

例如:GPZ15SXF 表示 GPZ 系列中设计承载力为 15MN 的双向(多向)活动的耐寒型盆式支座;GPZ35DX 表示 GPZ 系列中设计承载力为 35MN 的单向活动常温型盆式支座;GPZ50GD 表示 GPZ 系列中设计承载力为 50MN 的固定的常温型盆式支座。

3)结构形式及规格系列

交通运输部行业标准《公路桥梁盆式橡胶支座》(JT 391—1999)中规定了桥梁盆式橡胶支座的标准系列规格、成品支座力学性能指标及有关设计指标要求。

(1)结构形式及规格系列

双向(多向)活动支座和单向活动支座由上座板(包括顶板和不锈钢滑板)、聚四氟乙烯滑板、中间钢板、密封圈、橡胶板、底盆、地脚螺栓和防尘罩等组成。单向活动支座沿活动方向还设有导向挡块。

固定支座由上座板、密封圈、橡胶板、底盆、地脚螺栓和防尘罩等组成。减振型支座还应有消能和阻尼件。

双向活动支座结构,见图 3-1-8;其规格系列,见表 3-1-6。

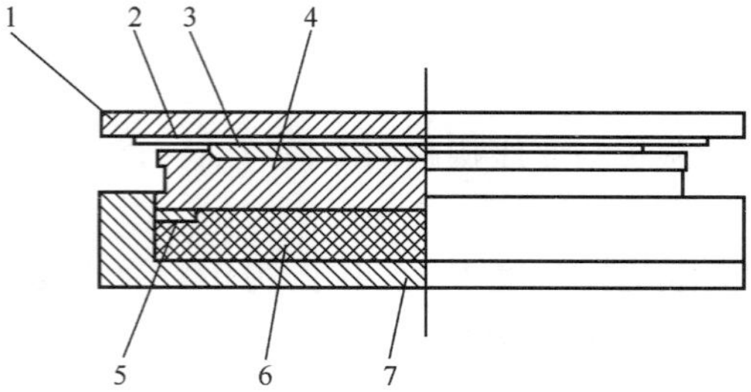

图 3-1-8　双向活动支座结构示意图

1-顶板;2-不锈钢滑板;3-四氟板;4-中间钢板;5-密封圈;6-橡胶板;7-底盆

双向活动支座规格系列表　　表 3-1-6

支座规格		GPZ0.8SX	GPZ1SX	GPZ1.25SX	GPZ1.55SX
设计承载力/允许最大承载力(MN)		0.8/0.88	1/1.1	1.25/1.375	1.5/1.65
位移(mm)	顺桥向	±50;±100;±150	±50;±100;±150	±50;±100;±150	±50;±100;±150
	横桥向	±40	±40	±40	±40
支座规格		GPZ2SX	GPZ2.5SX	GPZ3SX	GPZ3.5SX
设计承载力/允许最大承载力(MN)		2/2.2	2.5/2.75	3/3.3	3.5/3.85
位移(mm)	顺桥向	±50;±100;±150	±50;±100;±150	±50;±100;±150	±50;±150;±200
	横桥向	±40	±40	±40	±40
支座规格		GPZ4SX	GPZ5SX	GPZ6SX	GPZ7SX
设计承载力/允许最大承载力(MN)		4/4.4	5/5.5	6/6.6	7/7.7
位移(mm)	顺桥向	±100;±150;±200	±100;±150;±200	±100;±150;±200	±100;±150;±200
	横桥向	±40	±40	±40	±40
支座规格		GPZ8SX	GPZ9SX	GPZ10SX	GPZ12.5SX
设计承载力/允许最大承载力(MN)		8/8.8	9/9.9	10/11	12.5/13.75
位移(mm)	顺桥向	±100;±150;±200	±100;±150;±200	±150;±200;±250	±150;±200;±250
	横桥向	±40	±40	±40	±40

续上表

支座规格		GPZ15SX	GPZ17.5SX	GPZ20SX	GPZ22.5SX
设计承载力/允许最大承载力(MN)		15/16.5	17.5/19.25	20/22	22.5/24.75
位移(mm)	顺桥向	±150；±200；±250	±150；±200；±250	±150；±200；±250	±150；±200；±250
	横桥向	±40	±40	±40	±40
支座规格		GPZ25SX	GPZ27.5SX	GPZ30SX	GPZ32.5SX
设计承载力/允许最大承载力(MN)		25/27.5	27.5/30.25	30/33	32.5/35.75
位移(mm)	顺桥向	±150；±200；±250	±150；±200；±250	±150；±200；±250	±200；±250；±300
	横桥向	±40	±40	±40	±50
支座规格		GPZ35SX	GPZ37.5SX	GPZ40SX	GPZ45SX
设计承载力/允许最大承载力(MN)		35/38.5	37.5/41.25	40/44	45/49.5
位移(mm)	顺桥向	±200；±250；±300	±200；±250；±300	±200；±250；±300	±200；±250；±300
	横桥向	±50	±50	±50	±50
支座规格		GPZ50SX	GPZ55SX	GPZ60SX	
设计承载力/允许最大承载力(MN)		50/55	55/60.5	60/66	
位移(mm)	顺桥向	±200；±250；±300	±200；±250；±300	±200；±250；±300	
	横桥向	±50	±50	±50	

单向活动支座结构，见图3-1-9；其规格系列，见表3-1-7。

固定支座结构，见图3-1-10；其规格系列，见表3-1-8。

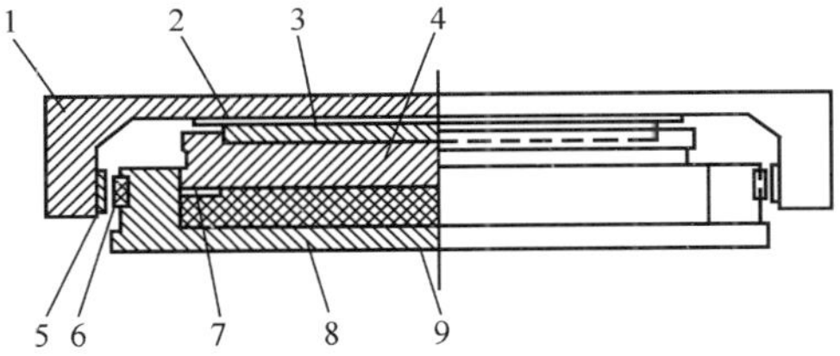

图3-1-9　单向活动支座结构示意

1-顶板；2-不锈钢滑板；3-四氟板；4-中间钢板；5-侧向钢条；6-四氟滑条；7-密封圈；8-橡胶板；9-底盆

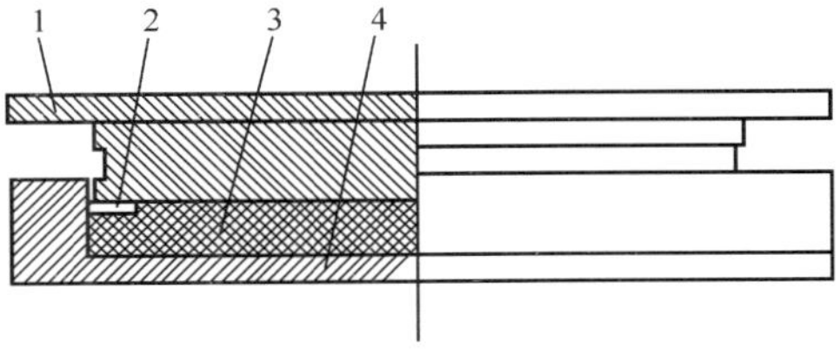

图3-1-10　固定支座结构示意

1-上座板；2-密封圈；3-橡胶板；4-底盆

单向活动支座规格系列　　表3-1-7

支座规格		GPZ0.8DX	GPZ1DX	GPZ1.25DX	GPZ1.5DX
设计承载力/允许最大承载力(MN)		0.8/0.88	1/1.1	1.25/1.375	1.5/1.65
位移(mm)	顺桥向	±50；±100；±150	±50；±100；±150	±50；±100；±150	±50；±100；±150
	横桥向	±3	±3	±3	±3
支座规格		GPZ2DX	GPZ2.5DX	GPZ3DX	GPZ3.5DX
设计承载力/允许最大承载力(MN)		2/2.2	2.5/2.75	3/3.3	3.5/3.85
位移(mm)	顺桥向	±50；±100；±150	±50；±100；±150	±50；±100；±150	±50；±150；±200
	横桥向	±3	±3	±3	±3
支座规格		GPZ4DX	GPZ5DX	GPZ6DX	GPZ7DX
设计承载力/允许最大承载力(MN)		4/4.4	5/5.5	6/6.6	7/7.7
位移(mm)	顺桥向	±100；±150；±200	±100；±150；±200	±100；±150；±200	±100；±150；±200
	横桥向	±3	±3	±3	±3

续上表

支座规格		GPZ8DX	GPZ9DX	GPZ10DX	GPZ12.5DX
设计承载力/允许最大承载力(MN)		8/8.8	9/9.9	10/11	12.5/13.75
位移(mm)	顺桥向	±100；±150；±200	±100；±150；±200	±100；±150；±200	±150；±200；±250
	横桥向	±3	±3	±3	±3
支座规格		GPZ15DX	GPZ17.5DX	GPZ20DX	GPZ22.5DX
设计承载力/允许最大承载力(MN)		15/16.5	17.5/19.25	20/22	22.5/24.75
位移(mm)	顺桥向	±150；±200；±250	±150；±200；±250	±150；±200；±250	±150；±200；±250
	横桥向	±3	±3	±3	±3
支座规格		GPZ25DX	GPZ27.5DX	GPZ30DX	GPZ32.5DX
设计承载力/允许最大承载力(MN)		25/27.5	27.5/30.25	30/33	32.5/35.75
位移(mm)	顺桥向	±150；±200；±250	±150；±200；±250	±150；±200；±250	±200；±250；±300
	横桥向	±3	±3	±3	±3
支座规格		GPZ35DX	GPZ37.5DX	GPZ40DX	GPZ45DX
设计承载力/允许最大承载力(MN)		35/38.5	37.5/41.25	40/44	45/49.5
位移(mm)	顺桥向	±200；±250；±300	±200；±250；±300	±200；±250；±300	±200；±250；±300
	横桥向	±3	±3	±3	±3
支座规格		GPZ50DX	GPZ55DX	GPZ60DX	
设计承载力/允许最大承载力(MN)		50/55	55/60.5	60/66	
位移(mm)	顺桥向	±200；±250；±300	±200；±250；±300	±200；±250；±300	
	横桥向	±3	±3	±3	

固定支座规格系列 表 3-1-8

支座规格		GPZ0.8GD	GPZ1GD	GPZ1.25GD	GPZ1.5GD
设计承载力/允许最大承载力(MN)		0.8/0.88	1/1.1	1.25/1.375	1.5/1.65
位移(mm)	顺桥向	0	0	0	0
	横桥向	0	0	0	0
支座规格		GPZ2GD	GPZ2.5GD	GPZ3GD	GPZ3.5GD
设计承载力/允许最大承载力(MN)		2/2.2	2.5/2.75	3/3.3	3.5/3.85
位移(mm)	顺桥向	0	0	0	0
	横桥向	0	0	0	0
支座规格		GPZ4GD	GPZ5GD	GPZ6GD	GPZ7GD
设计承载力/允许最大承载力(MN)		4/4.4	5/5.5	6/6.6	7/7.7
位移(mm)	顺桥向	0	0	0	0
	横桥向	0	0	0	0
支座规格		GPZ8GD	GPZ9GD	GPZ10GD	GPZ12.5GD
设计承载力/允许最大承载力(MN)		8/8.8	9/9.9	10/11	12.5/13.75
位移(mm)	顺桥向	0	0	0	0
	横桥向	0	0	0	0

续上表

支座规格		GPZ15GD	GPZ17.5GD	GPZ20GD	GPZ22.5GD
设计承载力/允许最大承载力(MN)		15/16.5	17.5/19.25	20/22	22.5/24.75
位移(mm)	顺桥向	0	0	0	0
	横桥向	0	0	0	0
支座规格		GPZ25GD	GPZ27.5GD	GPZ30GD	GPZ32.5GD
设计承载力/允许最大承载力(MN)		25/27.5	27.5/30.25	30/33	32.5/35.75
位移(mm)	顺桥向	0	0	0	0
	横桥向	0	0	0	0

(2)成品支座力学性能要求

①竖向承载力。标准系列支座的竖向承载力(即支座反力,单位 MN)分 31 级,即 0.8、1.0、1.25、1.5、2.0、2.5、3.0、3.5、4.0、5.0、6.0、7.0、8.0、9.0、10.0、12.5、15.0、17.5、20.0、22.5、25.0、27.5、30.0、32.5、35.0、37.5、40.0、45.0、50.0、55.0 和 60.0。

在竖向设计荷载作用下,支座压缩变形值不得大于支座总高度的 2%,盆环上口径向变形不得大于盆环外径的 0.5‰,支座残余变形不得超过总变形量的 5%。

②水平承载力。标准系列中,固定支座在各方向和单向活动支座非滑移方向的水平承载力均不得小于支座竖向承载力的 10%。抗震型支座水平承载力不得小于支座竖向承载力的 20%。

③转角。支座转动角度不得小于 0.02rad。

④摩阻系数。加 5201 硅脂润滑后,常温型活动支座设计摩阻系数最小取 0.03;加 5201 硅脂润滑后,耐寒型活动支座设计摩阻系数最小取 0.06。

2. 支座力学性能检测方法

整体支座力学性能测试应在专门试验机构中进行。

1)荷载试验

荷载试验的检验荷载应是支座设计承载力的 1.5 倍,并以 10 个相等的增量加载。在支座顶底板间均匀安装 4 支百分表,测试支座竖向压缩变形;在盆环上口相互垂直的直径方向安装 4 支千分表,测试盆环径向变形。加载前应对试验支座预压 3 次,预压荷载为支座设计承载力。试验时检验荷载以 10 个相等的增量加载。加载前先给支座一个较小的初始压力,初始压力的大小可视试验机精度具体确定,然后逐级加载。每级加载稳压后即可读数,并在支座设计荷载时加测读数,直至加载到检验荷载后,卸载至初始压力,测定残余变形,此时一个加载程序完毕。一个支座需往复加载 3 次。

2)支座(或试件)摩阻系数测定

支座(或试件)摩阻系数测定采用双剪试验方法。试验时支座(或试件)储脂坑内均应涂满硅脂。对试件不锈钢板选用 $0Cr19Ni13M_03$、$0Cr17Ni12M_02$ 或 1Cr18Ni9Ti 牌号精轧不锈钢板,表面粗糙度为 1μm。试验温度常温为 21℃ ±1℃,低温为 -35℃ ±1℃。预压时间为 1h,支座预压荷载为设计承载力(试件按 30MPa 压应力计算)。试验时先给支座(或试件)施加垂直设计承载力,然后施加水平力并记录其大小。当支座(或试件)一发生滑动,即停止水平力加载,由此计算初始摩阻系数。重复上述加载至第五次,测出各次的滑动摩阻系数。

一般情况下只做常温试验,当有低温要求时再进行低温试验。试件数量为 3 组。

3）试验数据整理

（1）支座压缩变形和盆环径向变形量分别取相应各测点实测数据的算术平均值。

（2）根据实测各级加载的变形量分别绘制荷载-竖向压缩变形曲线，荷载-盆环径向变形曲线。两变形曲线均应呈线性关系，卸载后支座复原不能低于95%。

（3）支座（或试件）滑动摩阻系数取第2次~第5次实测平均值。3组试件摩阻系数的平均值作为该批聚四氟乙烯板的摩阻系数。实测支座摩阻系数应小于等于0.01，试件摩阻系数应低于整体支座实测值。

（4）试验结果判定

①试验支座的竖向压缩变形值不得大于支座总高度的2%；盆环上口径向变形不得大于盆环外径的0.5‰；支座残余变形不得超过总变形量的5%；满足以上条件的支座为合格，表明该试验支座可以继续使用。

②实测荷载-竖向压缩变形曲线或荷载-盆环径向变形曲线呈非线性关系，该支座为不合格。

③支座卸载后，如残余变形超过总变形量的5%，应重复上述试验；若残余变形不消失或有增长趋势，则认为该支座不合格。

④支座在加载中出现损坏，则该支座为不合格。

⑤实测支座摩阻系数大于0.01时，应检查材质后重复进行试验；若重复试验后的摩阻系数仍大于0.01，则认为该支座摩阻系数不合格。

⑥支座外露表面应平整、美观、焊缝均匀，喷漆表面应光滑，不得有漏漆、流痕、褶皱等现象。

（5）注意问题

①试验样品原则上应选实体支座，如试验设备不允许对大型支座进行试验，经协商可选用小型支座代替。

②测试支座摩阻系数可选用支座承载力不大于2MN的双向活动支座或用聚四氟乙烯板试件代替，试件厚7mm，直径80~100mm，试件工况与支座相同。

③在预压过程中注意4支百分表的读数增量，当其相差较大时支座位置应予以调整，直到4支百分表读数增量基本相同时为止。

④测量支座（或试件）摩阻系数时要重复加载5次，计算支座（或试件）滑动摩阻系数取第2次~第5次实测结果的平均值。

（三）球形支座检测（GB/T 17955—2000）

球形支座通过球面进行传力，因此作用到支承混凝土上的反力比较均匀；转动力矩小，设计转角可达0.06rad；各向转动性能一致，适用于曲线桥和宽桥；不使用橡胶。因此，不存在橡胶老化、变硬等缺陷对支座转动的影响，特别适用于低温地区。球形支座也是一种极有发展前途的桥梁支座。

1.基本常识

1）分类

球形支座具有承受竖向荷载和各向转动的功能，按其水平向位移特性分类为：

（1）双向活动支座

双向活动支座具有双向位移性能，代号SX。

（2）单向活动支座

单向活动支座承受单向水平荷载，具有单向位移性能，代号DX。

(3)固定支座

固定支座承受各向水平荷载,各向均无位移,代号 GD。

2)支座型号表示方法

例如:QZ20000SX,表示设计竖向承载力 20 000kN 的双向活动球形支座;QZ30000DX,表示设计竖向承载力 30 000kN 的单向活动球形支座。

3)结构形式

球形支座由上支座板(含不锈钢板)、球冠衬板、下支座板、平面聚四氟乙烯板、球面聚四氟乙烯板和防尘结构等组成。

双向活动支座结构,见图 3-1-11。

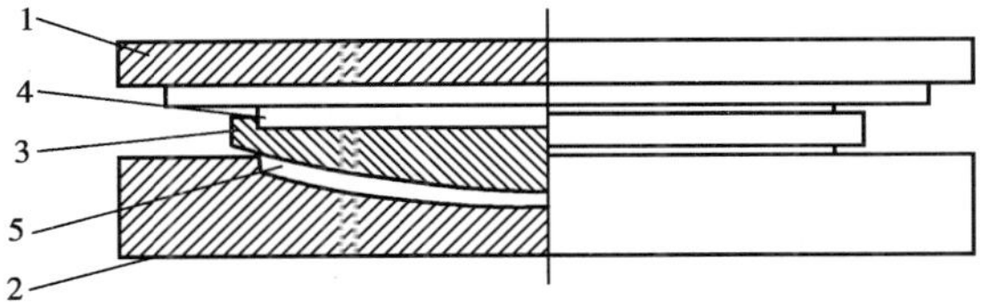

图 3-1-11 双向活动支座示意图

1-上支座板;2-下支座板;3-球冠衬板;4-平面聚四氟乙烯板;5-球面聚四氟乙烯板

单向活动支座结构,见图 3-1-12。

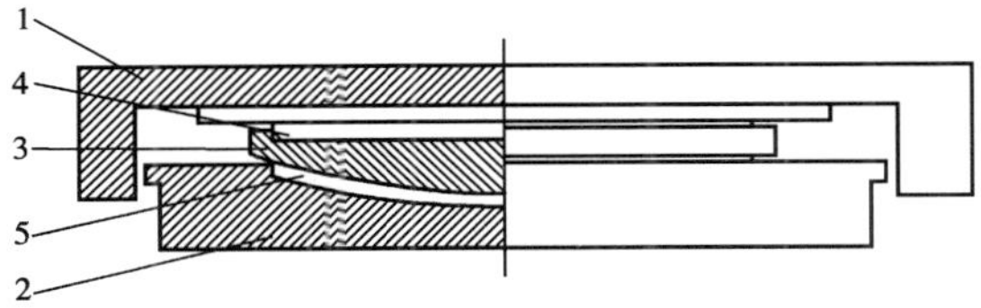

图 3-1-12 单向活动支座示意图

1-上支座板;2-下支座板;3-球冠衬板;4-平面聚四氟乙烯板;5-球面聚四氟乙烯板

固定支座结构,见图 3-1-13。

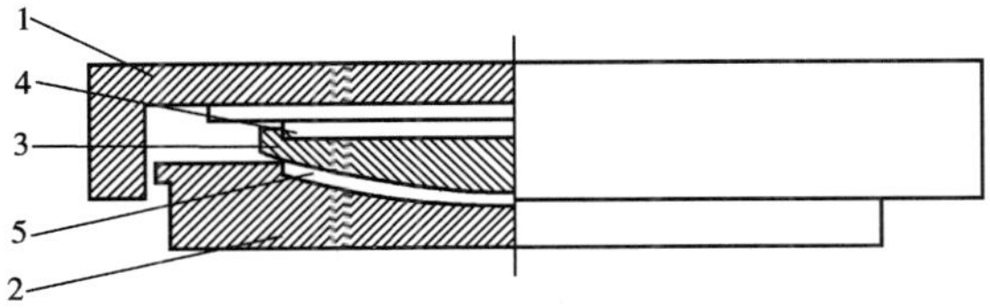

图 3-1-13 固定支座示意图

1-上支座板;2-下支座板;3-球冠衬板;4-平面聚四氟乙烯板;5-球面聚四氟乙烯板

4)规格系列

(1)支座竖向承载力系列分 21 级(单位:kN):1 500、2 000、2 500、3 000、3 500、4 000、4 500、5 000、6 000、7 000、8 000、9 000、10 000、12 500、15 000、17 500、20 000、22 500、25 000、27 500 和 30 000。

(2)活动支座(双向和单向)顺结构主位移方向的位移分 5 级(单位:mm):±50、±100、±150、±200 和 ±250,双向活动支座的横向位移为 ±40mm。位移量可根据实际需要调整。

(3)支座的转角分 3 级(单位:rad):0.02、0.04 和 0.06。

5)成品支座力学性能要求

(1)在竖向设计荷载作用下,支座竖向压缩变形不得大于支座总高度的 1%。

(2)固定支座和单向活动支座因约束所承受的水平力为支座竖向设计荷载的10%。

(3)活动支座的设计摩擦系数。在支座竖向设计荷载作用下，聚四氟乙烯板在硅脂润滑条件下的设计摩擦系数取值为：常温 −25 ~ 60℃，0.03；室温 −40 ~ 25℃，0.05。

(4)支座设计转动力矩：

$$M_\theta = N \cdot \mu \cdot R \tag{3-1-15}$$

式中：N——支座竖向设计荷载；

R——支座球冠衬板的球面半径；

μ——球冠衬板球面镀铬层与球面聚四氟乙烯板的设计摩擦系数。

2. 支座力学性能检测方法

1)竖向承载力试验

支座竖向承载力试验应测定竖向荷载作用下的荷载-竖向压缩变形曲线。检验荷载为支座竖向设计承载力的1.5倍。在试验支座四角均匀放置4个百分表，测定竖向压缩变形。试验时先预压3遍。试验荷载由零至检验荷载均分10级，试验时以支座竖向设计承载力的1%作为初始压力，然后逐级加压，每级荷载稳压2min后读取百分表数据，直至加至检验荷载，稳压3min后卸载，往复加载3次。

变形取4个百分表读数的算术平均值，绘制荷载-竖向压缩变形曲线。

2)支座摩擦系数测定

支座摩擦系数测定应在专用的双剪摩擦试验装置上进行，试验时先对支座施加竖向设计荷载，然后用千斤顶施加水平力，由压力传感器记录水平力大小，支座一旦发生滑动，即停止施加水平力，由此计算出支座的初始静摩擦系数；然后再次对支座施加水平力，使支座连续滑动，由连续滑动过程中的水平力可计算出支座的动摩擦系数。

3)支座转动力矩测定

支座转动试验采取双支座转动方式；试验装置构造，如图3-1-14所示。试验在常温23℃ ±2℃条件下进行。试验时先按图3-1-14将试验支座及试验装置组装好，用试验机对试验支座施加竖向荷载，直至加至支座竖向设计荷载 F，然后用千斤顶以5kN/min的速率施加转动力矩，直至支座克服静摩擦发生转动，此时千斤顶会卸载，记录支座发生转动瞬间的千斤顶最大荷载 P_{max}，则试验支座的实测转动力矩为 $P_{max} \cdot \frac{L}{2}$。

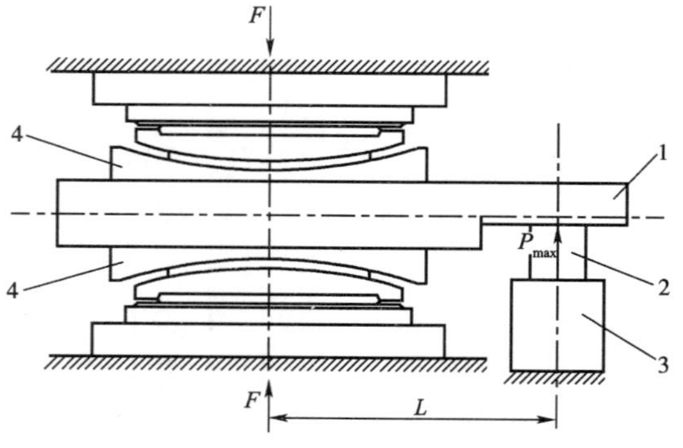

图3-1-14　转动试验装置构造

1-转动力臂；2-传感器；3-千斤顶；4-试验支座

4)试验结果判定

(1)荷载-竖向压缩变形曲线呈线性关系，且支座竖向压缩变形不大于支座总高的1%。

(2)支座摩擦系数应满足：在试验温度21℃下，初始静摩擦系数 $\mu_0 \leqslant 0.03$；动摩擦系数 $\mu \leqslant 0.005$；在试验温度 −35℃下，初始静摩擦系数 $\mu_0 \leqslant 0.05$；动摩擦系数 $\mu \leqslant 0.025$。

(3)支座实测转动力矩应小于按式(3-1-15)计算所得值。

(4)试验报告。试验报告应包括以下内容：

①试验支座概况描述，如支座设计竖向承载力、转角、位移，并附支座简图；

②试验装置简图及所用设备（试验机、千斤顶、传感器等）名称及性能简述；

③描述试验过程概况，重点记录试验过程中出现的异常现象；

④记录竖向荷载、压缩变形（水平推力或千斤顶荷载及转动力臂）等数值；

⑤计算竖向压缩变形（静摩擦系数或动摩擦系数和转动力矩），并评定试验结果；

⑥试验照片。

5）注意问题

(1) 试验试样一般应采用实体支座。受试验设备能力限制时，可选用有代表性的小型支座进行试验，小型支座的竖向承载力不宜小于2 000kN。

(2) 在预压过程中注意4支百分表的读数增量，当其相差较大时支座位置应予以调整，直到4支百分表读数增量比较接近。

(3) 转动试验装置所选用的转动力臂应具有较大的刚度；测力传感器应具有记录最大力功能。

上述各类型支座的安装规定值或允许偏差见表3-1-9。

伸缩装置整体性能要求 表3-1-9

<table>
<tr><th rowspan="2">序号</th><th rowspan="2" colspan="2">项目</th><th rowspan="2" colspan="2">模数式</th><th rowspan="2" colspan="2">梳齿板式</th><th colspan="2">橡胶式</th><th rowspan="2">异型钢单缝式</th></tr>
<tr><th>板式</th><th>组合式</th></tr>
<tr><td>1</td><td colspan="2">拉伸、压缩时最大水平摩阻力(kN/m)</td><td colspan="2">≤4</td><td colspan="2">≤5</td><td><18</td><td>≤8</td><td></td></tr>
<tr><td rowspan="4">2</td><td rowspan="4">拉伸、压缩时变位均匀性(mm)</td><td>每单元最大偏差值</td><td colspan="2">−2～2</td><td colspan="2"></td><td></td><td></td><td></td></tr>
<tr><td rowspan="3">总变位最大偏差值</td><td>$e \leq 480$</td><td>−5～5</td><td>$e \leq 80$</td><td>±1.5</td><td></td><td></td><td></td></tr>
<tr><td>$480 < e \leq 800$</td><td>−10～10</td><td>$e > 80$</td><td>±2.0</td><td></td><td></td><td></td></tr>
<tr><td>$e > 800$</td><td>−15～15</td><td></td><td></td><td></td><td></td><td></td></tr>
<tr><td>3</td><td colspan="2">拉伸、压缩时最大竖向偏差或变形(mm)</td><td colspan="2">1～2</td><td colspan="2">0.3～0.5</td><td>−3～3</td><td>−2～2</td><td></td></tr>
<tr><td rowspan="3">4</td><td rowspan="3">相对错位后拉伸、压缩试验（满足1、2项要求的前提下）</td><td>纵向错位</td><td colspan="2">支承横梁倾斜角度不小于2.5°</td><td colspan="2"></td><td></td><td></td><td></td></tr>
<tr><td>竖向错位</td><td colspan="2">相当顺桥向产生5%坡度</td><td colspan="2"></td><td></td><td></td><td></td></tr>
<tr><td>横向错位</td><td colspan="2">两支承横梁3.6m范围内两端相差80mm</td><td colspan="2"></td><td></td><td></td><td></td></tr>
<tr><td>5</td><td colspan="2">最大荷载时中梁应力、横梁应力、应变测定、水平力（模拟制动力）</td><td colspan="2">满足设计要求</td><td colspan="2"></td><td></td><td></td><td></td></tr>
<tr><td>6</td><td colspan="2">防水性能</td><td colspan="2">注满水24h无渗漏</td><td colspan="2"></td><td></td><td></td><td>注满水24h无渗漏</td></tr>
</table>

二、桥梁伸缩装置检测

为使车辆平稳通过桥面并满足桥梁上部结构变形的需要，在桥梁伸缩缝处设置的由橡胶和钢材等组成的各种装置总称为桥梁伸缩装置。

1. 基本常识

1）常用名词术语

伸缩缝：为适应材料胀缩变形的需要而在桥梁上部结构中设置的间隙。

伸缩量：为伸缩装置拉伸、压缩值的总和，并以负号（−）表示拉伸，以正号（+）表示压缩。

伸缩体：伸缩装置中能够完成拉伸、压缩变形的部分。

伸缩装置横向错位：伸缩装置发生的与桥梁中线垂直或接近垂直方向的错位。

伸缩装置竖向错位：伸缩装置发生的与桥面垂直或接近垂直方向的错位。

伸缩装置纵向错位：伸缩装置发生的沿桥梁中线或接近中线方向的错位。

2）伸缩装置的分类

伸缩装置按照伸缩体结构的不同分为模数式伸缩装置、梳齿板式伸缩装置、橡胶式伸缩装置、异形板式伸缩装置 4 类。

（1）模数式伸缩装置

模数式伸缩装置的伸缩体是由中钢梁和 80mm 的单元橡胶密封带组合而成的伸缩装置，适用于伸缩量为 160 ~ 2 000mm 的公路桥梁工程。

（2）梳齿板式伸缩装置

梳齿板式伸缩装置的伸缩体是由钢制梳齿板组合而成的伸缩装置，一般适用于伸缩量不大于 300mm 的公路桥梁工程。

（3）橡胶式伸缩装置

橡胶式伸缩装置分板式橡胶伸缩装置和组合式橡胶伸缩装置两种。

①板式橡胶伸缩装置：伸缩体由橡胶、钢板或角钢硫化为一体的板式橡胶伸缩装置，适用于伸缩量小于 60mm 的公路桥梁工程。

②组合式橡胶伸缩装置：系指伸缩体中橡胶板和钢托板组合而成的组合式伸缩装置，它适用于伸缩量不大于 120mm 的公路桥梁工程。

橡胶式伸缩装置不宜用于高速公路、一级公路上的桥梁工程。

（4）异形钢单缝式伸缩装置

异形钢单缝式伸缩装置的伸缩体完全是由橡胶密封带组成的伸缩装置。由单缝钢和橡胶密封带组成的单缝式伸缩装置，适用于伸缩量不大于 60mm 的公路桥梁工程；由边梁钢和橡胶密封带组成的单缝式伸缩装置，适用于伸缩量不大于 80mm 的公路桥梁工程。

3）产品代号表示示例

例如：采用交通行业标准，产品名称代号为 GQF—C 型、伸缩量为 50mm 的三元乙丙橡胶伸缩装置表示为 GQF—C 50（EPDM）；采用交通行业标准，产品名称代号为 GQF—MZL 型、伸缩量为 400mm 的天然橡胶伸缩装置表示为 GQF—MZL400（NR）；采用交通行业标准，产品名称代号为 J—75 型、伸缩量为 480mm 的氯丁橡胶伸缩装置表示为 J—75 480（CR）。

2. 伸缩装置的技术要求

伸缩装置所使用的材料加工工艺和成品的整体性能、外观质量及解剖检验等均应符合交通运输部颁布的现行标准《公路桥梁伸缩装置》（JT/T 327—2004），其中部分指标见表3-1-9 ~ 表 3-1-13。

1）整体性能要求

伸缩装置整体性能要求见表 3-1-9。

2）尺寸偏差要求

（1）橡胶伸缩装置的尺寸偏差

橡胶伸缩装置的尺寸偏差应满足表 3-1-10 的要求。

(2)密封橡胶带的尺寸偏差

在自然状态下,伸缩装置中使用的单元密封橡胶带尺寸(不包括锚固部分)的公差应满足表 3-1-11 的要求。

橡胶伸缩装置的尺寸偏差(单位:mm)　　表 3-1-10

长度范围	偏差	宽度范围	偏　差	厚度范围	偏　差	螺孔中距 l_1 偏差
l = 1 000	−1,2	a≤80	−2.0, +1.0	t≤80	−1.0, +1.8	<1.5
		80 < a≤240	−1.5, +2.0	t > 80	−1.5, +2.3	
		a > 240	−2.0, +2.0			

注:宽度范围正偏差用于伸缩体顶面,负偏差用于伸缩体底面。

单元密封橡胶带尺寸(不包括锚固部分)公差(单位:mm)　　表 3-1-11

图　示	宽 度 范 围	偏　　差	厚 度 范 围	偏　　差
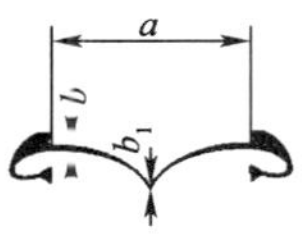	a = 80	+3	b≥7	0, +1.0
		0	b_1≥4	0, +0.3
	a < 80	+2	b≥6	0, +0.5
		0	b_1≥3	0, +0.2

(3)其他偏差要求

伸缩装置中使用的钢构件应按设计图纸要求加工制造,其偏差应满足设计要求。未注公差尺寸的加工件其极限偏差应符合《一般公差线性尺寸和未注公差》(CB/T 1804—2000)的 V 级规定;未注形状和位置的公差应符合《形状和位置公差未注公差值》(GB/T 1184—1996)中的 L 级规定。

3)外观质量

(1)橡胶伸缩装置、密封橡胶带的外观质量,应满足表 3-1-12 的要求。

橡胶伸缩装置、密封橡胶带的外观质量要求　　表 3-1-12

缺 陷 名 称	质 量 标 准	缺 陷 名 称	质 量 标 准
骨架钢板外露	不允许	气泡、杂质	不超过成品表面积的 0.5%,且每处不大于 25mm², 深度不超过 2mm
钢板与黏结处开裂或剥离	不允许	螺栓定位孔歪斜及开裂	不允许
喷霜、发脆、裂纹	不允许	连接榫槽开裂、闭合不准	不允许
明疤缺胶	面积不超过 30mm × 5mm, 深度不超过 2mm 缺陷,每延米不超过 4 处		

(2)伸缩装置的异形钢、型钢、钢板等外观应光洁、平整,表面不得有大于 0.3mm 的凹坑、麻点、裂纹、结疤、气泡和夹杂物,不得有机械损伤。上、下表面应平行,端面应平整,长度大于 0.5mm 的毛刺应清除。

4)内在质量

板式橡胶伸缩装置解剖后,其内在质量应满足表 3-1-13 的要求。

解剖检验结果要求　　表 3-1-13

名　　称	质 量 要 求	名　　称	质 量 要 求
锯开后,钢板、角钢位置	钢板、角钢位置要求准确,其平面位置偏差为 ±3mm,高度位置偏差应在 −1 ~ 2mm 之间	钢板与橡胶黏结	钢板与橡胶黏结应牢固且无离层现象

3.整体性能试验

1）试样

试验设备应能对整体组装后的伸缩装置进行力学性能试验。如果受试验设备限制，不能对整体伸缩装置进行试验时，则对模数式伸缩装置的新产品或老产品转厂生产的试制定型鉴定，可取不小于4m长并具有4个单元变位、支承横梁间距等于1.8m的组装试样进行试验；梳齿板式伸缩装置应取单元加工长度不小于2m组装试样进行试验；橡胶伸缩装置应取1m长的试样进行试验；异形钢单缝伸缩装置应取组装试样进行试验。

2）试验设备

成品力学性能试验需在专用的试验台架上进行，试验台可边固定边移动。伸缩装置试样用定位螺栓或其他有效方法与锚固板连接。试验的拉伸和压缩，可用千斤顶施加荷载，荷载大小通过荷载传感器进行控制。试验台座设导向装置，并用刚度较大的钢梁把位移控制箱连成整体。在加载台架上可以模拟伸缩装置的拉伸、压缩与纵向、竖向、横向错位，实测拉压过程中的水平摩阻力和变位均匀性。

3）检测项目

（1）模数式伸缩装置应进行拉伸、压缩与纵向、竖向、横向错位试验，测定水平摩阻力、变位均匀性。应按实际受力荷载测定中梁、支承横梁及其连接部件应力、应变值，并应对试样进行振动冲击试验，对橡胶密封带进行防水试验。

（2）梳齿板式伸缩装置应进行拉伸、压缩试验，测定水平摩阻力、变位均匀性。

（3）橡胶伸缩装置应进行拉伸、压缩试验，测定水平摩阻力及垂直变形；且试验温度应在15～28℃之间。

（4）异形钢单缝伸缩装置应进行橡胶密封带防水试验。

（5）尺寸偏差。伸缩装置的尺寸偏差，应采用标定的钢直尺、游标卡尺、平整度仪、水准仪等测量。橡胶伸缩装置平面尺寸除测量四边长度外，还应测量对角线尺寸，厚度应在四边测量8点取其平均值。模数式和梳齿板式伸缩装置应每2m取其断面测量后，取其平均值。

（6）外观质量。产品外观质量，应用目测方法和相应精度的量具逐步进行检测，不合格产品可进行一次修补。

（7）内在质量。橡胶板式伸缩装置解剖检验应每100块取1块，沿中横向锯开进行规定项目检验。

（8）原材料。伸缩装置中使用的钢材、橡胶、不锈钢板、聚四氟乙烯板、硅脂等，应按《公路桥梁伸缩装置》（JT/T 327—2004）中规定的方法进行试验。

4）判定规则

（1）进厂原材料检验应全部项目合格后方可使用，不合格材料不能应用于生产。

（2）出厂检验时，若有一项指标不合格，则应从该批产品中再随机抽取双倍数目的试样，对不合格项目进行复检；若仍有一项不合格则判定该批产品不合格。

（3）形式检验时，整体性能试验全部项目满足表3-1-9中的要求为合格。若检验项目中有一项不合格，则应从该批产品中再随机抽取双倍数目的试样，对不合格项目进行复检；若复检仍有一项不合格则判定该批产品不合格。

三、支座、伸缩缝安装质量检验评定

支座、伸缩缝安装质量检验评定，见表3-1-14～表3-1-18。

支座垫石质量检验评定表

表 3-1-14

项目名称：　　工程合同段：　　（子）分项工程名称：　　工程部位：

施工单位：　　监理单位：　　使用者类别：

项次	检查项目	规定值或允许偏差	检查方法和频率	权值	检查实测值	平均值代表值	合格率（%）	得分
基本要求	混凝土所用的水泥、砂、石、水、外掺剂及混合材料的质量和规格必须符合有关技术规范的要求，按规定的配合比施工；支座垫石不得出现露筋、空洞、蜂窝、麻面现象及任何裂缝							
1△	混凝土强度（MPa）	在合格标准内	按附录 D 检查	3				
2△	轴线偏位（mm）	5	全站仪或经纬仪：支座垫石纵横方向检查	2				
3	断面尺寸（mm）	±5	尺量：检查 1 个断面	2				
4△	顶面高程（mm）	±2	水准仪：检查中心及四角	2				
	顶面四角高差（mm）	1						
5	预埋件位置（mm）	5	尺量：每件	1				
6	（子）分项工程得分							
7	外观鉴定	混凝土表面平整、光洁，棱角线平直；不符合要求时，减 1～3 分		检查结果				
8	质量保证资料	资料、图表残缺，缺乏最基本数据，有伪造涂改者，不予检验和评定。资料不全者，视情况每款减 1～3 分						
9	（子）分项工程评分值							
10	质量等级							

监理工程师：　　日期：　　检测人：　　日期：　　承包人：　　日期：

支座安装质量检验评定表

表 3-1-15

项目名称：　　工程合同段：　　（子）分项工程名称：　　工程部位：

施工单位：　　监理单位：　　使用者类别：

基本要求	支座的材料、质量和规格必须满足设计和有关规范的要求，经验收合格后方可安装；支座底板调平砂浆性能应符合设计要求，灌注密实，不得留有空洞；支座上、下各部件纵轴线必须对正。当安装时温度与设计要求不同时，应通过计算设置支座顺桥向预偏量；支座不得发生偏歪、不均匀受力和脱空现象。滑动面上的四氟滑板和不锈钢板不得有划痕、碰伤等，位置正确，安装前必须涂上硅脂油								
项次	检 查 项 目		规定值或允许偏差	检查方法和频率	权值	检查实测值	平均值代表值	合格率（%）	得分
1△	支座中心与主梁中心偏位（mm）		2	经纬仪、钢尺：每支座	3				
2	支座顺桥向偏位（mm）		10	经纬仪或拉线检查：每支座	2				
3△	支座高程（mm）		符合设计规定；设计未规定时，±5	水准仪：每支座	3				
4	支座四角高差（mm）	承压力≤500kN	1	水准仪：每支座	2				
		承压力＞500kN	2						
5	（子）分项工程得分								
6	外观鉴定		支座表面应保持清洁，支座附近的杂物及灰尘应清除。不符合要求时必须进行处理，并减 1～3 分		检查结果				
7	质量保证资料		资料、图表残缺，缺乏最基本数据，有伪造涂改者，不予检验和评定。资料不全者，视情况每款减 1～3 分						
8	（子）分项工程评分值								
9	质量等级								

监理工程师：　　日期：　　检测人：　　日期：　　承包人：　　日期：

伸缩缝安装质量检验评定表

表 3-1-16

项目名称： 工程合同段： （子）分项工程名称： 工程部位：

施工单位： 监理单位： 使用者类别：

项次	检查项目	规定值或允许偏差		检查方法和频率	权值	检查实测值	平均值代表值	合格率（%）	得分
基本要求	伸缩缝必须满足设计和有关技术要求，必须有合格证，并经验收合格后方可安装；伸缩缝必须锚固牢靠，伸缩性能必须有效；伸缩缝两侧混凝土的类型和强度，必须符合设计要求；大型伸缩缝与钢梁连接处的焊缝应做超声检测，检测结果须合格；伸缩缝处不得积水								
1	长度（mm）	符合设计要求		尺量：每道	2				
2△	缝宽（mm）	符合设计要求		尺量，每道2处	3				
3△	与桥面高差（mm）	2		尺量：每侧3～7处	3				
4	纵坡（%）	一般	±0.5	水准仪：测量纵向锚固混凝土端部3处	2				
		大型	±0.2	水准仪：沿纵向测伸缩缝两侧3处					
5	横向平整度（mm）	3		3m直尺：每道	1				
6	（子）分项工程得分								
7	外观鉴定	伸缩缝无阻塞、渗漏、变形、开裂现象。不符合要求时，必须进行整修，并减1～3分			检查结果				
8	质量保证资料	资料、图表残缺，缺乏最基本数据，有伪造涂改者，不予检验和评定。资料不全者，视情况每款减1～3分							
9	（子）分项工程评分值								
10	质量等级								

监理工程师： 日期： 检测人： 日期： 承包人： 日期：

支座安装规定值或允许偏差　　表 3-1-17

检查项目		规定值或允许偏差
支座中心与主梁中线(mm)		应重合,最大偏差<2
高程		符合设计要求
支座四角高差(mm)	承压力≤5 000kN	<1
	承压力>5 000kN	<2
支座上下各部件纵轴线		必须对正
活动支座	顺桥向最大位移(mm)	±250
	双向活动支座横桥向最大位移(mm)	±25
	横轴线错位距离(mm)	根据安装时的温度与年平均最高、最低温差计算确定
	支座上、下挡块最大偏差的交叉角	必须平行,<5′

伸缩缝安装允许偏差　　表 3-1-18

项目		允许偏差
缝宽		符合设计要求
与桥面高差(mm)		2
纵坡	大型	±0.2%
	一般	±0.3%
横向平整度		用3m直尺,不大于3mm

小　　结

本任务学习了支座和桥梁伸缩缝装置的性能要求、技术指标、试验检测及结果判定规则;在施工现场,施工单位无条件做这些试验,要送到专门的检测机构进行检测。本任务还学习了支座、伸缩缝安装的现场质量检验评定。

任务 3.2　总体、桥面系和附属工程检测

桥梁总体、桥面系和附属工程检测共包括以下 7 个方面:

(1)桥面防水层检测;

(2)桥面铺装质量检测;

(3)挡块质量检测;

(4)桥头搭板质量检测;

(5)防撞护栏质量检测;

(6)导流工程质量检测;

(7)桥梁总体质量检测。

各项检测的基本要求及检测内容,见其质量检验评定表(表 3-2-1 ~ 表 3-2-8)。

沥青混凝土桥面铺装的施工,应符合现行《公路沥青路面施工技术规范》(JTG F40—2004)的有关规定。桥面防护的防撞护栏的施工,应符合现行《公路交通安全设施施工技术规范》(JTG F71—2006)的有关规定。

表 3-2-1

桥面防水层质量检验评定表

项目名称： 工程合同段： （子）分项工程名称： 工程部位：

施工单位： 监理单位： 使用者类别：

基本要求	防水层铺设材料的规格和性能，以及防水层的不透水性应符合设计要求，并至少应有不低于桥面沥青混凝土铺装层使用年限的寿命，能适应动荷载及混凝土桥面开裂时不损坏的特点；防水层施工前，混凝土表面应清除垃圾、杂物、油污与浮浆，并保持干净和干燥；应严格按规定的工艺施工；预计涂料表面在干燥前会下雨，则不应施工。施工过程中，严禁踩踏未干的防水层。防水层养护结束后、桥面铺装完成前，行使车辆不得在其上急转弯或紧急制动							
项次	检 查 项 目	规定值或允许偏差	检查方法和频率	权值	检查实测值	平均值代表值	合格率（%）	得分
1△	防水层涂膜厚度（mm）	符合设计规定，设计未规定时，±0.1	测厚仪：每 200m^2 测 4 点或按材料用量推算	1				
2△	黏结强度（MPa）	不小于设计要求，且≥0.3（常温），≥0.2（气温≥35℃＞）	拉拔仪：每 200m^2 测 4 点（拉拔速度：10mm/min）	1				
3△	抗剪强度（MPa）	不小于设计要求，且≥0.4（常温），≥0.3（气温≥35℃＞）	剪切仪：1 组 3 个（剪切速度：10mm/min）	1				
4△	剥离强度（N/mm）	不小于设计要求，且≥0.3（常温），≥0.2（气温≥35℃＞）	90°剥离仪：1 组 3 个（剥离速度：100mm/min）	1				
5	（子）分项工程得分							
6	外观鉴定	防水涂料应覆盖整个混凝土表面，如有遗漏，必须处理，并减 1～3 分		检查结果				
		防水层表面平整，无空鼓、脱落、翘边等缺陷。不符合要求时必须进行处理，并减 3～5 分						
7	质量保证资料	资料、图表残缺，缺乏最基本数据，有伪造涂改者，不予检验和评定。资料不全者，视情况每款减 1～3 分						
8	（子）分项工程评分值							
9	质量等级							

监理工程师： 日期： 检测人： 日期： 承包人： 日期：

注：剥离强度仅适用于卷材类或加胎体涂膜类防水层。

桥面铺装质量检验评定表

表 3-2-2

项目名称：　　　　工程合同段：　　　　（子）分项工程名称：　　　　工程部位：

施工单位：　　　　监理单位：　　　　使用者类别：

基本要求	水泥混凝土桥面的基本要求同水泥混凝土路面，沥青混凝土桥面的基本要求同沥青混凝土路面；桥面泄水孔进水口的布置应有利于桥面和渗入水的排除，其数量不得少于设计要求，出水口不得使水直接冲刷桥体										
项次	检查项目			规定值或允许偏差		检查方法和频率	权值	检查实测值	平均值代表值	合格率（%）	得分
1△	强度或压实度			在合格标准内			3				
2△	厚度（mm）			+10，-5		以同梁体产生相同下挠变形的点为基准点，测量桥面浇筑前后相对高差：每100m测5处	2				
3△	平整度	高速公路、一级公路		沥青混凝土	水泥混凝土	平整度仪：全桥每车道连续检测，每100m计算IRI或σ	2				
			IRI（m/km）	2.5	3.0						
			σ（mm）	1.5	1.8						
		其他公路	IRI（m/km）	4.2							
			σ（mm）	2.5							
			最大间隙h（mm）	5		3m直尺，每100m检查3处×3尺					
4	横坡（%）		水泥混凝土	±0.15		水准仪：每100m检查3个断面	1				
			沥青面层	±0.3							
5	抗滑构造深度			符合设计要求		砂铺法：每200m查3处	1				
6	（子）分项工程得分										
7	外观鉴定			桥面排水良好，不符合要求时，每处减3～5分			检查结果				
8	质量保证资料			资料、图表残缺，缺乏最基本数据，有伪造涂改者，不予检验和评定。资料不全者，视情况每款减1～3分							
9	（子）分项工程评分值										
10	质量等级										

监理工程师：　　　　日期：　　　　检测人：　　　　日期：　　　　承包人：　　　　日期：

复合桥面水泥混凝土铺装质量检验评定表

表 3-2-3

项目名称：　　工程合同段：　　(子)分项工程名称：　　工程部位：

施工单位：　　监理单位：　　使用者类别：

项次	检查项目	规定值或允许偏差	检查方法和频率	权值	检查实测值	平均值代表值	合格率(%)	得分
基本要求	水泥混凝土桥面的基本要求同水泥混凝土路面，沥青混凝土桥面的基本要求同沥青混凝土路面；桥面泄水孔进水口的布置应有利于桥面和渗入水的排除，其数量不得少于设计要求，出水口不得使水直接冲刷桥体							
1△	混凝土强度(MPa)	在合格标准内	按附录 D 检查	3				
2△	厚度(mm)	+10，-5	对比桥面浇筑前后高程检查：每 100m 查 5 处	2				
3△	平整度(mm)	5	3m 直尺：每 100m 测 3 处 ×3 尺	2				
4	横坡(%)	±0.15	水准仪：每 100m 检查 3 个断面	1				
5	(子)分项工程得分							
6	外观鉴定	桥面排水良好。不符合要求时，减 3～5 分		检查结果				
7	质量保证资料	资料、图表残缺，缺乏最基本数据，有伪造涂改者，不予检验和评定。资料不全者，视情况每款减 1～3 分						
8	(子)分项工程评分值							
9	质量等级							

监理工程师：　　日期：　　检测人：　　日期：　　承包人：　　日期：

挡块质量检验评定表

表 3-2-4

项目名称：　　工程合同段：　　（子）分项工程名称：　　工程部位：

施工单位：　　监理单位：　　使用者类别：

基本要求	混凝土所用的水泥、砂、石、水、外掺剂及混合材料的质量和规格必须符合有关技术规范的要求，按规定的配合比施工；支座垫石不得出现露筋、空洞、蜂窝、麻面现象及任何裂缝							
项次	检 查 项 目	规定值或允许偏差	检查方法和频率	权值	检查实测值	平均值 代表值	合格率 （%）	得分
1△	混凝土强度（MPa）	在合格标准内	按附录 D 检查	3				
2	平面位置（mm）	5	全站仪或经纬仪：每块检查	2				
3	断面尺寸（mm）	±10	尺量：每块检查 1 个断面	2				
4	顶面高程（mm）	±10	水准仪：每块检查 1 处	1				
5	与梁体间隙（mm）	±5	尺量：每块检查	1				
6	（子）分项工程得分							
7	外观鉴定	混凝土表面平整、光洁，棱角线平直。不符合要求时，减 1～3 分		检查结果				
		挡块无蜂窝、麻面，如出现，必须进行处理，并减 1～4 分						
		挡块无非受力裂缝，出现非受力裂缝时减 1～3 分。裂缝宽度超过设计规定或设计未规定时，超过 0.15mm 必须处理						
8	质量保证资料	资料、图表残缺，缺乏最基本数据，有伪造涂改者，不予检验和评定。资料不全者，视情况每款减 1～3 分						
9	（子）分项工程评分值							
10	质量等级							

监理工程师：　　日期：　　检测人：　　日期：　　承包人：　　日期：

表 3-2-5

桥头搭板质量检验评定表

项目名称：　　　　工程合同段：　　　　（子）分项工程名称：　　　　工程部位：

施工单位：　　　　监理单位：　　　　使用者类别：

基本要求	所用的水泥、砂、石、水和外掺剂的质量和规格必须符合有关技术规范的要求，按规定的配合比施工；桥头搭板下的地基及垫层或路面基层的强度和压实度必须满足设计要求；不得出现露筋和空洞现象								
项次	检查项目		规定值或允许偏差	检查方法和频率	权值	检查实测值	平均值代表值	合格率（%）	得分
1△	混凝土强度（MPa）		在合格标准内	按附录D检查	3				
2	枕梁尺寸（mm）	宽、高	±20	尺量：每梁检查2个断面	1				
		长	±30	尺量：检查每梁					
3	板尺寸（mm）	长、宽	±30	尺量：各检查2～4处	1				
		厚	±10	尺量：检查4～8处	2				
4	顶面高程（mm）		±2	水准仪：测量5处	2				
5	板顶纵坡（%）		0.3	水准仪：测量3～5处	1				
6	（子）分项工程得分								
7	外观鉴定		板的表面应平整。不符合要求时，减1～3分		检查结果				
			板的边缘应顺直。不符合要求时，减1～2分						
8	质量保证资料		资料、图表残缺，缺乏最基本数据，有伪造涂改者，不予检验和评定。资料不全者，视情况每款减1～3分						
9	（子）分项工程评分值								
10	质量等级								

监理工程师：　　　　日期：　　　　检测人：　　　　日期：　　　　承包人：　　　　日期：

表 3-2-6

混凝土防撞护栏浇筑质量检验评定表

项目名称：　　　　工程合同段：　　　　(子)分项工程名称：　　　　工程部位：

施工单位：　　　　监理单位：　　　　使用者类别：

项次	检 查 项 目	规定值或允许偏差	检查方法和频率	权值	检查实测值	平均值代表值	合格率(%)	得分
基本要求	所用的水泥、砂、石、水和外掺剂的质量和规格必须符合有关技术规范的要求，按规定的配合比施工；不得出现漏筋和空洞现象；防撞护栏上的钢构件应焊接牢固，焊缝应满足设计和有关规范的要求，并按设计要求进行防护							
1△	混凝土强度(MPa)	在合格标准内	按附录 D 检查	3				
2	平面偏位(mm)	4	经纬仪、钢尺拉线检查：每100m 检查 3 处	2				
3△	断面尺寸(mm)	±5	尺量：每 100m 每侧检查 3 处	2				
4	竖直度(mm)	4	吊垂线：每 100m 每侧检查 3 处	1				
5	预埋件位置(mm)	5	尺量：每件	1				
6	(子)分项工程得分							
7	外观鉴定	护栏线形直顺美观。不符合要求时，减 1～3 分		检查结果				
		混凝土表面应平整，不应出现蜂窝、麻面。如出现必须修整完好，并减 1～4 分						
		护栏浇筑节段间应平滑顺接，不符合要求时，减 1～3 分						
8	质量保证资料	资料、图表残缺，缺乏最基本数据，有伪造涂改者，不予检验和评定，资料不全者，视情况每款减 1～3 分						
9	(子)分项工程评分值							
10	质量等级							

监理工程师：　　　　日期：　　　　检测人：　　　　日期：　　　　承包人：　　　　日期：

表 3-2-7

导流工程质量检验评定表

项目名称：　　　　工程合同段：　　　　（子）分项工程名称：　　　　工程部位：

施工单位：　　　　监理单位：　　　　使用者类别：

项次	检查项目		规定值或允许偏差	检查方法和频率	权值	检查实测值	平均值代表值	合格率（%）	得分
基本要求	①所用材料的质量和规格应符合有关规定； ②导流堤（坝）的基础埋置深度及地基承载力应符合设计要求								
1△	砂浆强度（MPa）		不小于设计强度	每1工作台班2组试件	3				
2	平面位置（mm）		30	经纬仪：按设计图控制坐标检查	2				
3	长度（mm）		不小于设计长度－100	尺量：每个检查	1				
4△	断面尺寸（mm）		不小于设计	尺量：检查8处	2				
5	高程（mm）	基底	不大于设计	用水准仪检查8点	2				
		顶面	±30						
6	（子）分项工程得分								
7	外观鉴定		表面规整，线条直顺，曲线圆滑。不符合要求时，减1～3分		检查结果				
8	质量保证资料		施工资料和图表必须齐全，不缺乏最基本数据，不得伪造涂改。不符合要求时，不予检查和评定；资料不全者，视情况每款减1～3分						
9	（子）分项工程评分值								
10	质量等级								

监理工程师：　　　　日期：　　　　检测人：　　　　日期：　　　　承包人：　　　　日期：

表 3-2-8

桥梁总体质量检验评定表

项目名称：　　工程合同段：　　（子）分项工程名称：　　工程部位：

施工单位：　　监理单位：　　使用者类别：

基本要求	桥梁施工应严格按照设计图纸、施工技术规范和有关技术操作规程要求进行；桥下净空不得小于设计要求；特大跨径桥梁或结构复杂的桥梁，必要时应进行荷载试验								
项次	检 查 项 目		规定值或允许偏差	检查方法和频率	权值	检查实测值	平均值代表值	合格率（%）	得分
1	桥面中线偏位（mm）		20	全站仪或经纬仪：检查 3～8 处	2				
2	桥宽（mm）	车行道	±10	尺量：每孔 3～5 处	2				
		人行道	±10						
3	桥长（mm）		+300，−100	全站仪或经纬仪、钢尺：检查中心线	1				
4	引道中心线与桥梁中心线的衔接（mm）		20	尺量：分别将引道中心线和桥梁中心线延长至两岸桥长端部，比较其平面位置	2				
5	桥头高程衔接（mm）		±3	水准仪：在桥头搭板范围内顺延桥面纵坡，每米 1 点测量高程	2				
6	（子）分项工程得分								
7	外观鉴定		桥梁的内外轮廓线条应顺滑清晰，无突变、明显折变或反复现象。不符合要求时，减 1～3 分		检查结果				
			栏杆、防护栏、灯柱和缘石的线形顺滑流畅，无折弯现象。不符合要求时，减 1～3 分						
			踏步顺直，与边坡一致。不符合要求时，减 1～2 分						
8	质量保证资料		资料、图表残缺，缺乏最基本数据，有伪造涂改者，不予检验和评定。资料不全者，视情况每款减 1～3 分						
9	（子）分项工程评分值								
10	质量等级								

监理工程师：　　日期：　　检测人：　　日期：　　承包人：　　日期：

复习思考题

1. 板式橡胶支座有哪些力学指标需要检测？

2. 板式橡胶支座在一定压力作用下，决定其竖向变形的因素是什么？请说明之。

3. 矩形板式橡胶支座平面尺寸为 $L_{a} \times L_{b} = 180\text{mm} \times 250\text{mm}$，中间橡胶片厚度 $\delta_{i} = 5\text{mm}$，请计算形状系数 S 及抗压弹性模量 E？

4. 矩形板式橡胶支座平面尺寸为 $L_{a} \times L_{b} = 180\text{mm} \times 350\text{mm}$，中间橡胶片厚度 $\delta_{i} = 8\text{mm}$，请计算形状系数 S，该支座抗压弹性模量是否符合要求？

学习情境 4 旧桥检测

情境导入

随着我国改革开放的深入和社会主义市场经济体制的建立，公路交通作为我国经济建设中重点投资建设的行业，正以前所未有的规模和速度向前发展。

在新桥大量建造的同时，桥梁工程的质量成为必须高度重视的重大问题。为了保证桥梁工程的质量，首先必须加强对勘测、设计和施工的质量管理；桥梁竣工后，对竣工桥梁实行成桥检测也是一种直接有效的方法。

另外，20 世纪 70 年代以前修建的大量低标准公路桥梁已接近或达到设计年限。在风、雨、洪水、冰冻、温度变化和湿度等自然因素侵蚀下，甚至在地震、撞击和超载运营的严重损害下，许多桥梁的结构性能发生了巨大变化，有些桥梁已出现不同程度的损伤，甚至承载能力已大大降低而逐渐演变成危桥。为了对这类桥梁进行综合评定，为相应的技术改造或拆除改建的决策提供依据，对桥梁进行包括荷载试验在内的检测是必不可少的工作。

总之，无论是新建桥梁还是在役桥梁，为了对其承载力进行评定，都需要进行成桥检测。

学习目标

【知识目标】 能够描述桥梁成桥检测的目的和意义；掌握桥梁荷载试验的原理和方法；能够通过各种试验，了解桥梁结构在试验荷载作用下的实际工作状态，从而判断桥梁结构的安全承载能力及评价桥梁的营运质量。

【能力目标】 熟练掌握旧桥的外观普查项目，会填写相应表格；能熟练运用各种检测仪器进行成桥的无破损检测；能够根据设计资料进行验算；能进行桥梁荷载试验。

任务 4.1 旧桥普查

一、概述

（一）桥梁检测的目的及意义

交通运输事业的飞速发展，为公路桥梁建设提供了良好的发展机遇。截至 20 世纪末，我国公路总里程达到140万km，居世界第4位；高速公路总里程达到1.5万km，居世界第3位。已建成永久性公路桥梁22.5万座，总长度达800万延米以上。在加快公路桥梁建设的同时，必须依靠科技进步，提高工程质量；另外，随着我国交通事业的不断发展，大量低等级公路被改建扩建，服役桥梁能否继续使用已成为公路建设决策部门考虑的一件大事。

所以，无论对于新建桥梁还是在役桥梁，对其进行检测评价都具有十分重要的意义。

(1)桥涵施工完成后需全面检测进行质量等级评定，必要时还需要进行荷载试验，以对其结构整体受力性能是否达到设计文件和标准规范的要求做出评价。

(2)对于新桥型结构、新材料、新工艺，必须通过试验检测鉴定其是否符合国家标准和设计文件的要求，同时为完善设计理论和施工工艺积累实践资料。

(3)对旧桥进行综合评定，为相应的技术改造或拆除改建的决策提供依据，对桥梁进行包括荷载试验在内的检测是必不可少的工作。

总之，桥梁检测对推动我国桥梁建设水平，确保桥梁工程施工质量，提高建设投资效益，保障人民生命财产安全，都具有十分重要的意义。

(二)公路旧桥检测的内容

公路桥梁检测一般包含以下4个方面的内容：

(1)桥梁调查；

(2)桥梁一般检查；

(3)桥梁详细检查；

(4)桥梁荷载试验。

(三)桥梁检测工作途径

桥梁检测工作应按规定程序进行，其一般途径如图4-1-1所示。

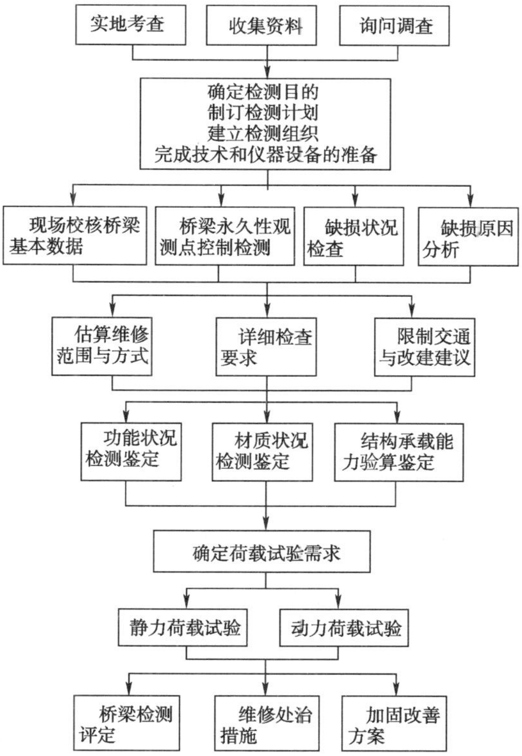

图4-1-1 桥梁检测工作的一般途径

二、桥梁一般检查

(一)桥梁调查

(1)对需要鉴定的桥梁应进行实地考察，以初步了解桥梁的技术状况和主要存在的问题。

(2)应全面收集有关桥梁设计、施工、监理和运营、养护、试验检测以及维修加固等方面的技术资料。

(3)应向相关人员调查了解桥梁病害史、使用中的特别事件、限重限速原因、交通状况、今后改(扩)建计划、水文、气候、环境等方面情况。

相关链接

桥梁有关技术资料的收集重点包括：

(1)设计资料

①设计计算书及有关设计图纸；

②修改设计计算书及有关图纸；

③桥位地质钻探资料及图纸。

(2)竣工资料

①竣工图纸及其说明书；

②材料试验资料及施工记录；

③地基与基础试验资料；

④竣工验收有关资料。

(3)维修、养护及加固资料

①历史上通过重车的车型、载重及桥梁工作状况资料；

②经常通过车辆的车型、载重及交通量；

③历次桥梁调查、维修、加固等有关资料、图纸、照片；

④过去所做桥梁加载试验报告。

(二)桥梁一般检查

桥梁一般检查是对结构及其附属设施的所有构件或部位进行彻底、系统的视觉检查，记录所有缺损的部位、范围和程度。

1.桥梁一般检查的目的

桥梁一般检查以目测观察为主，辅以测量仪器。检查中必须按照规范程序接近各部件，仔细检查其缺损情况，并完成以下工作：

(1)现场校核桥梁基本数据；

(2)记录各部件缺损状况并做出技术状况评分；

(3)实地判断缺损原因，估定维修范围及方式；

(4)对难以判断损坏原因和程度的部件，提出详细检查(特殊检查)的要求；

(5)对损坏严重、危机安全运行的桥梁，提出限制交通或改建的建议；

(6)根据桥梁的技术状况，确定下次检查时间。

拓展提高

在进行大中型桥梁的一般检查时，应设立永久性观测点进行控制检测。大中型桥梁控制检测的项目及永久性观测点见表4-1-1。

桥梁控制检测项目及永久性观测点 表4-1-1

检测项目		观测点	备注
1	墩、台身索塔锚碇的高程	墩、台身(距地面或常水位0.5～2m)、桥台侧墙尾部顶面和锚碇的上、下游各1～2点	

续上表

检测项目		观测点	备注
2	墩、台身、索塔倾斜度	墩、台身（距地面或常水位0.5～2m内）上、下游两侧各1～2点	
3	桥面高程	沿行车道两边（靠缘石处），按每孔跨中、$L/4$、支点等不少于5个位置（10个点）。测点应固着于桥面板上	
4	拱桥桥台、吊桥锚碇水平位移	在拱座、锚碇的上、下游两侧各1点	
5	吊桥索卡滑移	在索卡处设1点	
说明	①上下行分离式桥按两座桥分别设点； ②倾斜度测点应用上下相距0.5～1m的两点标记检测； ③永久性观测点宜用统一规格的圆头铆钉和在铝板上用钢印编号，或靠地固着于被测部位上； ④所有测点的位置和编号，以及检测数据必须在桥梁总体图和数据表中注明，并归档		

2. 桥梁一般检查的内容与要点

1）桥面系构造的检查

（1）桥面铺装层纵横坡是否顺适，有无严重的裂缝（龟裂、纵横裂缝）、坑槽、波浪、桥头跳车、防水层漏水。

（2）伸缩缝是否有异常变形、破损、脱落、漏水，是否造成明显的跳车。

（3）人行道构件、栏杆、护栏有无撞坏、断裂、错位、缺件、剥落、锈蚀等。

（4）桥面排水是否顺畅，泄水管是否完好、畅通，桥头排水沟功能是否完好，锥坡有无冲蚀、塌陷。

（5）桥上交通信号、标志、标线、照明设施是否腐蚀、老化、失效，是否适用，是否需要更换。

（6）检查桥上避雷装置是否完善，检测避雷系统性能是否良好。

（7）桥上航空灯、航道灯是否完好，能否保证经常照明；结构物内供养护检修的照明系统是否完好。

（8）桥上的通信、供电线路及设备是否完好。

2）钢筋混凝土和预应力混凝土桥的检查

（1）梁端头、底面是否清洁，是否生长苔藓、杂草等植物；箱型梁的腹腔内是否有积水，通风是否良好。

（2）混凝土有无裂缝、挂白、表面风化、剥落、露筋和钢筋锈蚀，有无活性集料硅碱反应引起的整体龟裂现象。

（3）预应力钢束锚固区段混凝土有无开裂，沿预应力筋的混凝土表面有无纵向裂缝，有无严重碳化。

（4）梁（板）式结构主要检查梁（板）跨中、支点、变截面处、悬臂端牛腿或中间铰部位；刚构和桁架结构主要检查刚构固结处和桁架节点部位的混凝土开裂和钢筋锈蚀等缺损状况。

（5）装配式梁桥应注意连接部位的缺损状况。

①组合梁的桥面板与梁的接合部位，以及桥面板之间的接头处混凝土有无开裂、渗水；

②梁（板）接缝、跨中、支点、变截面处、悬臂端牛腿或中间铰部混凝土有无开裂和钢筋锈蚀；

③横向连接构件是否开裂，连接钢板的焊缝有无锈蚀、断裂，边梁有否横移或向外倾斜。

3）拱桥的检查

（1）主拱圈的拱板或拱肋是否开裂。钢筋混凝土拱有无露筋、钢筋锈蚀等缺损状况。圬工拱桥砌块有无压碎、局部掉块，砌缝有无脱离或脱落、渗水，表面有无苔藓、草木滋生，拱铰工作是否正常。空腹拱的小拱有无变形、开裂、错位，立墙或立柱有无倾斜、开裂。

（2）拱上立柱（或立墙）上下端、盖梁和横系梁的混凝土有无开裂、剥落、露筋和锈蚀。中、下承式拱桥的吊杆上下锚固区的混凝土有无开裂、渗水，吊杆锚头附近有无锈蚀现象，外罩是否有裂纹，锚头夹片、楔头是否发生滑移，吊杆钢索有无断丝。用型钢或钢管混凝土芯的劲性骨架拱桥还要检查混凝土是否沿骨架出现纵向或横向裂缝。

（3）拱的侧墙与主拱圈间有无脱落，侧墙有无鼓突变形、开裂，实腹拱拱上填料有无沉陷。肋拱桥的肋间是否有横向连接开裂、表面剥落、钢筋外露、锈蚀等缺损。

（4）双曲拱桥还应注意检查拱肋间横向连接拉杆是否松动或断裂，拱波与拱肋接合处是否开裂、脱开，拱波之间砂浆是否松散脱落，拱波顶是否开裂、渗水等。

（5）薄壳拱桥应检查壳体纵、横向及斜向裂缝、系杆裂缝等。

（6）系杆拱还应检查系杆是否开裂，无混凝土包裹的系杆是否有锈蚀。

（7）钢管混凝土拱桥裸露部分的钢管及构件检查参见钢桥检查有关内容，同时还应检查混凝土是否填充密实；通常可用敲击法，以手锤敲击四周依次延及全拱，判断管内混凝土是否填充密实、黏附良好。

4）钢桥的检查

（1）构件（特别是受压构件）是否扭曲变形、局部损伤。

（2）铆钉和螺栓有无松动、脱落或断裂，节点是否滑动错裂。

（3）焊缝边缘（热影响区）有无裂纹或脱开。

（4）油漆层有无裂纹、起皮、脱落，构件有无腐蚀生锈。

（5）钢箱梁腹腔等封闭环境的湿度是否符合要求，除湿设施是否正常工作。

5）跨线桥与高架桥的检查

跨线桥、高架桥的结构检查同其他一般公路桥梁。跨线桥还应检查通道内有无积水，机械排水的泵站是否完好，排水系统是否畅通；高架桥还应检查防抛网、隔音墙是否完好。跨线桥和高架桥下的道路路面是否完好，有无非法占用情况等。

6）支座的检查

（1）支座组件是否完好、清洁、断裂、错位、脱空。

（2）活动支座是否灵活，实际位移量是否正常，固定支座的锚销是否完好。

（3）支承垫石是否有裂缝。

（4）简易支座的油毡是否老化、破裂或失效；垫层厚度是否满足位移要求。

（5）橡胶支座是否老化、开裂，有无过大的剪切变形和压缩变形；各层加力钢板之间的橡胶层外凸是否均匀。

（6）四氟板支座是否脏污、老化，四氟乙烯板是否完好，橡胶块是否滑出钢板。

（7）盆式橡胶支座的固定螺栓是否剪断，螺母是否松动，钢盆外露部分是否锈蚀，防尘罩是否完好。

(8)组合式钢支座是否干涩、锈蚀,固定支座板的锚栓是否紧固,销板或销钉是否完好。

(9)摆柱支座各组件相对位置是否准确,受力是否均匀;辊轴支座的辊轴是否出现不允许的爬动、歪斜;摇轴支座的辊轴是否倾斜。

(10)钢筋混凝土摆柱支座的柱体有无混凝土脱皮、开裂、露筋,钢筋及钢板有无锈蚀。

7)墩台与基础的检查

(1)有否滑动、倾斜、下沉或冻胀。

(2)台背填土有无沉降、裂缝或挤压隆起。

(3)混凝土墩台及帽梁有无冻胀、风化、腐蚀、开裂、剥落、露筋等。

(4)石砌墩台有无砌块断裂、通缝脱开、变形;砌体泄水孔是否堵塞,防水层是否损坏。

(5)墩台顶面是否清洁,有无泥土杂物堆积、滋生草木,伸缩缝处是否漏水。

(6)基础下是否发生不许可的冲刷或掏空现象。扩大基础的地基有无侵蚀;桩基顶段在水位涨落、干湿交替变化处有无冲刷磨损、缩径、露筋,有无环状冻裂现象,有无受到污水、咸水或生物的腐蚀。必要时,应派潜水员对大桥、特大桥的深水基础进行潜水检查。

8)调治构造物的检查

调治构造物的检查内容,包括结构是否完好,功能是否适用,桥位段河床是否有明显的冲淤及漂浮物堵塞现象。

相关链接

桥梁检查中常见的各种缺损均应在现场用油漆等将其范围及日期标记清楚。发现三类以上桥梁和有严重缺损、难以判断损坏原因及程度的桥梁,应做影像记录,并附病害状况说明。

3.桥梁一般检查后应提交的文件

(1)典型缺损和病害的影像记录及说明。缺损状况的描述应采用专业标准术语,说明缺损的部位、类型、性质、范围、数量和程度等。

(2)两张总体照片,即一张桥面正面照片,一张桥梁上游侧立面照片。桥梁改建后应重新照一次。如果桥梁拓宽改造后,上、下游桥梁结构不一致,还要有下游侧立面照片。

(3)一般检查报告。该报告应包括下列内容:

①桥梁的小修保养情况;

②桥梁的表观缺损情况与主要存在问题;

③需要大中修或改建的桥梁计划,说明修理的项目,拟用的修理方案,估计费用和实施时间;

④详细检查(特殊检查)的需求,说明检验的项目和理由;

⑤需限制桥梁交通的建议报告。

(三)一般评定

全桥总体技术状况等级评定,可采用考虑桥梁各部件权重的综合评定方法;也可按重要部件最差的缺损状况评定,或对照桥梁技术状况评定标准进行评定。

1.桥梁各部件技术状况的评定方法

(1)根据缺损程度(大小、多少或轻重)、缺损对结构使用功能的影响程度(无、小、大)和缺损发展变化状况(趋向稳定、发展缓慢、发展较快)等3个方面,以累加评分方法对各部件缺损状况做出等级评定。评定方法见表4-1-2。

桥梁部件缺损状况评定方法 表 4-1-2

缺损状况及标度		程度	组合评定标准					
缺损程度及标度		程度	小→大					
			少→多					
			轻度→严重					
		标度	0	1	2			
缺损对结构使用功能的影响程度	无，不重要	0				0	1	2
	小，次要	+1				1	2	3
	大，重要	+2				2	3	4
以上两项评定组合标度			0	1	2	3	4	
缺损发展变化状况的修正	趋势稳定	-1			0	1	2	3
	发展缓慢	0			1	2	3	4
	发展较快	+1		1	2	3	4	5
最终评定结果			0	1	2	3	4	5
桥梁技术状况及分类			完好	良好	较好	较差	很差	危险
			一类		二类	三类	四类	五类

注：“0”表示完好状态，或表示没有设置的构件部位，当缺损程度标度为“0”时，不再进行叠加；“5”表示危险状态，或表示原未设置，而调查表明需要补设的部件。

（2）重要部件（如墩台与基础、上部承重构件、支座）以其中缺损最严重的构件评分；其他部件，根据多数构件缺损状况评分。

（3）推荐的各部件权重见表 4-1-3。各地区也可根据本地区的环境条件和养护要求，采用专家评估法修订各部件的权重。

推荐的桥梁各部件权重及综合评定方法 表 4-1-3

部件	部件名称	权重	桥梁技术状况评定方法
1	翼墙、环墙	1	（1）综合评定采用下列计算式： $$D_r = 100 - \sum_{i=1}^{n} \frac{R_i W_i}{5}$$ 式中：R_i——按表 4-1-2 方法对各部件确定的评定标度（0～5）； W_i——各部件权重，$\sum W_i = 100$； D_r——全桥结构技术状况评分（0～100），评分高表示结构状况好，缺损少。 （2）评定分类采用下列界限： $D_r \geq 88$ 一类 $60 \leq D_r < 88$ 二类 $40 \leq D_r < 60$ 三类 $40 > D_r$ 四类、五类 $D_r \geq 60$ 的桥梁，并不排除其中有评定标度 $R_i \geq 3$ 的部件，仍有维修的需要
2	锥坡、护坡	1	
3	桥台及基础	23	
4	桥墩及基础	24	
5	地基冲刷	8	
6	支座	3	
7	上部主要承重构件	20	
8	上部一般承重构件	5	
9	桥面铺装	1	
10	桥头与路基连接部	3	
11	伸缩缝	3	
12	人行道	1	
13	栏杆、护栏	1	
14	灯具、标志	1	
15	排水设施	1	
16	调治构造物	3	
17	其他	1	

2. 桥梁技术状况评定等级

桥梁技术状况评定等级分为一类、二类、三类、四类、五类。桥梁总体及部件技术状况评定标准见表4-1-4。由于篇幅关系，本书只给出部分表格，其余详见规范《公路桥涵养护规范》(JTG H11—2004)中"桥梁技术状况评定标准"。

桥梁技术状况评定标准(部分)　　表4-1-4

项目＼类别	一类	二类	三类	四类	
	完好、良好状态	较好状态	较差状态	坏的状态	危险状态
总体评定	①重要部件功能与材料均良好。 ②次要部件功能良好，材料有少量(3%以内)轻度缺损或污染。 ③承载能力和桥面行车条件符合设计指标。 ④只需日常清洁保养	①重要部件功能良好，材料有局部(3%以内)轻度缺损或污染，裂缝宽小于限值。 ②次要部件有较多(10%以内)中等缺损或污染。 ③承载能力和桥面行车条件达到设计指标。 ④需进行小修、保养	①重要部件材料有较多(10%以内)中等缺损，裂缝宽超限值，或出现轻度功能性病害，但发展缓慢，尚能维持正常使用功能。 ②次要部件有大量(10%～20%)严重缺损，功能降低，进一步恶化将不利于重要部件和影响正常交通。 ③承载能力比设计降低10%以内，桥面行车不舒适。 ④需要进行中修	①重要部件材料有大量(10%～20%)严重缺损，裂缝宽超限值，裂缝间距小于计算值，风化、剥落、露筋、锈蚀严重，或出现中等功能性病害，且发展较快，结构变形小于或等于规范值，功能明显降低。 ②承载能力比设计降低10%～25%，必要时限速或限载通过。 ③要通过特殊检查，确定大修、加固或更换构件的措施	①重要部件出现严重的功能性病害，且有继续扩张现象，关键部位的部分材料强度达到极限，出现部分钢筋断裂、混凝土压杆失稳变形的破损现象，变形大于规范值，结构的强度、刚度，稳定性和动力响应不能达到平时交通安全通行的要求。 ②承载能力比设计能力降低25%以上，必须降低通行荷载与车速，或封闭交通。 ③要通过特殊检查，确定处置对策
墩台与基础	①墩台各部分完好。 ②基础及地基状况良好	①墩台部分基本完好。 ②3%以内的表面有风化麻面，短细裂缝，缝宽小于限值，砌体灰缝脱落。 ③表面长有苔藓、杂草。 ④基础无冲蚀现象	①墩台3%～10%的表面有各种缺损，裂缝宽超限值，有风化、剥落、露筋、锈蚀现象，砌体灰缝脱落，局部变形等。 ②出现轻微的下沉、倾斜滑动等现象，发展缓慢或趋向稳定。 ③基础有局部冲蚀现象，桩基顶段被磨损	①墩台10%～20%的表面有各种缺损，裂缝宽而密，剥落、露筋、锈蚀严重，砌体大面积松动、变形。 ②墩台出现下沉、倾斜、滑动、冻起现象，台背填土有沉降裂缝或挤压隆起，变形发展较快，变形小于或等于规范值。 ③基础冲刷大于设计值，基底冲空面在10%～20%内。桩基顶段被侵蚀、露筋、缩径，或有环状冻裂、木桩腐朽，蛀蚀严重	①墩台不稳定、下沉。倾斜、滑动、冻起现象严重，变形大于规范值，造成上部结构和桥面变形过大，不能正常行车。 ②墩台、基桩出现结构性裂缝，裂缝有开合现象。 ③基底冲刷面达20%以上，冲刷深度大于设计值，地基失效，承载能力降低，桥台岸坡滑移

续上表

类别 项目	一　类	二　类	三　类	四　类	
支座	①各部分清洁，完好，位置正确。 ②活动支座伸缩与转动正常	①支座有尘土堆积、略有腐蚀。 ②支座滑动面干涩	①钢座固定螺栓松动，锈蚀严重。 ②橡胶支座开始老化。 ③混凝土支座有剥落、露筋、锈蚀现象	①钢支座的主件出现断裂。 ②橡胶支座出现老化开裂。 ③混凝土支座出现碎裂。 ④活动支座坏死，不能活动。 ⑤支座上下错位过大，有倾倒脱落的危险	支座错位、变形、破损严重，已失去正常支撑功能，使上下部件结构受到异常约束，造成支撑部位的缺损和桥面的不平顺
砖石混凝土上部结构	①结构完好，无渗水，无污染。 ②次要部位有少量短细裂纹，裂纹宽度小于限值	①结构基本完好。 ②3%以内的表面有风化、麻面、短细裂缝，裂缝宽小于限值，砌缝灰浆脱落。 ③上下游侧表面有水迹污染，砌缝滋生草木	①结构3%～10%的表面有各种缺损，裂缝宽超限值，有风化、锈蚀、剥落、露筋，桥面板裂缝渗水。 ②石砌拱桥砌体灰缝脱落，局部松动、外鼓。 ③横向连接件断裂、脱焊或松动，边梁或边拱肋有横移或外倾迹象	①结构10%～20%的表面有各种缺损，重点部位出现接近全截面的开裂，裂缝宽超限值，间距小于计算值，顺主筋方向有纵向裂缝，钢筋锈蚀和混凝土剥落严重，桥面开裂渗水严重，砌体有较大松动、变形。 ②结构存在永久变形，变形小于或等于规范值，桥面竖向呈波形。 ③支座脱落，桥面呈锯齿状	①结构永久变形大于规范值。 ②重点部位出现全截面开裂，部分钢筋屈服或断裂，混凝土压碎。主拱圈出现四铰不稳定结构。 ③受压部件有严重的横向扭曲变形。 ④结构的振动或摆动过大，行车和行人有不安全感。 ⑤承载能力比设计降低25%以上

（四）混凝土旧桥常见病害

各种桥梁在制造及运营期间都可能产生不同的缺损（亦称缺陷）。普通钢筋混凝土及预应力钢筋混凝土是桥梁结构中常用的材料，在制造和运营期间可能产生裂缝、保护层剥落、露筋、蜂窝、麻面，防水层及伸缩缝失效等。它们的危害程度与缺损的类型、发展性质及出现的部位有关，有时对结构的耐久性及载重等级影响较大。了解混凝土的病害特征，加强日常养护、维修，有利于提高桥梁耐久性。现将混凝土旧桥的常见病害归纳如下。

1. 裂缝

裂缝是钢筋混凝土桥梁及圬工拱桥中普遍存在的一种缺陷和主要病害。一般裂缝有两种类型：一种是由于桥梁结构承载力或刚度不足，在荷载作用下产生的裂缝，通常有纵向裂缝和横向裂缝两种；另一种是施工时由于质量缺陷而出现的裂缝，这种裂缝通常产生在钢筋混凝土桥梁中及石拱桥的灰缝部位。由于裂缝是桥梁的重大病害之一，因此，不管是哪一种裂缝，只要裂缝的宽度和数量超出规范允许的范围和限度，都会导致结构恶化，影响到桥梁的承载能力和使用寿命，应该引起高度重视，及时进行修补。

1）裂缝成因

分析裂缝的成因，可为裂缝的危害性评定及裂缝修复提供依据。混凝土开裂的原因很多,但归纳起来基本上是以下 4 个方面的原因:设计考虑不周、材料使用不当、施工质量达不到要求及外界环境的不良影响。为了提高混凝土结构的质量,在表 4-1-5 中,列出了混凝土结构裂缝形成的主要原因,以便从各方面努力,减少裂缝的产生。

混凝土结构裂缝形成的主要原因　　表 4-1-5

类别			序号	原因
荷载及计算	荷载	永久荷载	1	超过设计荷载
		可变荷载	2	载货量增大,超载
	构造、设计、计算		3	结构形式或桥形布置不合理
			4	断面急变,各部分比例不当
			5	使用计算程序或输入数据不妥,计算有误
			6	
材料施工	水泥		7	水泥质量不好,凝结、膨胀不正常
			8	大体积混凝土水化热高
	集料		9	材料不合格或级配不良
			10	含泥量过高,清洗不充分
			11	碱集料反应
	混凝土		12	混凝土中的外加剂不当或过量
			13	混凝土的质量不好,有沉缩或泌水现象
			14	混凝土的收缩
	混凝土	拌和	15	拌和料拌和不均匀
		运输	16	混凝土运输时间过长、水分蒸发过多
		浇筑	17	浇筑顺序不当
			18	浇筑速度过快
		振捣	19	振捣不密实、不均匀
			20	硬化前受振动或过早受力
		养护	21	养护初期急剧干燥、失水
			22	养护初期受冻
		接头	23	接头处理不当
	钢筋		24	钢筋质量欠佳或数量不够
			25	保护层厚度不足或厚度过大
	模板		26	模板刚度不足,变形过大
			27	漏浆或渗水
			28	过早拆模
	支架		29	支架间距过大或产生不均匀沉降
使用与环境	温度与湿度		30	温度或湿度急剧变化
			31	构件两面温湿度相差过大,内外温差过大
	化学作用		32	酸或盐类的化学作用
			33	碳化引起的钢筋锈蚀
			34	氯化物引起的钢筋锈蚀

2）梁式桥的常见裂缝

桥梁裂缝是桥梁缺陷的集中表现，也是桥梁中最常见的病害。大量的工程实践和理论分析表明，钢筋混凝土构件基本上都是带缝工作的。在桥梁结构中，当受拉区的应力超过混凝土或砂浆的实际抗拉强度时，必然会出现裂缝。只是一般的裂缝很细很短，对结构的使用没有大的危害，混凝土有了细小裂缝，钢筋才能发挥作用。裂缝宽度的限值应满足《公路桥涵养护规范》（JTG H11—2004）的相关要求，裂缝限值见表 4-1-6。

裂缝限值表　　表 4-1-6

<table>
<tr><th>结构类型</th><th colspan="2">裂缝部位</th><th>允许最大缝宽（mm）</th><th>原　因</th></tr>
<tr><td rowspan="5">钢筋混凝土梁</td><td colspan="2">主筋附近竖向裂缝</td><td>0.25</td><td></td></tr>
<tr><td colspan="2">腹板斜向裂缝</td><td>0.30</td><td></td></tr>
<tr><td colspan="2">组合梁接合面</td><td>0.50</td><td>不允许贯通接合面</td></tr>
<tr><td colspan="2">横隔板与梁体端部</td><td>0.30</td><td></td></tr>
<tr><td colspan="2">支座垫石</td><td>0.50</td><td></td></tr>
<tr><td rowspan="2">预应力混凝土梁</td><td colspan="2">梁体竖向裂缝</td><td>不允许</td><td></td></tr>
<tr><td colspan="2">梁体纵向裂缝</td><td>0.20</td><td></td></tr>
<tr><td rowspan="3">砖、石、混凝土拱</td><td colspan="2">拱圈横向</td><td>0.30</td><td>裂缝高小于截面高一半</td></tr>
<tr><td colspan="2">拱圈纵向</td><td>0.50</td><td>裂缝长小于 1/8 跨长</td></tr>
<tr><td colspan="2">拱波与拱肋接合处</td><td>0.20</td><td></td></tr>
<tr><td rowspan="7">墩台</td><td colspan="2">墩台帽</td><td>0.30</td><td></td></tr>
<tr><td rowspan="5">墩台</td><td>0.20</td><td>0.20</td><td></td></tr>
<tr><td>0.30</td><td>0.30</td><td></td></tr>
<tr><td>0.25</td><td>0.25</td><td></td></tr>
<tr><td>0.35</td><td>0.35</td><td></td></tr>
<tr><td>0.40</td><td>0.40</td><td></td></tr>
<tr><td colspan="2">有冻结作用部分</td><td>0.20</td><td></td></tr>
</table>

当裂缝宽度在限定值以内时，大气中的湿气、水分一般是难于大量渗透到钢筋上，因而钢筋不会遭到严重锈蚀，结构的耐久性也不会因此而受到明显影响。当裂缝超过规范要求时应进行修补，以保证结构的耐久性。

在预应力混凝土梁中，裂缝的危害性更大，湿气、水分渗透到钢丝上，引起钢丝锈蚀。由于钢丝的直径比钢筋的直径小得多，因而锈蚀对钢丝的影响比钢筋厉害得多。因而在预应力混凝土梁中，对裂缝控制更加严格。对于潮湿的空气中含有较多腐蚀性气体时，缝宽的限制亦应要求严格一些。由于裂缝的影响而降低结构的承载能力，在桥梁实践中是司空见惯的事。

梁式桥中可能出现的裂缝很多，下面主要通过钢筋混凝土简支梁（板）桥，介绍梁式桥常见的裂缝。

（1）梁（板）受拉区的竖向裂缝

简支梁（板）的竖向裂缝，是由正弯矩引起的，一般在梁（板）的跨中附近，从梁（板）的受拉区边缘，大致与主筋垂直的方向向上延伸[图 4-1-2a)]。裂缝宽度一般在 0.03 ~ 0.2mm 之间，裂缝之间的最小间距为 0.05 ~ 0.2mm。

对于连续梁，除了跨中附近有自下而上的竖向裂缝外，中间支点附近会出现自上而下的由负弯矩引起的竖向裂缝[图4-1-2b)]。

上述裂缝主要是梁(板)受荷载作用产生的弯曲裂缝。根据桥梁荷载试验的实际观察，在较大的加载下，原来延伸较长的裂缝，长度和宽度都有缓慢的增加。卸载之后，这些裂缝的宽度基本上可以恢复到原来的状态。

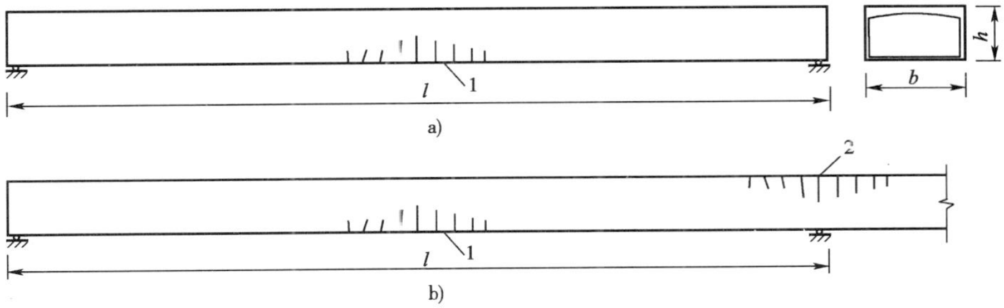

图4-1-2 梁(板)受拉区的竖向裂缝

a)简支梁;b)连续梁

1-正弯矩裂缝;2-负弯矩裂缝

图4-1-2中的裂缝，是钢筋混凝土梁式桥中不可避免的。一般认为，只要这类裂缝在梁(板)侧面的延伸长度达不到计算截面的中性轴，而其最大宽度又在0.2mm的范围内，应属正常裂缝。对于图中的正弯矩裂缝，一般可不进行处理，但对负弯矩裂缝，因易受雨水的影响，即使裂缝小于0.2mm，亦应采取防水措施，避免因雨水侵蚀而加速钢筋锈蚀。当桥台沉陷时，连续梁中墩顶部的负弯矩裂缝，更应给予足够的重视。

(2)斜裂缝

梁式桥中的斜裂缝有两种：一种是由主拉应力引起的梁腹板上的斜裂缝[图4-1-3a)]；另一种是由于斜截面抗弯能力较弱所引起的斜裂缝[图4-1-3b)]。

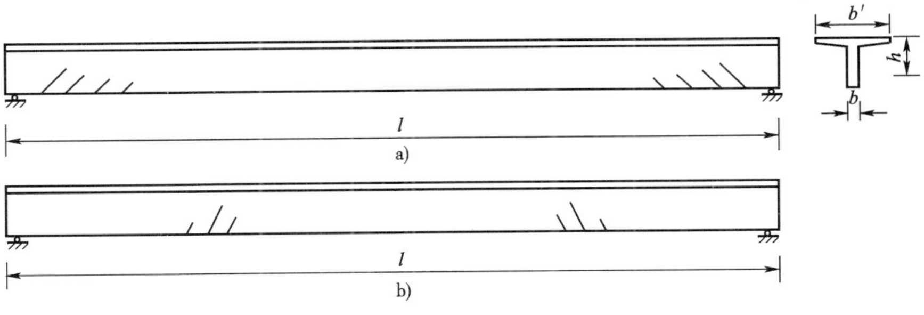

图4-1-3 梁式桥的斜裂缝

a)主拉应力引起的斜裂缝;b)弯剪斜裂缝

第一种斜裂缝多发生在梁支点附近的腹板上，主要是由主拉应力过大而产生的。裂缝一般从端横隔板内侧开始，沿45°~60°方向的斜线向上攀升。裂缝的宽度是两头小而中间大，在到达梁的上下缘之前就消失了。因为梁的上下缘一般都有较多的纵向主筋(或纵向钢束)，它有抑制斜裂缝的作用，因而斜裂缝在到达这些主筋或钢束之前，一般都会消失。

上述裂缝产生的原因是：在车辆荷载作用下，在靠近支点的腹板上，剪力大而弯矩小，由于产生的主拉应力超过了混凝土的抗拉强度，则在梁的腹板中出现斜裂缝，这类裂缝在预应力钢筋混凝土梁中特别危险，可以明显降低梁的承载能力。

造成斜裂缝宽度较大的主要原因是斜筋（或箍筋）不足，对于预应力钢筋混凝土梁，则往往是斜向钢束起弯过早，梁端缺少斜向钢束所致。在前一个时期，有一些预应力梁（主要是连续梁），梁端出现了比较严重的斜裂缝，给修复加固造成了较大的困难，今后必须予以重视。

第二种斜裂缝，又称弯剪斜裂缝，是由于斜截面抗弯能力较弱所引起的。它与主拉应力产生的斜裂缝有明显的不同，弯剪斜裂缝与由梁中正弯矩产生的竖向裂缝相似，裂缝是由梁底向腹板延伸，裂缝的宽度是下面大、上面小，而不像主拉应力所产生的斜裂缝是中间大、两头小。

（3）钢筋锈蚀引起的顺筋裂缝

由于混凝土质量较差或保护层厚度不足，二氧化碳侵蚀碳化至钢筋表面，使钢筋周围混凝土碱度降低，或由于氯化物侵入，钢筋周围氯离子含量较高，均可引起钢筋表面氧化膜破坏，钢筋中铁离子与侵入到混凝土中的氧气和水分发生腐蚀反应，其锈蚀物氢氧化铁体积比原来增长 2 ~4 倍，导致保护层混凝土开裂，沿钢筋纵向产生裂缝，其最大延伸长度可达到梁跨度的一半，裂缝宽度可达 4mm，危害极大。钢筋锈蚀引起的顺筋裂缝，如图 4-1-4 所示。

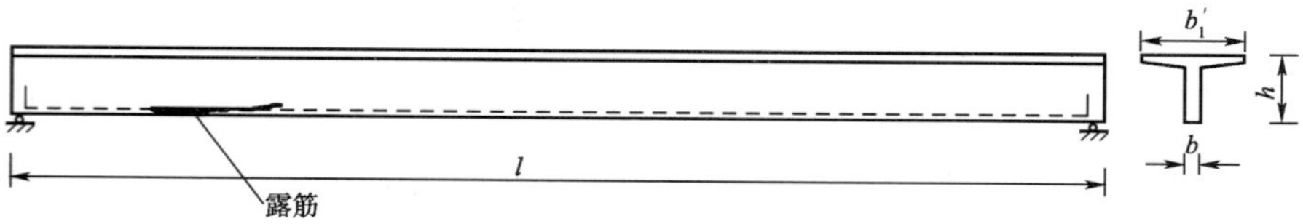

图 4-1-4　钢筋锈蚀引起的顺筋裂缝

3）拱式桥的常见裂缝

拱式桥的形式很多，但裂缝较多而又有代表性的，当数双曲拱桥。拱桥中有共性的裂缝，双曲拱桥基本上都有，而双曲拱桥中的有些裂缝其他拱桥就没有。下面以双曲拱桥为例，介绍拱式桥中常见的裂缝。

（1）拱桥的径向裂缝

拱桥径向裂缝经常发生在拱脚和拱顶两个部位，其方向与拱轴线垂直。拱桥径向裂缝，如图 4-1-5 所示。

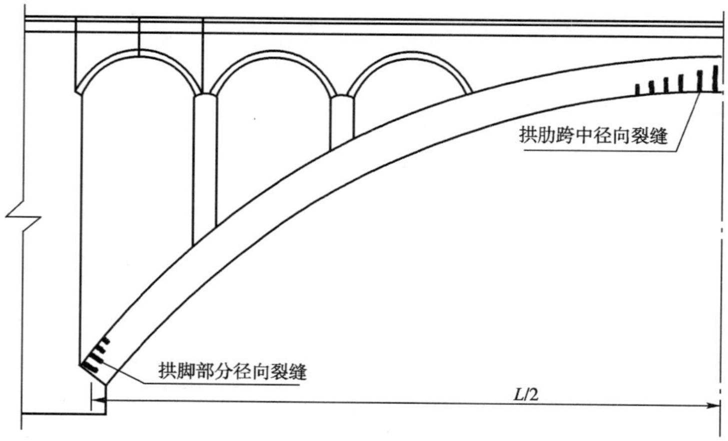

图 4-1-5　拱桥的径向裂缝

拱脚附近的径向裂缝是由负弯矩引起的，上宽下窄，垂直于拱轴线向下延伸。当拱背布置有纵向钢筋时，从拱脚截面上缘开始，可出现几条大致平行的裂缝。裂缝宽度最大的一条在拱脚,向1/4跨方向逐渐减小。如裂缝宽度超过0.25mm时,应视为不正常裂缝。当拱背无钢筋时,裂缝的宽度往往较大,但缝数较少。

拱顶附近的径向裂缝是由正弯矩引起的。裂缝下宽上窄,沿竖直方向向上延伸。裂缝宽度拱顶较大,向1/4跨方向逐渐减小以至消失。这种裂缝还会引起拱顶下沉。

拱圈的径向裂缝是拱桥中最常见的裂缝。建造拱桥时,应提高质量,采取有效措施,避免产生裂缝。但在已建成的拱桥中,拱脚、拱顶出现了径向裂缝时,不要看得过于严重,只要拱脚、拱顶处的径向裂缝没有到达截面的中性轴,不会明显降低拱的承载能力,并无垮塌的危险,一般可以(或者通过加固)继续利用。拱圈有径向裂缝,未经论证,不能作为拆除拱桥的理由。

下面分析产生径向裂缝的主要原因。

①截面整体性差;

②温度下降、混凝土收缩和墩台变位的影响。

(2)拱圈的纵向裂缝

拱圈宽度较大(8~10m以上)的圬工拱桥和双曲拱桥中,常见拱圈出现纵向裂缝(图4-1-6),这种裂缝通常在桥面中线附近顺跨径方向延伸,严重时有贯通全桥、将拱圈"一分为二"之势。当拱圈宽度很大(≥20m)时,还可能出现第二条纵向裂缝。

产生这种裂缝的主要原因是:

①拱圈截面的形式不够合理,截面不能适应热胀冷缩变化规律;

②横向联系比较薄弱,荷载横向分布很不均匀;

③拱圈的砌筑质量不符合要求。

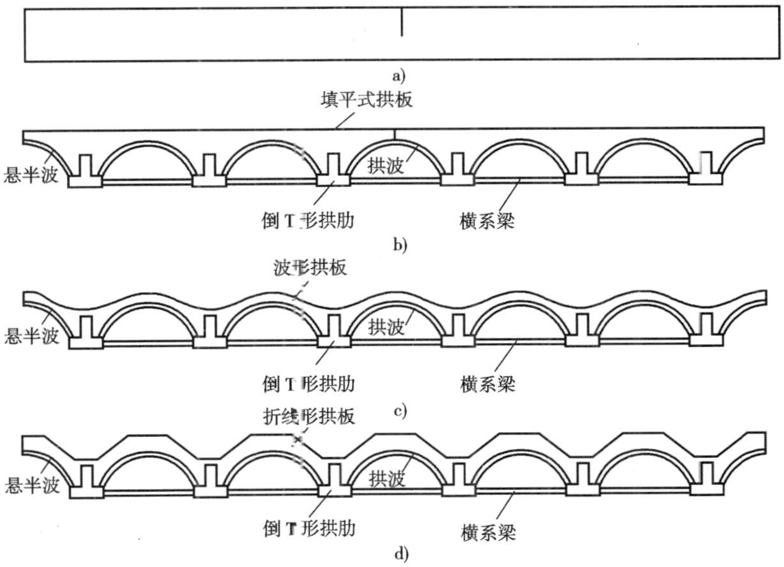

图4-1-6 拱圈的纵向裂缝

a)板拱;b)填平式;c)波形 d)折线形

(3)拱肋与拱波接合面上的环向裂缝

拱肋与拱波接合面上的环向裂缝,仅发生在双曲拱桥中。环向裂缝的最大宽度一般是在拱脚和拱顶,从拱脚和拱顶向1/4跨裂缝逐渐减小以至消失。不同部位的环向裂缝由不同的原因所形成。拱脚附近的环向裂缝主要是由肋、波之间的抗剪能力很弱、拱脚剪力较大所引起的，而拱顶附近的环向裂缝，则是由于拱肋受拉时产生了径向拉力，而肋、波间抗拉能力很小所产生的。

早期采用矩形拱肋的双曲拱桥，肋、波、板的接合面非常薄弱，特别是采用无支架吊装施工时，在吊装过程中施工人员需要在拱肋上来回行走，使拱肋顶面不清洁甚至沾上了油污，截面实际抗剪和抗拉的能力都很小，因而这个接合面上很容易出现环向裂缝。严重时拱肋与拱波完全脱开，使按组合截面计算的主拱圈变成了叠合截面，大大地降低了桥梁的承载能力，其后果比较严重。

后期采用倒T形拱肋的双曲拱桥，肋、波、板接合较好，只要桥台无明显变位，施工时又能保证质量，采用这种截面形式可以避免肋、波之间出现环向裂缝。

4）裂缝评定

对于旧桥，试验荷载作用下绝大部分裂缝宽度应不大于表4-1-6规定的允许值。当结构具有足够的承载能力但裂缝宽度超过表中规定时，应采取防护措施以保证结构的耐久性。当结构裂缝发展严重或裂缝仍在继续发展时，应从上部构造本身和地基基础两个方面查明原因，对桥梁采取有效的加固措施。

2. 桥面系常见病害

桥面系直接承受车辆荷载，最容易产生病害，也是设计时最容易忽略的部位。桥面系不但影响着桥梁的美观，还决定着桥梁的耐久性，尤其是对于预制梁的上部结构，桥面铺装的损坏、伸缩缝的损坏都会引起梁体的损坏，引起单梁受力甚至破坏。现将桥面系的几种常见病害介绍如下。

1）桥面铺装层损坏

对于沥青类铺装层所产生的缺陷，主要有泛油、松散、露骨、裂缝、拥包、车辙、拉断和脱落等；对于水泥混凝土铺装层所产生的主要缺陷，主要是磨光、裂缝、脱皮及松散破碎等。详见图4-1-7、图4-1-8。

图4-1-7　沥青铺装层坑槽

图4-1-8　水泥混凝土铺装层通长裂缝

2）人行道构件损坏

人行道构件损坏主要包括人行道铺装的开裂、破损及缺失等。详见图4-1-9、图4-1-10。

3）栏杆或防撞墙损坏

栏杆或防撞墙损坏主要包括栏杆的断裂、混凝土脱落、剥落及钢管锈蚀等。详见图4-1-11、图4-1-12。

图 4-1-9 人行道铺装破损

图 4-1-10 路缘石破损

图 4-1-11 栏杆混凝土破损剥落

图 4-1-12 防撞墙破损

4）伸缩缝损坏失效

伸缩缝的损坏主要包括伸缩缝的缺失、软性填料的老化脱落、钢板断裂及钢板和角钢的焊缝破裂等。详见图 4-1-13、图 4-1-14。

图 4-1-13 橡胶伸缩缝老化损坏

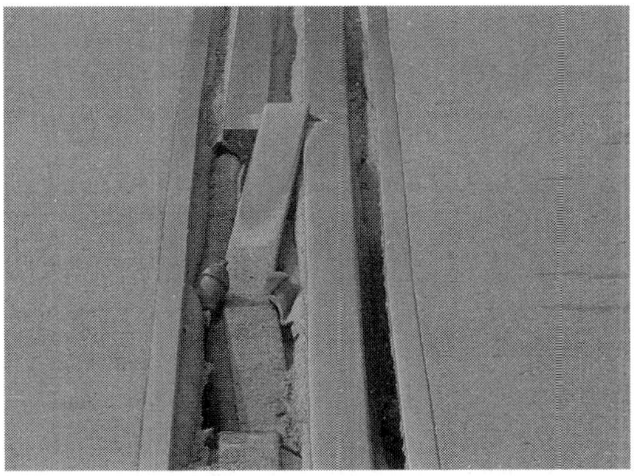

图 4-1-14 钢伸缩缝钢板破损

3. 上部结构常见病害

1）上部主要承重构件破损

上部主要承重构件破损主要表现在由于钢筋锈蚀严重，T 梁腹板下缘、翼缘底部、空心板底面及拱肋底部由于钢筋锈蚀引起纵向通长裂缝，并引起混凝土大面积涨鼓、钢筋保护层剥落；承重构件混凝土表面侵蚀严重，呈现疏松、风化现象。详见图 4-1-15、图 4-1-16。

图 4-1-15　T 梁翼缘混凝土破损露筋

图 4-1-16　T 梁腹板底部混凝土保护层脱落

2）上部一般承重构件破损

上部主要承重构件破损主要表现在横隔梁缺失；横隔梁钢板连接处混凝土剥落，钢板外露或连接横隔梁钢板锈蚀损坏。详见图 4-1-17、图 4-1-18。

图 4-1-17　T 形横隔梁连接处破损

图 4-1-18　横隔梁整体缺失

4. 下部结构常见病害

下部结构的常见病害表现在：墩台表面裂缝；混凝土表面侵蚀、蜂窝麻面现象；基础外露、侵蚀严重等。详见图 4-1-19、图 4-1-20。

图 4-1-19　桥墩表面混凝土蜂窝麻面

图 4-1-20　桩基外露

三、桥梁承载能力验算

(一)验算原则

1. 遵循的规范

桥梁的承载能力验算，主要应按照交通运输部颁布的《公路桥涵设计通用规范》(JTG D60—2004)，《公路圬工桥涵设计规范》(JTG D61—2005)，《公路钢筋混凝土及预应力混凝土桥涵设计规范》(JTG D62—2005)，《公路桥涵地基与基础设计规范》(JTG D63—2007)及其他有关规范(以下简称“规范”)进行。也可应用已被科研证实能挖掘桥梁潜力的、可靠的分析计算方法。

2. 验算荷载的采用

一般应按桥梁所在路线近期载重要求(汽车与人群、平板挂车、履带车)，应按交通运输部颁布的《公路工程技术标准》(JTG B01—2003)的荷载等级进行验算。

当桥梁需要临时通过特殊重型车辆荷载，且重型车辆产生的荷载效应大于该桥近期要求达到的标准荷载等级的荷载效应时，可按重型车辆的载重要求直接验算桥梁。

3. 承载能力验算

为了充分利用旧桥，如按规范要求布置挂车或履带车验算桥梁承载能力不能通过时，也可采取限制车辆的运行路线(如加大车轮边缘与路缘石的间距)、车间距、车速等措施进行承载能力验算。

(二)验算要点

根据桥梁的实际状况，参考以往的设计计算资料，着重进行结构主要控制截面、结构薄弱部位的验算。除结构裂缝发展严重，刚度显著降低的旧桥外，一般可不必验算桥梁的刚度。多孔桥结构相同、跨径相同的孔，应选择受力最不利与损坏较严重的孔进行验算。

验算时应以实际调查的结构各部尺寸及材料强度为依据，若实际调查值与设计值相差不大时，仍可按设计值进行验算。如质量问题严重的构件，应根据检查资料进行强度折减。

梁式桥桥面铺装混凝土与梁体接合较好时，可考虑其参与共同受力。组合梁桥如接合面产生开裂、错位等现象应对其组合截面进行适当的折减。

钢筋混凝土梁桥缺乏主梁配筋资料时，可参考同年代类似桥梁及图纸进行承载能力估算。最好以仪器探测的主筋尺寸、位置及数量作为验算依据。

砖石及混凝土拱桥主拱圈如已开裂，应验算开裂处的局部受力，当裂缝高度超过截面中性轴时，内力计算时开裂处应作为铰接点处理。

拱桥拱上建筑的联合作用应予以考虑。可根据拱上建筑的类型，完好程度及所验算的截面位置等区别对待。

当墩、台发生不均匀沉降、滑移或倾斜时，应对地基承载能力进行验算，并验算对超静定上部结构内力的影响。

计算永久荷载时，应采用桥梁经养护、维修、加固后的实际恒载重量。

(三)旧桥验算承载能力的折减或提高

1. 上部结构

验算结构强度及稳定性时，应根据桥梁实际状况，对结构的抗力效应进行折减或提高。

其具体方法如下。

1)砖石及混凝土桥

对《公路圬工桥涵设计规范》(JTG D61—2005)中对荷载效应不利组合设计值小于或等于结构抗力效应设计值的方程式,改变如式(4-1-1)所示:

$$S_{\mathrm{d}}(\gamma_{s0}\varphi\sum\gamma_{s1}Q)\leqslant R_{\mathrm{d}}\left(\frac{R^{1}}{\gamma_{\mathrm{m}}},\alpha_{\mathrm{k}}\right)Z_{1} \tag{4-1-1}$$

式中:S_d——荷载效应函数;

Q——荷载在结构上产生的效应;

γ_{s0}——结构的重要性系数;

γ_{s1}——荷载安全系数;

φ——荷载组合系数;

R_d——结构的抗力效应函数;

R^1——材料或砌体的极限强度;

γ_m——材料或砌体的安全系数;

α_k——结构的几何尺寸;

Z_1——旧桥检算系数。

2)钢筋混凝土及预应力混凝土桥

对《公路钢筋混凝土及预应力混凝土桥涵设计规范》(JTG D62—2004)中对荷载效应不利组合设计值小于或等于结构抗力效应设计值的方程式改变,如式(4-1-2)所示:

$$S_{\mathrm{d}}(\gamma_{g}G,\gamma_{q}\sum Q)\leqslant\gamma_{b}R_{\mathrm{d}}\left(\frac{R_{c}}{\gamma_{c}},\frac{R_{s}}{\gamma_{s}}\right)\times Z_{1} \tag{4-1-2}$$

式中:S_d——荷载效应函数;

G——永久荷载(结构重力);

γ_g——永久荷载(结构重力)安全系数;

Q——可变荷载及永久荷载中混凝土收缩、徐变影响力,基础变位影响力;

γ_q——荷载 Q 的安全系数;

R_d——结构的抗力函数;

γ_b——结构工作条件系数;

R_c——混凝土强度设计采用值;

γ_c——在混凝土强度设计采用值基础上的混凝土安全系数;

R_s——预应力钢筋或非预应力钢筋强度设计采用值;

γ_s——在钢筋强度设计采用值基础上的钢筋安全系数。

其中,Z_1 的取值详见规范《公路旧桥承载能力鉴定办法》(试行)(1988)。

2. 地基与基础

经久压实的桥梁地基土允许承载力的提高,按《公路桥涵地基与基础设计规范》(JTG D63—2007)中的规定采用。

3. 填土侧压力

当桥头填土经久压实时,按规范采用的填土内摩擦角 φ,可根据土质情况适当加大。

小　　结

通过本任务的学习，了解桥梁旧桥检测的目的和意义，熟练掌握旧桥的外观普查项目，会填写相应表格，能够根据设计资料进行验算，从而判断桥梁结构的安全承载能力及评价桥梁的营运质量。

任务4.2　桥梁详细检查

任务导入

仅通过桥梁普查，并不能够对旧桥材料状况及结构整体耐久性进行评定，尤其对那些原始设计资料不足的旧桥。所以在旧桥检测中还需要对桥梁结构采用一些专门的技术和检测设备进行深入而细致的检测，其中包括通过无损和半破损的技术来检测混凝土的强度、确定混凝土中钢筋分布和保护层厚度、混凝土内部缺陷的超声法检测、钢筋锈蚀电位的检测及钢结构的无损检测等。

任务分析

若想要完成上述任务，应掌握桥梁详细检查所包含的项目，解决以下几个问题：

①什么叫桥梁的详细检查？

②什么情况下应做详细检查？

③详细检查包括哪些方面的内容？

④详细检查后做出何种鉴定？

⑤详细检查的报告包括哪些内容？

1. 桥梁的详细检查

桥梁的详细检查，是依据一般检查的结果，对一些重点部位或典型桥孔采用一些专门技术和检测设备进行深入而细致的检测。

2. 应做详细检查的几种情况

(1)一般检查中难以判明桥梁损坏原因及程度。

(2)桥梁技术状况为四类者。

(3)拟通过加固手段提高载重等级的桥梁。

(4)桥梁遭受洪水、流冰、漂浮物或船舶撞击、滑坡、地震、风灾和超重车辆通过及其他异常情况影响并造成损害之后，实施应急检查。

3. 详细检查包括的内容

(1)结构材料及缺损状况的检测。主要包括结构缺损程度检测、材料物理与力学性能检测和材料腐蚀状况及化学性能测试等。

(2)结构功能状况检测。主要包括结构固有模态参数测定、结构几何形态测量、横载变异状况调查及墩台基础变位调整等。

相关链接

公路旧桥常见的检测项目见表4-2-1所列。

公路旧桥常见检测项目　　表4-2-1

序号	常见检测项目
1	桥梁结构重力变异状况调查
2	桥梁几何形态参数的测定
3	结构构件表观状况详细检查
4	结构构件材质强度检测
5	结构构件内部缺陷与表层损伤的测定
6	裂缝深度检测
7	钢筋锈蚀电位测量
8	混凝土中氯离子含量的测定
9	混凝土电阻率的检测
10	混凝土碳化深度测量
11	混凝土结构中钢筋分布状况及保护层厚度的检测
12	桥梁结构模态参数的测定
13	索结构索力的测定
14	桥梁基础与墩台变位情况的调查
15	地基与基础的检验

4. 详细检查后做出的鉴定

详细检查应根据桥梁的破损状况和性质，采用仪器和设备，进行专门的检测与检验，针对桥梁现状进行验算分析，形成结论性鉴定意见。

(1)桥梁结构材料缺损状况。它包括对材料物理、化学性能、材料损坏程度及缺损原因的测试鉴定。

(2)桥梁结构承载能力。它包括对结构强度、稳定性和刚度的验算分析与荷载试验需求确定。

(3)桥梁防灾能力。它包括桥梁抗洪水、抗流冰能力以及地质灾害影响的检测鉴定。

相关链接

桥梁材料缺损状况鉴定，可根据鉴定要求和缺损的类型、位置，选择表面测量、无破损检测技术和局部取试样等可靠有效的方法，试样应在有代表性构件的次要部位获取；桥梁结构承载能力鉴定，一般采用在详细检查的基础上通过结构验算分析，必要时结合荷载试验的方法；桥梁抗灾能力鉴定，一般采用现场测试和验算的方法，特别重要的桥梁可进行模拟试验。

5. 详细检查报告所包括的内容

(1)概述检查的一般情况。它包括桥梁的基本情况，检查的组织、时间、背景和工作过程等。

(2)目前桥梁技术状况的描述。它包括现场调查，检测项目及方法、检测数据与分析结果、桥梁技术状况评价等。

(3)结构材料缺损状况鉴定、桥梁结构承载能力鉴定、桥梁抗灾能力鉴定情况等。

(4)详细阐述检查部位的损坏程度及原因，并提出结构部件和总体的维修、加固或改建的建议方案。

任务目的

根据对所给的试验梁进行桥梁详细检查及其相关部位的试验检测，使学生深入了解桥梁的详细检查在成桥检测中的重要意义；通过对结构构件的现场检测，能够对其做出相关鉴定及提出小修保养或维修加固的建议方案。

任务实施

一、混凝土强度的无破损检测

混凝土强度的检测方法可分为无损检测、半破损检测和破损检测。混凝土结构的无损检测技术是桥梁检测技术中一项重要的内容。所谓混凝土无损检测技术，是在不破坏混凝土内部结构和使用性能的情况下，利用声、光、热、电、磁和射线等方法，测定有关混凝土性能的物理量，推定混凝土的强度、缺陷等的测试技术。混凝土无损检测技术与破坏试验方法相比，具有不破坏结构构件、不影响其使用性能、可以探测结构内部缺陷及可以连续测试和重复测试等特点。混凝土强度的无破损检测方法主要有回弹法和超声-回弹综合法。

1. 回弹法检测混凝土强度

1）回弹法的基本原理

回弹法是采用回弹仪（见图4-2-1）的弹簧驱动重锤，通过弹击杆弹击混凝土表面，并以重锤被反弹回的距离（称回弹值，指反弹距离与弹簧初始长度之比）作为强度相关指标来推算混凝土强度的一种方法。

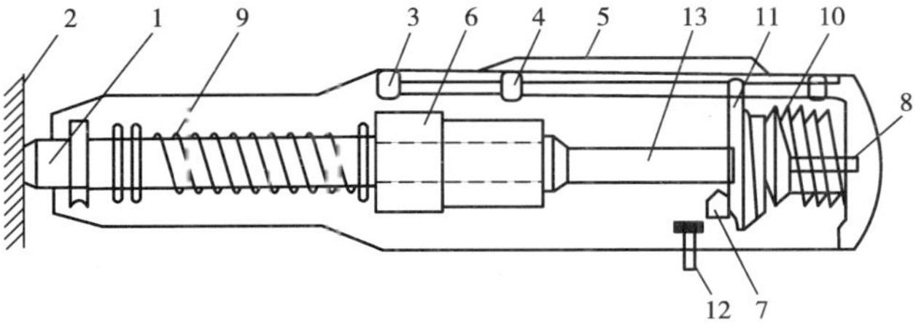

图4-2-1 回弹仪构造

1-冲杆；2-试件；3-套筒；4-指针；5-标尺；6-冲锤；7-钩子；8-调整螺钉；9-拉力弹簧；10-压力弹簧；11-导向圆板；12-按钮；13-导杆

2）回弹法检测混凝土强度的原则

回弹法检测混凝土强度是对常规检验的一种补充。当对构件有怀疑时，例如，试件与结构中混凝土质量不一致，对试件的检验结果有怀疑或供检验用的试件数量不足时，可采用回弹法检测，并将检测结果作为处理混凝土质量问题的一个主要依据。

另外，施工阶段，如构件拆模、预应力张拉或移梁、吊装时，回弹法可作为评估混凝土强度的依据。

回弹法的使用前提是要求被测结构或构件混凝土的内外质量基本一致。因此，当混凝土表层与内部质量有明显差异，例如遭受化学腐蚀或火灾时，不能用回弹法评定混凝土强度。

（1）检测结构或构件混凝土强度可采用下列两种方式，其适用范围及构件数量应符合下列规定：

①单个检测：适用于单独的结构或构件的检测。

②批量检测：适用于在相同的生产工艺条件下，混凝土强度等级相同，原材料、配合比、成型工艺、养护条件基本一致且龄期相近的同类构件。按批进行检测的构件，抽检数量不得少于同批构件总数的30%，且测区数量不得少于100个。抽检构件时，有关方面应协商一致，使所选构件具有一定的代表性。

（2）每一构件的测区，应符合下列要求：

①每一结构或构件测区数不应少于10个，对某一方向尺寸小于4.5m且另一方向尺寸小于0.3m的构件，其测区数量可适当减少，但不应少于5个。

②相邻两个测区的间距应控制在2m以内，测区离构件端部或施工缝边缘的距离不宜大于0.5m，且不宜小于0.2m。

③测区应选在使回弹仪处于水平方向，检测混凝土浇筑侧面（贴模板的一面）；当不能满足这一要求时，可选在使回弹仪处于非水平方向检测混凝土浇筑侧面、表面或底面。

④测区宜选在构件的两个对称可测面上，也可选在一个可测面上，且应均匀分布；在构件的受力部位及薄弱部位必须布置测区，并应避开预埋件。

⑤测区的面积宜控制在0.04m^2以内。

⑥检测面应为原状混凝土表面，并应清洁、平整，不应有疏松层、浮浆、油垢、涂层以及蜂窝、麻面，必要时可用砂轮清除疏松层和杂物，且不应有残留的粉末或碎屑。

⑦对于弹击时会产生颤动的薄壁、小型构件，应设置支撑固定。

（3）结构或构件的测区应标有清晰的编号，必要时应在记录纸上描述测区布置示意图和外观质量情况。

（4）检测时，回弹仪的轴线应始终垂直于结构或构件混凝土检测面，缓慢施压，准确读数，快速复位。

（5）测点宜在测区范围内均匀分布，相邻两测点的净距一般不小于20mm，测点距构件边缘或外露钢筋、预埋件的距离一般不小于30mm，测点不应在气孔或外露石子上，同一测点只允许弹击一次。每一测区应记取16个回弹值，每一测点的回弹值读数精确至1。

3）碳化深度的测量

（1）回弹值测量完毕后，应选择不小于构件数的30%测区数在有代表性的位置上测量碳化深度值；当碳化深度值大于2.0mm，应在每一测区测量碳化深度值。

（2）碳化深度值的测量方法：采用合适的工具在测区表面形成直径约15mm的孔洞，其深度大于混凝土的碳化深度。然后清除净孔洞中的粉末和碎屑后（不得用水冲洗），立即用浓度为1%酚酞酒精溶液滴在孔洞内壁的边缘处，再用深度测量工具测量已碳化与未碳化混凝土交界面到混凝土表面的垂直距离，测量不应少于3次，取其平均值，该距离即为混凝土的碳化深度值。每次读数精确至0.5mm。

（3）对结构混凝土碳化深度的检测和评定，本书后续内容还有详细介绍。

4）回弹值的计算和测区混凝土强度的计算

（1）计算测区平均回弹值时，应从该测区的16个回弹值中剔除3个最大值和3个最小值；然后将余下的10个回弹值按下列公式计算：

$$R_m = \frac{\sum_{i=1}^{10} R_i}{10} \tag{4-2-1}$$

式中：R_m——测区平均回弹值，精确至0.1；

R_i——第i个测点的回弹值。

（2）回弹仪非水平方向检测混凝土浇筑侧面时，应按下列公式修正：

$$R_m = R_{ma} + R_{aa} \tag{4-2-2}$$

式中：R_{ma}——非水平方向检测时测区平均回弹值，精确至0.1；

R_{aa}——非水平方向检测时回弹值的修正值，按《回弹法检测混凝土抗压强度技术规程》（JGJ/T 23—2001）中查用。见表4-2-2。

非水平状态检测时回弹值修正值 表 4-2-2

测试角度 α \ R_m	检测角度							
	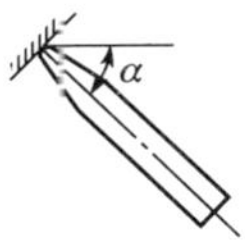				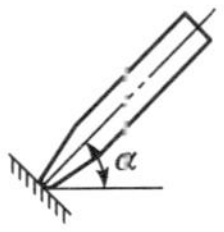			
	+90	+60	+45	+30	−30	−45	−60	−90
20	−6.0	−5.0	−4.0	−3.0	+2.5	+3.0	+3.5	+4.0
30	−5.0	−4.0	−3.5	−2.5	+2.5	+3.0	+3.5	+4.0
40	−4.0	−3.5	−3.0	−2.0	+1.5	+2.0	+2.5	+3.0
50	−3.5	−3.0	−2.5	−1.5	+1.0	+1.5	+2.0	+2.5

(3)回弹值水平方向检测混凝土浇筑表面时,应按下列公式修正:

$$R_m = R_m^t + R_a^t \tag{4-2-3}$$

$$R_m = R_m^b + R_a^b \tag{4-2-3'}$$

式中:R_m^t、R_m^b——水平方向检测混凝土表面、底面时,测区的平均回弹值,精确至0.1;

R_a^t、R_a^b——混凝土浇筑表面、底面回弹值的修正值,按《回弹法检测混凝土抗压强度技术规程》(JGJ/T 23—2001)查用。见表4-2-3。

不同浇筑面的回弹值修正值 表 4-2-3

R_m^t 或 R_m^b	表面修正值(R_a^t)	底面修正值(R_a^b)	R_m^t 或 R_m^b	表面修正值(R_a^t)	底面修正值(R_a^b)
20	+2.5	−3.0	40	+0.5	−1.0
25	+2.0	−2.5	45	0	−0.5
30	+1.5	−2.0	50	0	0
35	+1.0	−1.5			

注:①R_m^t 或 R_m^b 小于20或大于50时,均分别按20或50查表。

②表中有关混凝土浇筑表面的修正系数,是指一般原浆抹面的修正值。

③表中有关混凝土浇筑底面的修正系数,是指构件底面与侧面采用同一类模板在正常情况下的修正值。

④表中未列入的相应于 R_m^t 或 R_m^b 的 R_a^t 和 R_a^b 值,可用内插法求得,精确至0.1。

(4)如检测时仪器非水平方向且测试面非混凝土的浇筑侧面,应先对回弹值进行角度修正,然后再对修正后的值进行浇筑面修正。

(5)结构或构件第 i 个测区混凝土强度换算值,可按式(4-2-1)、式(4-2-2)或式(4-2-3)求得的平均回弹值 R_m 及求得的平均碳化深度值 d_m,由《回弹法检测混凝土抗压强度技术规程》(JGJ/T 23—2001)中附录A查得。表中未列入的测区强度值可用内插法求得。有地区或专用测强曲线时,混凝土强度换算值应按地区或专用测强曲线换算得出。

5)混凝土强度的计算

(1)由各测区的混凝土强度换算值可计算得出结构或构件混凝土的强度平均值。当测区数不少于10个时,还应计算强度标准差。平均值及标准差应按下列公式计算:

$$m_{f^c_{cu}} = \frac{\sum_{i=1}^{n} f^c_{cu,i}}{n} \tag{4-2-4}$$

$$S_{f^c_{cu}} = \sqrt{\frac{\sum_{i=1}^{n}(f^c_{cu,i})^2 - n(mf^c_{cu})^2}{n-1}} \tag{4-2-5}$$

式中：$m_{f^c_{cu}}$——构件混凝土强度平均值，MPa，精确至0.1MPa；

n——对于单个检测的构件，取一个构件的测区数；对于批量检测的构件，取被抽取构件测区数之和；

$S_{f^c_{cu}}$——构件混凝土强度标准差，MPa，精确至0.01MPa。

（2）构件混凝土强度推定值$f_{cu,e}$的确定：

①当按单个构件检测时，以最小值作为该构件的混凝土强度推定值。

$$f_{cu,e} = f^c_{cu,min} \tag{4-2-6}$$

②当按批量检测时，应按下列公式计算：

$$f_{cu,e1} = m_{f^c_{cu}} - 1.645 S_{f^c_{cu}} \tag{4-2-7}$$

$$f_{cu,e2} = m_{f^c_{ci,min}} \tag{4-2-8}$$

式中：$f_{cu,e2}$——该批每个构件中最小的测区混凝土强度换算值的平均值，MPa，精确至0.1MPa。

取式(4-2-7)或式(4-2-8)中的较大值为该批构件的混凝土强度推定值。

③对于按批量检测的构件，当该批构件混凝土强度标准差出现下列情况之一时，则该批构件应全部按单个构件检测。

a. 当该批构件混凝土平均值小于25MPa时：

$$S_{f^c_{cu}} > 4.5\text{MPa} \tag{4-2-9}$$

b. 当该批构件混凝土强度平均值不小于25MPa时：

$$S_{f^c_{cu}} > 5.5\text{MPa} \tag{4-2-10}$$

6）注意事项

（1）回弹法测强的误差比较大，因此对比较重要的构件或结构物强度检测必须慎重使用。

（2）符合下列条件的混凝土才能采用全国统一测强曲线进行测区混凝土强度换算：

①普通混凝土采用的材料、拌和用水符合现行国家有关标准；

②不掺外加剂或仅掺非引气型外加剂；

③采用普通成型工艺；

④采用符合现行国家标准《混凝土结构工程施工及验收规范》(GB 50204)规定的钢模、木模及其他材料制作的模板；

⑤自然养护或蒸汽养护出池后经自然养护7d以上，且混凝土表层为干燥状态；

⑥龄期为14～1 000d；

⑦抗压强度为10～60MPa。

（3）当有下列情况之一时，测区混凝土强度值不得按全国统一测强曲线进行测区混凝土强度换算，但可制定专用测强曲线或通过试验进行修正。专用测强曲线的制定方法，见《回弹法检测混凝土抗压强度技术规程》(JGJ/T 23—2001)。

①粗集料最大粒径大于60mm;

②特种成型工艺制作的混凝土;

③检测部位曲率半径小于250mm;

④潮湿或浸水混凝土。

(4)当构件混凝土抗压强度大于60MPa时,可采用标准能量大于2.207J的混凝土回弹仪,并应另行制定检测方法及专用测强曲线进行检测。

(5)批量检测的条件是:在相同的生产工艺条件下,混凝土强度等级相同,原材料、配合比、成型工艺、养护条件基本一致且龄期相近的同类结构或构件。按批进行检测的构件,抽检数量不得少于同批构件总数的30%且构件数量不得少于10件。

2.超声-回弹综合法检测混凝土强度

超声-回弹综合法检测混凝土强度,是目前我国使用较广的一种结构混凝土强度非破损检验方法。它较之单一的超声法或回弹法,具有受混凝土龄期和含水率影响小、测试精度高、使用范围广、能够较全面地反映结构混凝土的实际质量等优点。它也是对常规检验补充的一种办法,当对结构的混凝土强度有怀疑时,可按此办法进行检验,以推定混凝土的强度,作为处理其质量问题的依据。

超声-回弹综合法即用修正后的测区混凝土回弹值和用超声检测仪器测得的超声声速值相结合,推定测区混凝土强度的一种无破损检测混凝土强度的方法。推定混凝土强度的具体方法本书不作介绍,详见《超声回弹综合法检测混凝土强度技术规程》(CECS 02:2005)。

二、混凝土强度的半破损检测

当用无损检测方法不能准确评定结构(构件)或承重构件主要受力部位的混凝土强度时,应采取回弹-取芯法等混凝土强度的半破损检测方法来进行综合评定。半破损检测法以不影响结构(构件)的承载能力为前提,在结构(构件)上直接进行局部破坏性试验;然后根据试验值与结构混凝土标准强度的相关关系,换算成标准强度换算值,并据此推算出强度标准值的推定值或特征强度。这类方法的特点是以局部破坏性试验获得结构混凝土的实际抵抗破坏的能力,因而直观可靠,测试结果宜为人们所接受。其缺点是会造成结构物的局部破坏,需进行修补,因而不适用于大面积的全面检测。混凝土强度的半破损检测常用的方法是钻芯取样法。

钻芯取样法检测混凝土强度,是指从混凝土结构物中钻取芯样,测定混凝土的劈裂抗拉强度或抗压强度,作为评定结构或构件的主要品质指标。用钻芯法还可以检测混凝土的裂缝、接缝、分层、孔洞或离析等缺陷,具有直观、精度高等特点。但是由于结构或构件部位的条件、所处位置及受力状态的影响,钻取芯样的数量通常比较少,在一定程度上可作为抽检混凝土抗压强度、均匀性和内部缺陷的指标的方法。其检测原则如下。

1.钻前准备资料

(1)工程名称(或代号)及设计、施工、建设单位名称;

(2)结构或构件种类,外形尺寸及数量;

(3)设计采用的混凝土强度等级;

(4)成型日期,原材料(水泥品种、粗集料粒径等)和混凝土试块抗压强度试验报告;

(5)结构或构件质量状况和施工中存在问题的记录;

(6)有关的结构设计图和施工图等。

2. 钻取芯样部位

(1)结构或构件受力较小的部位;

(2)混凝土强度质量具有代表性的部位;

(3)便于钻芯机安放与操作的部位;

(4)避开主筋、预埋件和管线的位置,并尽量避开其他钢筋;

(5)用钻芯法和非破损法综合测定强度时,与非破损法取同一测区。

3. 芯样数量

按单个构件检测时,每个构件的钻芯数量不应少于 3 个,对于较小构件,钻芯数量可取 2 个;对构件的局部区域进行检测时,应由要求检测的单位提出钻芯位置及芯样数量。

4. 芯样直径

钻取的芯样直径一般不宜小于集料最大粒径的 3 倍,在任何情况下不得小于集料最大粒径的 2 倍。

5. 芯样高度

芯样抗压试件的高度和直径之比应在 1 ~2 范围内。

6. 芯样外观检查

每个芯样应详细描述有关裂缝、分层、麻面或离析等,并估计集料的最大粒径、形状种类及粗细集料的比例与级配,检查并记录存在气孔的位置、尺寸与分布情况,必要时应进行拍照。

7. 芯样测量

(1)平均直径:用游标卡尺测量芯样中部,在相互垂直的两个位置上,取其两次测量的算术平均值,精确至 0.5mm;

(2)芯样高度:用钢卷尺或钢板尺进行测量,精确至 0.5mm;

(3)垂直度:用游标量角器测量两个端面与母线的夹角,精确至 0.1°;

(4)平整度:用钢板尺或角尺紧靠在芯样端面上,用塞尺测量与芯样端面之间的缝隙(图 4-2-2)。

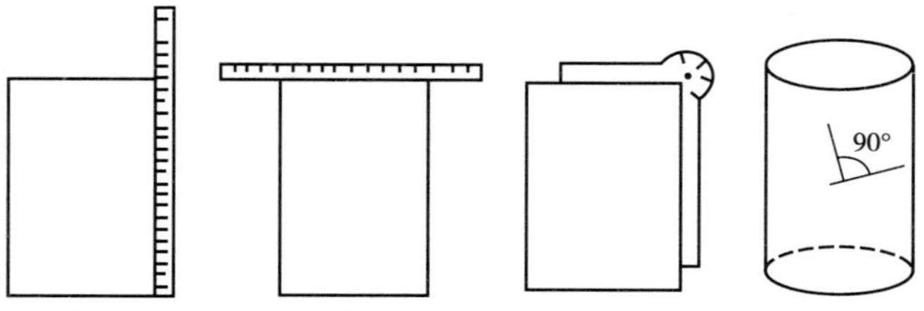

图 4-2-2　芯样尺寸测量示意图

a)测量高;b)测平整度;c)测垂直度;d)测平均直径

8. 芯样端面补平方法

当锯切后芯样端面的不平整度在 100mm 长度内超过 0.1mm,芯样端面与轴线的不垂直度超过2°时，宜采用在磨平机上磨平或在专用补平装置上补平的方法进行端面加工。

(1)硫黄胶泥(或硫黄)补平

①补平前先将芯样端面污物清除干净，然后将芯样垂直地夹持在补平器的夹具中，并提升到一定高度(图4-2-3)。

②在补平器底盘上涂上一层很薄的矿物油或其他脱模剂，以防硫黄胶泥与底盘黏结。

③将硫黄胶泥置放于容器中加热溶化。待硫黄胶泥溶液由黄色变成棕色时(约150℃)，倒入补平器底盘中，然后转动手轮使芯样下移并与底盘接触；待硫黄胶泥凝固后，反向转动手轮，把芯样提起，打开夹具取出芯样。最后，按上述步骤补平该芯样的另一端面。

(2)用水泥砂浆(或水泥净浆)补平

①补平前先将芯样端面污物清除干净，然后将端面用水湿润。

②在平整度为每长100mm不超过0.05mm的钢板上涂一薄层矿物油或其他脱模剂，然后倒上适量水泥砂浆摊成薄层，稍许用力将芯样压入水泥砂浆之中，并应保持芯样与钢板垂直。待2h后，再补另一端面。仔细清除侧面多余水泥砂浆，在室内静放一昼夜后送入养护室内养护。待补平材料强度不低于芯样强度时，方能进行抗压试验(图4-2-4)。

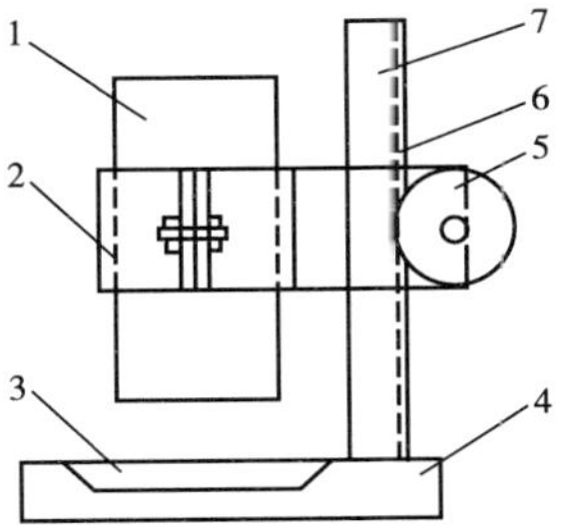

图4-2-3 硫黄胶泥补平示意图

1-芯样；2-夹具；3-硫黄液体；4-底盘；5-手轮；6-齿条；7-立柱

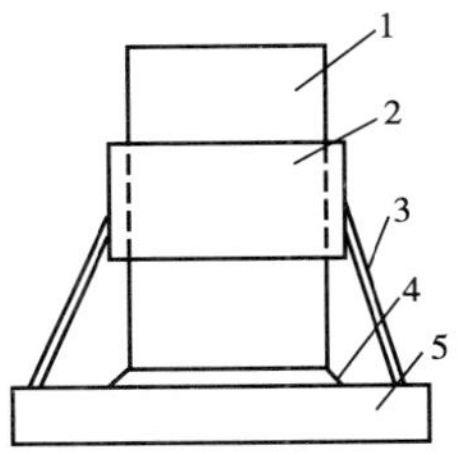

图4-2-4 水泥砂浆补平示意图

1-芯样；2-套模；3-支架；4-水泥砂浆；5-钢板

9.抗压强度试验

(1)芯样试件宜在与被检测结构或构件混凝土湿度基本一致的条件下进行抗压试验。如结构工作条件比较干燥，芯样试件应以自然干燥状态进行试验；如结构工作条件比较潮湿，芯样试件应以潮湿状态进行试验。

(2)按自然干燥状态进行试验时，芯样试件在受压前应在室内自然干燥3d；按潮湿状态进行试验时，芯样试件应在20℃±5℃的清水中浸泡40~48h，从水中取出后应立即进行抗压试验。

10.芯样强度计算

芯样试件的混凝土强度换算值系指用钻芯法测得的芯样强度，换算成相应于测试龄期的边长为150mm的立方体试块的抗压强度值。芯样试件的混凝土强度换算值，应按下式计算：

$$f_{cu}^{c}=\alpha\cdot\frac{P}{A}=\alpha\cdot\frac{4P}{\pi d^{2}} \tag{4-2-11}$$

式中：f_{cu}^{c}——混凝土芯样抗压强度换算值，MPa；精确至0.1MPa；

P——芯样试件抗压试验测得的最大荷载，N；

A——受压面积，mm^2；

d——芯样截面的平均直径，mm；

α——不同高径比芯样试件混凝土强度换算系数，见表4-2-4。

抗压强度尺寸修正系数表　　表4-2-4

高径比(h/d)	1.0	1.1	1.2	1.3	1.4	1.5	1.6	1.7	1.8	1.9	2.0
系数α	1.00	1.04	1.07	1.10	1.13	1.15	1.17	1.19	1.21	1.22	1.24

单个构件及其局部区域，可取芯样试件混凝土强度换算值中的最小值作为其代表值。

11. 注意事项

(1)对混凝土强度等级低于C10的结构，不宜采用钻芯法检测。

(2)芯样试件内不应含有钢筋。如不能满足此项要求，每个试件内最多只允许含有两根直径小于10mm的钢筋，且钢筋应与芯样轴线基本垂直并不得露出端面。

(3)将芯样取出并稍晾干后，应标上芯样的编号，并应记录取芯构件名称、取芯位置、芯样长度及外观质量等，必要时应拍摄照片。如发现不符合制作芯样试件的条件，应另行钻取。

(4)芯样在搬运之前应采用草袋、废水泥袋等材料仔细包装，以免碰坏。

(5)芯样有裂缝或有其他较大缺陷时不得用于抗压强度试验。

(6)硫黄胶泥(或硫黄)补平法一般适用于自然干燥状态下抗压试验的芯样试件补平，水泥砂浆(或水泥净浆)补平法一般适用于潮湿状态下抗压试验的芯样试件补平。

(7)补平层应与芯样接合牢固，以使受压时补平层与芯样的接合面不提前破坏。

(8)经端面补平后的芯样高度小于$0.95d$(d为芯样试件平均直径)，或大于$2.05d$时不得用于抗压强度试验。

三、混凝土缺陷的无破损检测

在混凝土结构物的施工及使用过程中，往往会造成一些缺陷或损伤。形成这些缺陷或损伤的原因是多种多样的。一般而言，主要有4个方面的原因：

①施工原因。例如振捣不足，钢筋网过密而集料最大粒径选择不当、模板漏浆等所造成的内部孔洞、不密实区、蜂窝及保护层不足、钢筋外露等。

②由于混凝土非外力作用所形成的裂缝。例如在大体积混凝土中，因水泥水化热积蓄过多，在凝固及散热过程中的不均匀收缩而造成的温度裂缝，混凝土干缩及碳化收缩所造成的裂缝。

③长期在腐蚀介质或冻融作用下由表及里的层状疏松。

④受外力作用所产生的裂缝。例如因龄期不足即行吊装而产生的吊装裂缝等。

这些缺陷损伤往往会严重影响结构物的承载能力或耐久性，因此是事故处理、施工验收、旧桥安全鉴定及进行维修和补强设计时必须检测的项目。

目前，对混凝土内部缺陷的存在、大小、位置和性质进行无破损检测的手段有超声脉冲法和射线法两大类。其中射线法因穿透能力有限，以及操作中需解决人体防护等问题，在我国使用较少，所以目前最有效的检测方法是超声脉冲法，又称超声法。

超声法采用带波形显示功能的超声波检测仪，它测量超声脉冲波在混凝土中的传播速度（简称声速）、首波幅度（简称波幅）和接收信号主频率（简称主频）等声学参数，并根据这些参数及其相对变化（有缺陷声速、波幅和主频降低），判定混凝土结构内部缺陷与表层损伤的情况。

该方法适用于公路常见混凝土桥梁混凝土结构内部缺陷与表层损伤的检测。涉及的检测项目主要包括：混凝土内部空洞和不密实区的位置与范围、裂缝深度、表层损伤厚度，以及不同时间浇筑的混凝土接合面的质量和钢管混凝土中的缺陷检测等。

(1)超声法检测混凝土缺陷的基本依据

①根据低频超声在混凝土中遇到缺陷时的绕射现象，按声时及声程的变化，判别和计算缺陷的大小。

②根据超声波在缺陷界面上产生反射，因而到达接收探头时能量会显著衰减的现象判断缺陷的存在及大小。

③根据超声脉冲各频率成分在遇到缺陷界面被衰减程度的不同，因而接收频率明显降低，或接收波谱产生差异，也可判别内部缺陷。

④根据超声波在缺陷处的波形转换和叠加，造成接收波形畸变的现象判别缺陷。

(2)对检测面的要求

测区混凝土表面应清洁、平整，必要时可用砂轮磨平或用高强度等级快凝砂浆抹平。换能器应通过耦合剂与结构表面接触，耦合层中不得夹杂泥沙或空气。

(3)测点间距

普测的测点间距宜为200～500mm（平测法例外），对出现可疑数据的区域，应加密布点进行细测。

(4)超声法检测混凝土内部缺陷与表层损伤的方法

超声法检测混凝土内部缺陷与表层损伤的方法，总体可以分为两类。

①第一类为用厚度振动式换能器进行平面测试，具体测试方法如下所述：

a.对测法：一对发射(T)和接收(R)换能器，分别置于被测结构相互平行的两个表面，两个换能器的轴线位于同一直线上。

b.斜测法：一对发射和接收换能器分别置于被测结构的两个表面，但两个换能器的轴线不在同一直线上。

c.单面平测法：一对发射和接收换能器置于被测结构物同一个表面上进行测试。

②第二类为采用径向振动式换能器进行钻孔测试，具体测试方法如下所述：

a.孔中对测：一对换能器分别置于两个对应钻孔中，位于同一高度进行测试。

b.孔中斜测：一对换能器分别置于两个对应的钻孔，但不在同一高度，而是在保持一定高程差的条件下进行测试。

c.孔中平测：一对换能器置于同一钻孔中，以一定高程差同步移动进行测试。

1.混凝土内部缺陷和空洞的检测

1)适用情况

在混凝土结构施工过程中，因漏振、漏浆或因石子架空在钢筋骨架上，导致混凝土内部形成蜂窝状不密实或空洞等隐蔽缺陷时。

2）检测要求

（1）被测部位应具有一对（或两对）相互平行的测试面。

（2）测区的范围除应大于有怀疑的区域外，还应有同条件的正常混凝土的对比，且对比测点数不应少于20。

（3）在测区布置测点时，应避免T、R换能器的连线与附近的主钢筋轴线平行。

3）检测方法

根据被测结构实际情况，可按下列方法之一布置换能器：

（1）当结构具有两对互相平行的测试面时可采用对测法，其测试方法如图4-2-5所示。在测区的两对相互平行的测试面上，分别画间距为100～300mm的网格，然后编号，确定对应的测点位置。

（2）当结构中只有一对相互平行的测试面时可采用对测和斜测相结合的方法。即在测区的两个相互平行的测试面上，分别画出交叉测试的两组测点位置，如图4-2-6所示。

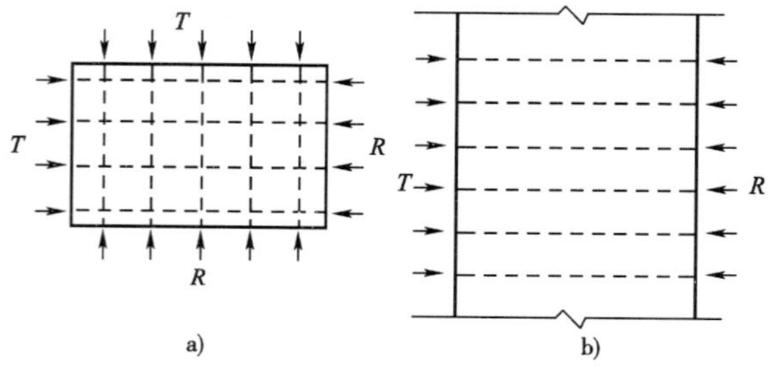

图4-2-5　对测法示意图

a）平面法；b）立面法

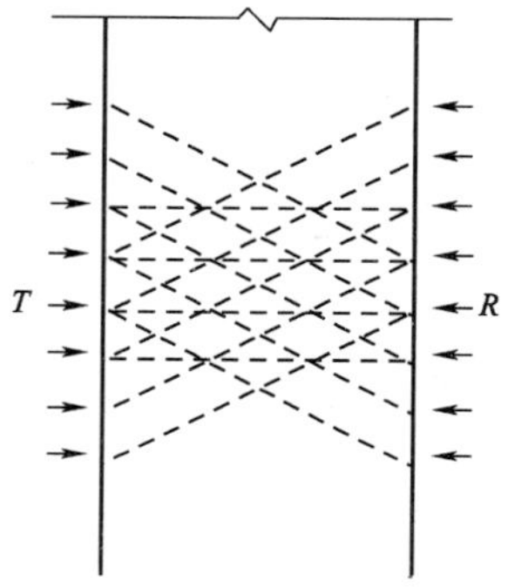

图4-2-6　斜测法示意图

（3）当测距较大时，可采用钻孔或预埋管测法。如图4-2-7所示，在测位预埋声测管或钻出竖向测试孔，预埋管内径或钻孔直径宜比换能器直径大5～10mm，预埋管或钻孔间距宜为2～3m，其深度可根据测试需要确定。检测时可用两个径向振动式换能器分别置于两测孔中进行测试，或用一个径向振动式与一个厚度振动式换能器，分别置于测孔中和平行于测孔的侧面进行测试。

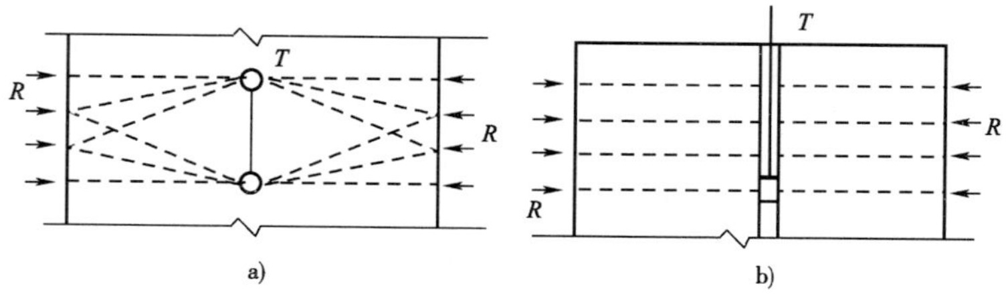

图4-2-7　钻孔法示意图

a）平面法；b）立面法

4）声学参数测量

声学参数测量，按规定测量每一测点的声时、波幅、频率和测距。

5)数据处理及判定

测区混凝土声时(或声速)、波幅、频率测量值的平均值(m_x)和标准差(S_x)应按下式计算:

$$m_x = \frac{1}{n}\sum_{i=1}^{n} x_i \tag{4-2-12}$$

$$S_x = \sqrt{\frac{(\sum_{i=1}^{n} x_i^2 - nm_x^2)}{(n-1)}} \tag{4-2-13}$$

式中:x_i——第 i 点的声时(或声速)、波幅、频率的测量值;

n——测区参与统计的测点数。

6)空洞尺寸的估算

当判定缺陷是空洞时,可采用以下方法估算其空洞尺寸的大小,见图4-2-8。设检测距离为 l,空洞中心(在另一对测试面上,声时最长的测点位置)距一个测试面的垂直距离为 l_h,声波在空洞附近无缺陷混凝土中传播的时间平均值为 m_{ta},绕空洞传播的时间(空洞处的最大声时)为 t_h,空洞半径为 r。

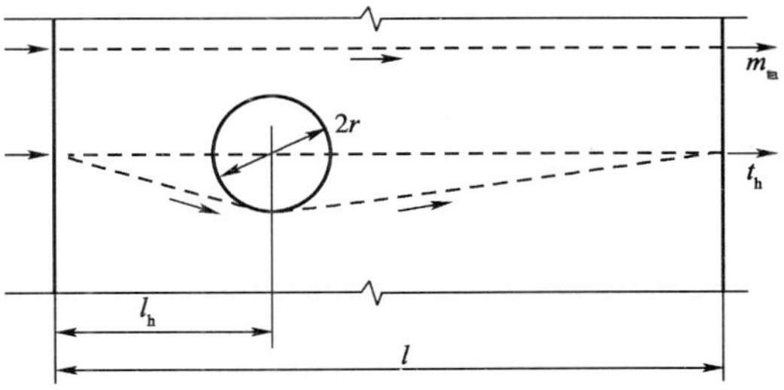

图4-2-8 空洞尺寸估算原理

根据 l_h/l 值和 $(t_h - m_{ta})/m_t \times 100\%$ 值,可由表4-2-5查得空洞半径 r 与测距 l 的比值,再计算空洞的大致尺寸 r。

公路旧桥常见检测项目 表4-2-5

y \ x \ z	0.05	0.08	0.10	0.12	0.14	0.16	0.18	0.20	0.22	0.24	0.26	0.28	0.30
0.1(0.9)	1.42	3.77	6.26										
0.15(0.85)	1.00	2.56	4.06	5.96	8.39								
0.2(0.8)	0.78	2.02	3.17	4.62	6.36	8.44	10.9	13.9					
0.25(0.75)	0.67	1.72	2.69	3.90	5.34	7.03	8.98	11.2	13.8	16.3			
0.3(0.7)	0.60	1.53	2.40	3.46	4.73	6.21	7.91	9.38	12.0	14.4	17.1	20.1	23.6
0.35(0.65)	0.55	1.41	2.21	3.19	4.35	5.70	7.25	9.00	10.9	13.1	15.5	18.1	21.0
0.4(0.6)	0.52	1.34	2.09	3.02	4.12	5.39	6.84	10.3	12.3	14.5	16.9	19.6	19.8
0.45(0.55)	0.50	1.30	2.03	2.92	3.99	5.22	6.62	8.20	9.95	11.9	14.0	16.3	18.8
0.5	0.50	1.28	2.00	2.89	3.94	5.16	6.55	8.11	9.84	11.8	13.8	16.1	18.6

注:表中 $x = (t_h - m_{ta})/t_{ta} \times 100\%$;$y = l_h/l$;$z = r/l$。

如被测部位只有一对可供测试表面,空洞尺寸可用下式计算:

$$r = \frac{l}{2}\sqrt{\left(\frac{t_h}{m_{ta}}\right)^2 - 1} \tag{4-2-14}$$

式中:r——空洞半径,mm;

l——T、R换能器之间的距离,mm;

t_h——缺陷处的最大声时值,μs;

m_{ta}——无缺陷区的平均声时值,μs。

2. 混凝土裂缝深度检测

裂缝检测的目的是掌握对结构承载力和耐久性有影响的裂缝的分布、长度、宽度、深度和发展方向等。一般认为，裂缝深度小于或等于500mm的裂缝为浅裂缝，常用检测方法有斜测法和单面平测法等；裂缝深度大于500mm的裂缝为深裂缝，检测方法有孔中对测、孔中斜测和孔中平测等。混凝土桥梁，若出现深裂缝，对结构的受力和耐久性有很大的影响，因此，掌握裂缝详细情况是很有必要的。

（1）被检测结构应满足下列要求：

①允许在裂缝两旁钻测试孔；

②裂缝中不得充水或泥浆。

（2）被测结构上钻取的测试孔应满足下列要求：

①孔径应比换能器直径大5～10mm；

②孔深应至少比裂缝预计深度深700mm，经测试如浅于裂缝深度，则应加深钻孔；

③对应的两个测试孔必须始终位于裂缝两侧，其轴线应保持平行；

④两个对应测试孔的间距宜为2 000mm，同一结构的各对应测孔间距相同；

⑤宜在裂缝一侧多钻一个较浅的孔，测试无缝混凝土的声学参数，供对比判别之用。

（3）深裂缝检测选用频率为20～40kHz的径向振动式换能器，并在其接线上做出等距离标志（一般间隔100～400mm）。

（4）测试前应先向测试孔中注满清水，然后将T和R换能器分别置于裂缝两侧的对应孔中，以相同高程等间距从上至下同步移动，逐点读取声时、波幅和换能器所处的深度。如图4-2-9所示。

（5）以换能器所处深度 d 与对应的波幅值 A 绘 d-A 坐标图，见图4-2-10。随着换能器的下移，波幅逐渐增大，当换能器下移至某一位置后，波幅达到最大值并基本稳定，该位置所对应的深度便是裂缝深度 d_c。

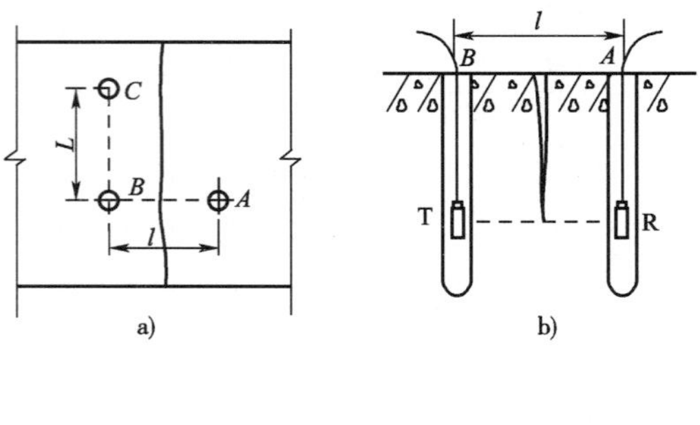

图4-2-9　钻孔测裂缝深度

a）平面图（C 为比较孔）；b）立面图

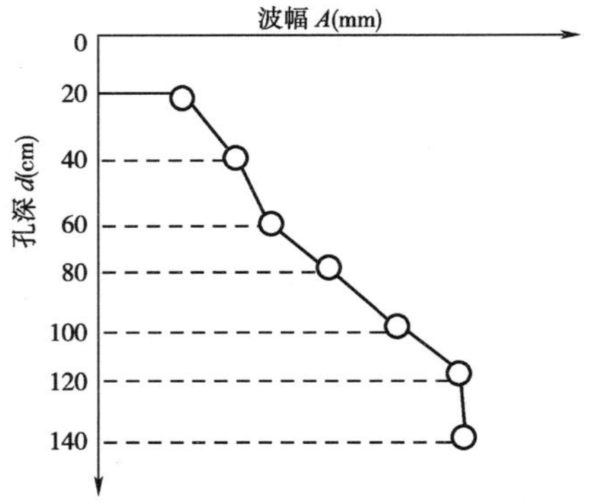

图4-2-10　d-A 坐标图

四、钢筋锈蚀电位检测

1. 适用范围

（1）本方法主要针对半电池电位法检测混凝土中钢筋锈蚀状况的原理，规定仪器的使用方法、检测方法和判定标准的应用方法。

(2)钢筋锈蚀状况检测范围,应为主要承重构件或承重构件的主要受力部位,或根据一般检查结果有迹象表明钢筋可能存在锈蚀的部位。

(3)本方法用于评定混凝土中钢筋的锈蚀活化程度。提出的判定标准针对特殊环境如海水浪溅区、处于盐雾中的混凝土结构等,不具有普遍适用性。

2. 应用

本方法用于估测正在使用的现场和试验室硬化混凝土中无镀层钢筋的半电池电位,测试与这些钢筋的尺寸和埋在混凝土中的深度无关,可以在混凝土构件使用寿命中的任何时期使用。已经干燥到绝缘状态的混凝土或已发生脱空层离的混凝土表面,测试时不能提供稳定的电回路,不适用本方法。

相关链接

电位的测量应由有经验的、从事结构检测的工程师或相关技术专家检测,并解释除了半电池电位测试之外,有必要使用其他数据,如氯离子含量、碳化深度、层离状况、混凝土电阻率和所处环境调查等,以形成关于钢筋腐蚀活动及其对结构使用寿命可能产生的影响。

3. 测试原理

半电池电位法是利用混凝土中钢筋锈蚀的电化学反应引起的电位变化来测定钢筋锈蚀状态的一种方法。通过测定钢筋/混凝土半电池电极与在混凝土表面的铜/硫酸铜参考电极之间的电位差的大小,评定混凝土中钢筋的锈蚀活化程度。

4. 测量装置

1)参考电极(半电池)

(1)本方法参考电极为铜/硫酸铜半电池,它由一根不与铜或硫酸铜发生化学反应的刚性有机玻璃管、一只通过毛细作用保持湿润的多孔塞和一个处在刚性管里饱和硫酸铜溶液中的紫铜棒构成,如图4-2-11所示。

(2)铜/硫酸铜参考电极温度系数为0.9mV/°C。

2)二次仪表的技术性能要求

(1)测量范围大于1V;

(2)准确度优于0.5% ±1mV;

(3)输入电阻大于$10^{10}\Omega$;

(4)仪器使用环境条件:环境温度0 ~ +40°C;相对湿度小于95%。

3)导线

导线总长不应超过150m,一般选择截面积大于0.75mm^2的导线,以使在测试回路中产生的电压降不超过0.1mV。

4)接触液

为使铜/硫酸铜电极与混凝土表面有较好的电接触,可在水中加适量的家用液态洗涤剂对被测表面进行润湿,减少接触电阻与电路电阻。

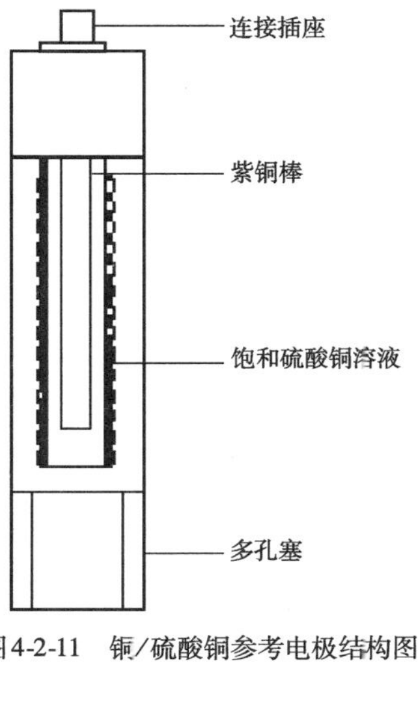

图4-2-11 铜/硫酸铜参考电极结构图

相关链接

在使用接触液后仍然无法得到稳定的电位差时，应分析是否为电回路的电阻过大或是附近存在与桥梁连通的大地波动电流，在以上情况下，不应使用半电池电位法。

5.测试方法

1）测区的选择与测点布置

（1）钢筋锈蚀状况检测范围应为主要承重构件或承重构件的主要受力部位，或根据一般检查结果有迹象表明钢筋可能存在锈蚀的部位，但测区不应有明显的锈蚀胀裂、脱空或层离现象。

（2）在测区上布置测试网格，网格节点为测点，网格间距可选 20cm×20cm、30cm×30cm、20cm×10cm 等，根据构件尺寸而定，测点位置距构件边缘应大于 5cm，一般不宜少于 20 个测点。

（3）当一个测区内存在相邻测点的读数超过 150mV，通常应减小测点的间距。

（4）测区应统一编号，注明位置，并描述外观情况。

2）混凝土表面处理

用钢丝刷、砂纸打磨测区混凝土表面，除去涂料、浮浆、污迹、尘土等，并用接触液将表面润湿。

3）二次仪表与钢筋的电连接

（1）现场检测时，铜/硫酸铜电极一般接二次仪表的正输入端，钢筋接二次仪表的负输入端。

（2）局部打开混凝土或选择裸露的钢筋，在钢筋上钻一小孔并拧上自攻螺钉，用加压型鳄鱼夹夹住并润湿，确保有良好的电连接。若在远离钢筋连接点的测区进行测量，必须用万用表。

（3）检查内部钢筋的连续性，如不连续，应重新进行钢筋的连接。

（4）铜/硫酸铜参考电极与测点的接触。测量前应预先将电极前端多孔塞充分浸湿，以保证良好的导电性，正式测读前应再次用喷雾器将混凝土表面润湿，但应注意被测表面不应存在游离水。其连接方法，见图 4-2-12。

4）硫酸铜电极的准备

饱和硫酸铜溶液由硫酸铜晶体溶解在蒸馏水中制成。当有多余的未溶解硫酸铜结晶体沉积在溶液底部时，可以认为该溶液是饱和的。电极铜棒应清洁，无明显缺陷，否则需用稀释盐酸溶液清洁铜棒，并用蒸馏水彻底冲净。硫酸铜溶液应注意更换，保持清洁，溶液应充满电极，以保证电连接。

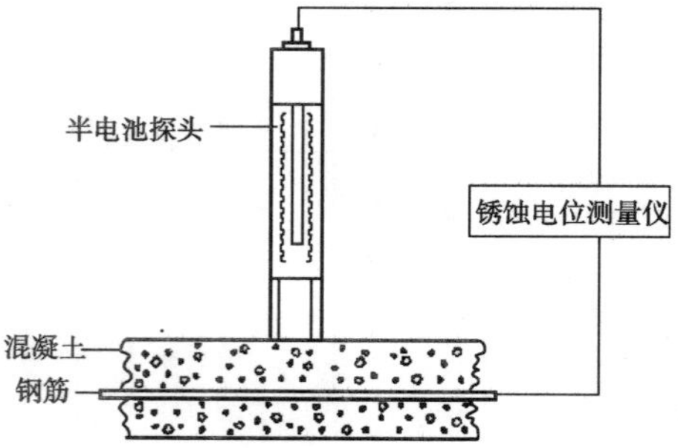

图 4-2-12　测试系统简图

5）测量值的采集

测点读数变动不超过 2mV，可视为稳定。在同一测点，同一支参考电极，重复测读的差异不超过 10mV；不同的参考电极重复测读的差异不超过 20mV。若不符合读数稳定要求，应检查测试系统的各个环节。

6.影响测量准确度的因素及修正

(1)混凝土含水率对测值的影响较大,测量时构件应处在自然干燥状态,否则使用本书给出的判据误差较大。

(2)为提高现场评定钢筋状态的可靠度,一般要进行现场比较性试验。现场比较性试验通常按已暴露钢筋的锈蚀程度不同,在它们的周围分别测出相应的锈蚀电位,比较这些钢筋的锈蚀程度和相应测值的对应关系,提高评判的可靠度,但不能与有明显锈蚀、胀裂、脱空、层离现象的区域比较。

(3)若环境温度在22℃ ±5℃范围之外,应对铜/硫酸铜电极作温度修正。

(4)各种外界因素产生的波动电流对测量值影响较大,特别是靠近地面的测区,因此应避免各种电、磁场的干扰。

(5)混凝土保护层电阻对测量值有一定影响,除测区表面处理要符合规定外,仪器的输入阻抗要符合技术要求。

7.钢筋锈蚀电位的判定标准

(1)在对已处理的数据(已进行温度修正)进行判读之前,按惯例将这些数据加以负号,绘制等电位图,然后进行判读。

(2)按照表4-2-6的规定判断混凝土中钢筋发生锈蚀的概率或钢筋正在发生锈蚀的锈蚀活化程度系数 T_c。

结构混凝土中钢筋锈蚀电位的判定标准 表4-2-6

序号	电位水平(mV)	钢筋状态	评定标度值
1	0 ~ -200	无锈蚀活动性或锈蚀活动性不确定	1
2	-200 ~ -300	有锈蚀活动性,但锈蚀状态不确定,可能锈蚀	2
3	-300 ~ -400	锈蚀活动性较强,发生锈蚀概率大于90%	3
4	-400 ~ -500	锈蚀活动性强,严重锈蚀可能性极大	4
5	< -500	构件存在锈蚀开裂区域	5
备注	①表中电位水平为采用铜/硫酸铜电极时的测量值; ②混凝土湿度对测量值有明显影响,测量时构件为自然状态,否则用此评定标准误差较大		

五、结构混凝土中氯离子含量的检测

1.测定方法

(1)混凝土中氯离子可引起并加速钢筋的锈蚀。氯离子含量的测定方法主要有两种:试验室化学分析法和滴定条法(Quanta-Strips)。滴定条法可在现场完成氯离子含量的测定。

(2)混凝土中的氯离子含量,可采用现场按混凝土不同深度取样,测定结果须能反映氯离子在混凝土中随深度的分布,根据钢筋处的混凝土氯离子含量判断引起钢筋锈蚀的危险性。

(3)氯离子含量测定,应根据构件的工作环境条件及构件本身的质量状况确定测区;测区应能代表不同工作条件及不同混凝土质量的部位,测区宜参考钢筋锈蚀电位测量结果确定。

2. 取样

1）混凝土粉末分析样品的取样部位和数量

（1）分析样品的取样部位可参照钢筋锈蚀电位测试测区布置原则确定。

（2）测区的数量应根据钢筋锈蚀电位检测结果以及结构的工作环境条件确定。在电位水平不同部位，工作环境条件、质量状况有明显差异的部位布置测区。

（3）每一测区取粉的钻孔数量不宜少于3个，取粉孔可与碳化深度测量孔合并使用。

（4）测区、测孔应统一编号。

2）取样方法

（1）使用直径20mm以上的冲击钻在混凝土表面钻孔，钻孔前应先确定钢筋位置。

（2）钻孔取粉应分层收集，一般深度间隔可取3mm、5mm、10mm、15mm、20mm、25mm、50mm等。若需指定深度处的钢筋周围氯离子含量，取粉间隔可进行调整。

（3）钻孔深度使用附在钻头侧面的标尺杆控制。

（4）用一硬塑料管和塑料袋收集粉末，见图4-2-13，对每一深度应使用一个新的塑料袋收集粉末，每次采集后，钻头、硬塑料管及钻孔内都应用毛刷将残留粉末清理干净，以免不同深度粉末混杂。

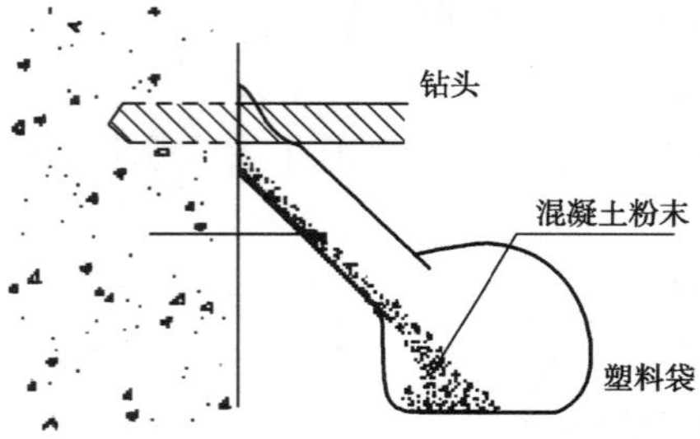

图4-2-13　钻取混凝土粉末的方法

（5）同一测区、不同孔、相同深度的粉末可收集在一个塑料袋内，质量不应少于25g；若不够，可增加同一测区测孔数量。不同测区测孔相同深度的粉末不应混合在一起。

（6）采集粉末后，塑料袋应立即封口保存，注明测区、测孔编号及深度。

3. 滴定条法

（1）将采回的样品过筛，去掉其中较大的颗粒。

（2）将样品置于105℃ ±5℃烘箱内烘2h后，冷却至室温。

（3）称取5g样品粉末（准确度优于±0.1g）放入烧杯中。

（4）缓慢加入50mL（1.0moL）HNO_3，并彻底搅拌直至嘶嘶声停止。

（5）用石蕊试纸检查溶液是否呈酸性（石蕊试纸变红），如果不呈酸性，再加入适量硝酸。

（6）加入约5g无水碳酸钠（Na_2CO_3）。

（7）用石蕊试纸检查溶液是否呈中性（石蕊试纸不变），否则再加入少量无水碳酸钠直至溶液呈中性。

（8）用过滤纸做一锥斗加入液体。

（9）当纯净的溶液渗入锥头后，把滴定条插入液体中。

（10）待到滴定条顶端水平黄色细条转变成蓝色，取出滴定条并顺着由上至下的方向将其擦干。

（11）读取滴定条颜色变化处的最高值，然后，在该批滴定条表中查出所对应的氯离子含量值，此值是以百万分之几（ppm）表示的。若分析过程取样5g，加硝酸50mL，则将查表所得的值除以1 000即为百分比含量。

(12)如果使用样品质量不是5g或使用过量的硝酸,则应按下式修正百分比含量:

$$氯离子百分比含量 = \frac{a \times b}{10\,000c} \tag{4-2-15}$$

式中:a——查表所得的值,ppm;

b——硝酸体积,mL;

c——样品质量,g。

4.试验室化学分析法

1)混凝土中游离氯离子含量的测定

(1)适用范围

适用于测定硬化混凝土中砂浆的游离氯离子含量。

(2)所需化学药品

硫酸(比重1.84)、酒精(95%)、硝酸银、铬酸钾、酚酞(以上均为化学纯)、氯化钠(分析纯)。

(3)试剂配制

①配制浓度约5%铬酸钾指示剂——称取5g铬酸钾溶于少量蒸馏水中,加入少量硝酸银溶液使之出现微红,摇匀后放置12h后,过滤并移入100mL容量瓶中,稀释至刻度。

②配置浓度约0.5%酚酞溶液——称取0.5g酚酞,溶于75mL酒精和25mL蒸馏水中。

③配置稀硫酸溶液——以1份体积硫酸倒入20份蒸馏水中。

④配置0.02N氯化钠标准溶液——把分析纯氯化钠置于瓷坩埚中加热(以玻璃棒搅拌),一直到不再有盐的爆裂声为止。冷却后称取1.2g左右(精确至0.1mg),用蒸馏水溶解后移入1 000mL容量瓶,并稀释至刻度。

氯化钠当量浓度按下式计算:

$$N = \frac{W}{58.45} \tag{4-2-16}$$

式中:N——氯化钠溶液的当量浓度;

W——氯化钠重,g;

58.45——氯化钠的克当量。

⑤配置0.02N硝酸银溶液(视所测的氯离子含量,也可配成浓度略高的硝酸银溶液)——称取硝酸银3.4g左右溶于蒸馏水中并稀释至1 000mL,置于棕色瓶中保存。用移液管吸取氯化钠标准溶液20mL(V_1)于三角烧瓶中,加入10~20滴铬酸钾指示剂,用于配制的硝酸银溶液滴定至刚呈砖红色。记录所消耗的硝酸银毫升数(V_2)。

$$N_2 = \frac{N_1 \times V_1}{V_2} \tag{4-2-17}$$

式中:N_2——硝酸银溶液的当量浓度;

N_1——氯化钠标准溶液的当量浓度;

V_1——氯化钠标准溶液的毫升数;

V_2——消耗硝酸银溶液的毫升数。

(4)试验步骤

①样品处理。取混凝土中的砂浆约30g,研磨至全部通过0.63 mm筛,然后置于烘箱中加热(105℃ ±5℃)2h,取出后放入干燥器冷却至室温。称取20g(精确至0.01g),质量为G,

置于三角烧瓶中并加入 200mL(V_3)蒸馏水,塞紧瓶塞,剧烈振荡 1 ~2min,浸泡 24h。

②将上述试样过滤。用移液管分别吸取滤液 200mL(V_4),置于两个三角烧瓶中,各加 2 滴酚酞,使溶液呈微红色,再用稀硫酸中和至无色后,加铬酸钾指示剂 10 ~20 滴,立即用硝酸银溶液滴定至呈砖红色。记录所消耗的硝酸银毫升数(V_3)。

(5)试验结果计算。游离氯离子含量按下式计算:

$$P=\frac{N_2V_5\times 0.03545}{\frac{G\times V_4}{V_3}}\times 100\% \qquad (4\text{-}2\text{-}18)$$

式中:P——砂浆样品游离氯离子含量,%;

N_2——硝酸银标准溶液的当量浓度;

G——砂浆样品质量,g;

V_3——浸样品的水重,mg;

V_4——每次滴定时提取的滤液量,mL;

V_5——每次滴定时消耗的硝酸银溶液,mL;

0.035 45——氯离子的毫克当量。

2)混凝土中氯离子总含量的测定

(1)适用范围

适用于测定混凝土中砂浆的氯离子总含量,其中包括已和水泥结合的氯离子量。

(2)基本原理

用硝酸将含有氯化物的水泥全部溶解,然后在硝酸溶液中,用倭尔哈德法来测定氯化物含量。倭尔哈德法是在硝酸溶液中加入过量的 $AgNO_3$ 标准溶液,使氯离子完全沉淀在上述溶液中,用铁矾作指示剂;将过量的硝酸银用 KCNS 标准溶液滴定。滴定时 CNS^- 首先与 Ag^+ 生成白色的 AgCNS 沉淀,CNS^- 略有多余时,即与 Fe^{3+} 形成 $Fe(CNS)^{2+}$ 络离子,使溶液显红色,当滴至红色能维持 5 ~10s 不褪,即为终点。

反应式为:

$$Ag^+ + Cl^- \longrightarrow AgCl$$

$$Ag^+ + CNS^- \longrightarrow AgCNS$$

$$Fe^{3+} + CNS^- \longrightarrow Fe(CNS)^{2+}\ \text{红色}$$

(3)化学试剂

氯化钠、硝酸银、硫氰酸钾、硝酸、铁矾、铬酸钾(以上均为化学纯)。

(4)试验步骤

①试剂配置:

a. 0.02N 氯化钠标准溶液的配制。

b. 0.02N 硝酸银溶液的配制与标定。

c. 6N 硝酸溶液的配制——取含量为 65% ~68% 的化学纯浓硝酸($HN0_3$)25.8mL 置容量瓶中,用蒸馏水稀释至刻度。

d. 10% 铁矾溶液——用 10g 化学纯铁矾溶于 90g 蒸馏水配成。

e. 0.02N 硫氰酸钾标准溶液——用天平称取化学纯硫氰酸钾晶体约 1.95g,溶于 100mL 蒸馏水,充分摇匀,装在瓶内配成硫氰酸钾溶液并用硝酸银标准溶液进行标定。将硝酸银标准溶液装入滴定管，从滴定管放出硝酸银标准溶液约25mL，加6N硝酸5mL和10%铁矾溶液4mL，然后用硫氰酸钾标准溶液滴定。滴定时，激烈摇动溶液，当滴至红色，维持5～10s不褪时即为终点。

硫氰酸钾标准溶液的当量浓度按下式计算：

$$N_1 = \frac{N_2 V_2}{V_1} \tag{4-2-19}$$

式中：N_1——硫氰酸钾标准溶液的当量浓度；

V_1——滴定时消耗的硫氰酸钾标准溶液的体积，mL；

N_2——硝酸银标准溶液的当量浓度；

V_2——硝酸银标准溶液的体积，mL。

②混凝土试样处理和氯离子测定步骤：

a. 取适量的混凝土试样（约40g），用小锤仔细除去混凝土试样中石子部分，保存砂浆，把砂浆研碎成粉状，置于105℃±5℃烘箱中烘2h。取出放入干燥器内冷却至室温，用感量为0.01g天平称取10～20g砂浆试样倒入三角锥瓶。

b. 用容量瓶盛100mL稀硝酸（按体积比为浓硝酸：蒸馏水＝15：85）倒入盛有砂浆试样的三角锥瓶内，盖上瓶塞，防止蒸发。

c. 砂浆试样浸泡一昼夜左右（以水泥全部溶解为度），其间应摇动三角锥瓶，然后用滤纸过滤，除去沉淀。

d. 用移液管准确量取滤液20mL两份，置于三角锥瓶，每份由滴定管加入硝酸银溶液约20mL（可估算氯离子含量的多少而酌量增减），分别用硫氰酸钾溶液滴定。滴定时激烈摇动溶液，当滴至红色能维持5～10s不褪时即为终点。

注：必要时加入3～5滴10%铁矾溶液，以增加水泥含有的Fe^{3+}。

（5）试验结果计算

氯离子总含量按下式计算：

$$P = \frac{0.03545(NV - N_1 V_1)}{\dfrac{G V_2}{V_3}} \tag{4-2-20}$$

式中：P——砂浆样品中氯离子总含量，%；

N——硝酸银标准溶液的当量浓度；

V——加入滤液试样中的硝酸银标准溶液，mL；

N_1——硫氰酸钾标准溶液的当量浓度；

V_2——每次滴定时提取的滤液量，mL；

V_3——浸样品的水量，mL；

G——砂浆样品质量，g；

0.035 45——氯离子的毫克当量。

5. 氯离子含量的评判标准

（1）氯化物浸入混凝土引起钢筋的锈蚀，其锈蚀危险性受到多种因素的影响，如碳化深度、混凝土含水率、混凝土质量等，因此应进行综合分析。

（2）根据每一取样层氯离子含量的测定值，作出氯离子含量的深度分布曲线，判断氯化物是混凝土生成时已有的，还是结构使用过程中由外界渗入的或是浸入的。

（3）混凝土中的氯离子含量，可按表 4-2-7 的评判标准确定其引起钢筋锈蚀的可能性。

结构混凝土中氯离子含量的评判标准　　表 4-2-7

氯离子含量（占水泥含量的百分比）	<0.15	0.15～0.4	0.4～0.7	0.7～1.0	>1.0
诱发钢筋锈蚀的可能性	很小	不确定	有可能诱发钢筋锈蚀	会诱发钢筋锈蚀	钢筋锈蚀活化
评定标度值	1	2	3	4	5

六、结构混凝土碳化深度的检测

1. 检测方法

（1）钢筋锈蚀电位测试结果表明钢筋可能锈蚀活动的区域，应进行混凝土碳化深度测量。

（2）混凝土碳化状况的检测通常采用在混凝土新鲜断面喷洒酸碱指示剂，通过观察酸碱指示剂颜色变化来确定混凝土的碳化深度。

2. 检测步骤

（1）测区位置的选择原则可参照钢筋锈蚀自然电位测试的要求，若在同一测区，应当进行保护层和锈蚀电位、电阻率的测量，再进行碳化深度及氯离子含量的测量。

（2）测区及测孔布置：

①测区应包括锈蚀电位测量结果有代表性的区域，也能反映不同条件及不同混凝土质量的部位，结构外侧面应布置测区。

②测区数不应小于 3 个，测区应均匀布置。

③每一测区应布置 3 个测孔，3 个测孔应呈“品”字排列，孔距根据构件尺寸大小确定，但应大于 2 倍孔径。

④测孔距构件边角的距离应大于 2.5 倍保护层厚度。

（3）使用酸碱指示剂喷在混凝土的新鲜破损面，根据指示剂颜色的变化，测量混凝土的碳化深度，测量值准确至 0.5mm。

①配制指示剂（酚酞试剂）：75% 的酒精溶液与白色酚酞粉末配置成酚酞浓度为 1%～2% 的酚酞溶剂，装入喷雾器备用，溶剂应为无色透明的液体。

②用装有 20mm 直径钻头的冲击钻在测点位置钻孔。

③成孔后用圆形毛刷将孔中碎屑、粉末清除，露出混凝土新茬。

④将酚酞指示剂喷到测孔壁上。

⑤待酚酞指示剂变色后，用测深卡尺测量混凝土表面至酚酞变色交界处的深度，准确至 1mm。酚酞指示剂从无色变为紫色时，混凝土未碳化；酚酞指示剂未改变颜色处的混凝土已经炭化。

⑥将测区、测孔统一编号，并画出示意图，标上测量结果。

⑦测量值的整理应列出最大值、最小值和平均值。

3. 评定标准

混凝土碳化深度对钢筋锈蚀影响的评定，可取构件的碳化深度平均值与该类构件保护层厚度平均值之比，并考虑其离散情况，参考表4-2-8对单个构件进行评定。

混凝土碳化深度的评定标准 表4-2-8

碳化层深度、保护层厚度	<1*	<1	=1	>1	>1**
评定标度值	1	2	3	4	5

注：①*构件全部实测值均小于1。
②**构件全部实测值均大于1。
③宜分构件逐一进行评定。

小　　结

通过本任务的学习，了解桥梁详细检查的目的及内容，掌握桥梁详细检查的几种常用方法，能够运用各种无破损及半破损检测方法推定混凝土强度，运用超声波原理检测混凝土内部缺陷等，掌握常见仪器操作性能和试验方法，正确填写记录和计算结果评定。能够熟练运用各种检测仪器进行成桥的详细检查，对结构物的质量做出科学正确的判断。

任务4.3　桥梁荷载试验

一、概述

桥梁荷载试验是对桥梁结构进行直接加载测试的一项科学试验工作，其目的是通过荷载试验，了解结构在荷载作用下的工作性能和实际工作状态，综合判断分析桥梁结构的安全承载能力和使用条件。

桥梁荷载试验通常包括静力荷载试验和动力荷载试验两部分。

相关链接

当采用调查、验算的方法尚不足以鉴定桥梁承载能力时，可采用荷载试验，测定桥梁在荷载作用下的实际工作状况，结合调查、验算来评定桥梁承载能力。

一般在下列情况下，可考虑进行荷载试验。

(1)桥梁的施工质量合格，使用状况良好，验算主要指标虽不符合要求，但超过幅度较小(30%以内)，可能还有承载潜力。

(2)桥梁的施工质量很差，可能存在隐患，仅用调查、验算难以确定桥梁承载能力。

(3)桥梁在运营中损坏较严重，可能影响桥梁承载能力。

(4)桥梁缺乏设计、施工资料或桥梁结构受力不明确，不便准确进行桥梁承载能力验算。

(5)为了科研或积累资料的需要。

二、桥梁结构静载试验

静载试验是指将静止的荷载作用于桥梁上的指定位置，测试结构的静应变、静位移以及裂缝等的试验。

1.桥梁静载试验的目的

(1)检验桥梁设计与施工的质量，检验结构的安全性与可靠性。

(2)检验桥梁结构的设计理论与设计方法,充实与完善桥梁结构的计算理论与施工技术,积累科学技术资料。

(3)掌握桥梁结构的工作性能,判断桥梁结构的实际承载能力。

2. 桥梁静载试验的主要工作内容

(1)明确荷载试验的目的。

(2)试验准备工作。

(3)加载方案设计。

(4)测点设置与测试。

(5)加载控制与安全措施。

(6)试验结果分析与承载力评定。

(7)试验报告的编写。

以上静载试验的主要内容一般被包含在3个阶段:桥梁结构的考察和试验准备、加载试验与观测、测试结果的分析和总结。

目前,桥梁静载试验应按照我国现行的《大跨径混凝土桥梁的试验方法》、《公路桥涵设计通用规范》(JTG D60—2004)、《公路圬工桥涵设计规范》(JTG D61—2005)、《公路钢筋混凝土及预应力混凝土桥涵设计规范》(JTG D62—2004)或现行《城市道路与桥梁设计规范》进行。最后,综合上述3个阶段的内容,形成桥梁静载试验报告。

3. 桥梁静载试验组织

(1)试验孔(墩)的选择:

①该孔(墩)计算受力最不利;

②该孔(墩)施工质量较差,缺陷较多或病害较严重;

③该孔(墩)便于搭设脚手架,便于设置测点或便于实施加载。

选择试验孔的工作与制定计划前的调查工作结合进行。

(2)搭设脚手架和测试支架。

(3)静态试验加载位置的放样和加载位置的安排。

(4)试验人员组织及分工。

(5)其他准备工作。

4. 桥梁静载试验加载方案

1)简支梁桥[图4-3-1a)]

(1)主要工况:跨中最大正弯矩工况。

(2)附加工况:$L/4$ 最大正弯矩工况、支点最大剪力工况、桥墩最大竖向反力工况。

2)连续梁桥[图4-3-1b)]

(1)主要工况:主跨跨中最大正弯矩工况、主跨支点负弯矩工况。

(2)附加工况:边跨最大正弯矩工况、主跨桥墩最大竖向反力工况、主跨支点最大剪力工况。

3)悬臂梁桥(T形刚构桥)[图4-3-1c)]

(1)主要工况:支点(墩顶)最大负弯矩工况、锚固孔跨中最大正弯矩工况。

(2)附加工况:支点(墩顶)最大剪力工况、挂孔跨中最大正弯矩工况、桥墩最大竖向反力工况。

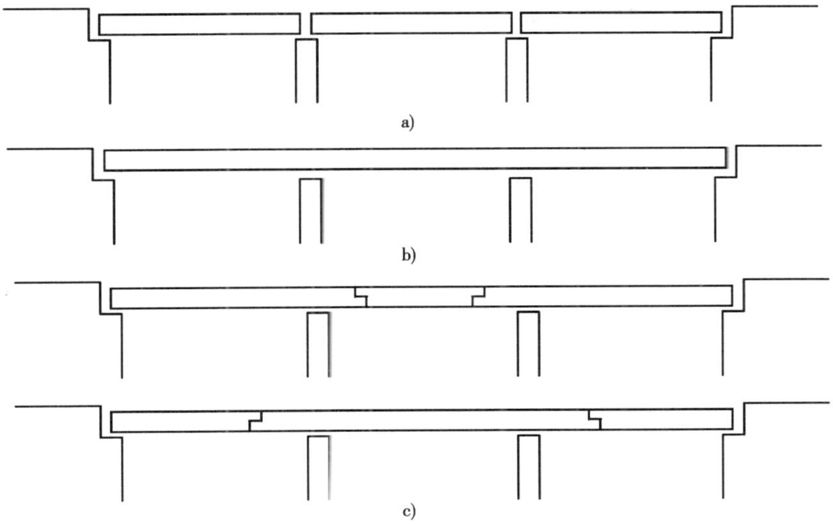

图4-3-1 桥梁结构示意图

a)简支;b)连续;c)悬臂

4)连续刚构桥

(1)主要工况:主跨跨中最大正弯矩工况、主跨墩顶最大负弯矩工况。

(2)附加工况:墩顶支点最大剪力工况、边跨最大正弯矩工况、桥墩(台)最大竖向反力工况。

5)无铰拱桥

(1)主要工况:拱顶最大正弯矩工况、拱脚最大负弯矩工况。

(2)附加工况:拱脚最大水平推力工况、$L/4$ 截面最大正弯矩和负弯矩工况;$L/4$ 截面正负挠度绝对值之和最大工况。

6)两铰拱桥

(1)主要工况:拱顶最大正弯矩工况、拱脚最大水平推力工况。

(2)附加工况:$L/4$ 截面最大正弯矩和负弯矩工况;$L/4$ 截面正负挠度绝对值之和最大工况。

此外,对桥梁施工中的薄弱截面或缺陷修补后的截面,或者旧桥结构损坏部位,比较薄弱的桥面结构,可以专门进行荷载工况设计,以校验该部位或截面对结构整体性能的影响。

梁式结构的最大挠度工况,一般与最大正弯矩工况相同。

使用车辆加载而又未安排动载项目时,可在静载试验项目结束后,将加载车辆沿桥长慢速行驶一趟,以全面了解荷载作用于桥面不同部位时结构的承载状况。

5.桥梁静载试验荷载等级的确定

为了保证荷载试验的效果,必须先确定试验的控制荷载。桥梁需要鉴定承载能力的荷载主要有以下几种:

1)控制荷载的确定

(1)汽车和人群(标准设计荷载);

(2)挂车式或履带车(标准设计荷载);

(3)需通行的特殊重型车辆。

分别计算以上几种荷载对结构控制截面产生的内力(或变形)的最不利值,进行比较,取其中最不利者对应的荷载作为控制荷载。

2)静载试验效率

静载试验荷载效率定义为:试验荷载作用下被检测部位的内力(或变形)的计算值与包括动力扩大系数在内的标准设计荷载作用下,同一部位的内力(或变形)的计算值的比值。以 η_q 表示荷载效率,则

$$\eta_q = \frac{S_t}{S_d(1+\mu)} \tag{4-3-1}$$

式中:S_t——试验荷载作用下,检测部位变形或内力的计算值;

S_d——设计标准荷载作用下,检测部位变形或内力的计算值;

μ——设计取用的冲击系数。

一般的静载试验,η_q 值可采用0.8~1.05。当桥梁的调查、验算工作比较完善又受加载设备能力所限时,η_q 值可采用低限;当桥梁的调查、验算工作不充分,尤其是缺乏桥梁计算资料时,η_q 值应采用高限。一般情况下,η_q 值不宜小于0.95。

6.加载分级与控制

1)分级控制原则

(1)当加载分级较为方便时,可按最大控制截面内力荷载工况将荷载均分为4~5级;

(2)当使用载货车加载,车辆称重有困难时也可分为3级加载;

(3)当桥梁的调查和验算工作不充分或桥况较差,应尽量增多加载分级;

(4)在安排加载分级时,应注意加载过程中其他截面内力亦应逐渐增加,且最大内力不应超过控制荷载作用下的最不利内力;

(5)根据具体条件决定分级加载的方法,最好每级加载后卸载,也可逐级加载,当达到最大荷载后再逐级卸载。

2)车辆荷载加载分级的方法

(1)逐渐增加加载车数量;

(2)先上轻车后上重车;

(3)加载车位于内力影响线的不同部位;

(4)加载车分次装载重物。

3)加载时间的选择

为减小温度变化对试验造成的影响,加载试验时间以晚22:00~晨6:00为宜。尤其是采用重物直接加载,加、卸载周期比较长的情况下只能在夜间进行试验。对于采用车辆等加、卸载迅速的试验方式,如夜间试验照明等有困难时,也可安排在白天进行试验,但在晴天或多云的天气下进行加载试验时,每个加、卸载周期所花费的时间不应超过20min。

4)加载设备的选择

静载试验加载设备可根据加载要求及具体条件选用,一般有以下两种加载方式:

(1)可行式车辆;

(2)重物直接加载。

5)加载重物的称量

(1)称量法;

(2)体积法;

(3)综合法。

无论采用何种加载重物的方法,均应做到准确可靠,其称量误差最大不得超过5%,最好能采用两种称重方法互相校核。

7.测点设置与观测

1)挠度测点的布设

对挠度测点的布设,要求能够测量结构的竖向挠度、侧向位移和扭转变形,应能绘出受检跨及相邻跨的挠曲线和最大挠度。每跨一般需布设3~5个测点。

挠度测试结果应考虑支点下沉修正,应观测支点下沉量、墩台的沉降、水平位移与转角。

2)应变测点的布设

应变测点的布设应能测出内力控制截面沿竖向、横向的应力分布状态。对组合构件应测出组合构件的接合面上下缘应变。

梁的每个截面的竖向测点沿截面高度应不少于5个测点,包括上下缘和截面突变处,应能说明平截面假定是否成立。

横向抗弯应变测点应布设在截面横桥向应力可能分布较大的部位,沿截面上下缘布设,横桥向设置一般不少于3处,以控制最大应力的分布;宽翼缘构件应能给出剪力滞效应的大小。

对于剪切应变测点一般采取设置应变花的方法进行观测。为了方便,对于梁桥的剪应力也可在截面中性轴处主应力方向设置单一应变测点来进行观测。

梁桥的实际最大剪应力截面应设置在支座附近而不是支座上,具体设置位置如下:从梁底支座中心起向跨中作与水平线成45°斜线,此斜线与截面中性轴高度线相交的交点即为梁最大剪应力位置。可在这一点沿最大压应力或最大拉应力方向设置应变测点,距支座最近的加载点应设置在45°斜线与桥面的交点上。梁桥最大剪应力的布设方法,如图4-3-2所示。

3)温度测点的布设

选择与大多数测点较接近的部位设置1~2处气温观测点,此外,可根据需要,在桥梁主要测点部位设置一些构件表面温度观测点。

4)常用桥梁的主要测点布置

主要测点布置不宜过多,但要保证观测质量。一般情况下,对主要测点的布置应能控制结构的最大应力(或应变)和最大挠度(或位移)。

(1)简支梁桥:跨中挠度、支点沉降、跨中截面应变。

(2)连续梁桥:跨中挠度、支点沉降、跨中和支点截面应变。

(3)悬臂梁桥:悬臂端部挠度、支点沉降、支点截面应变。

(4)拱桥:跨中与$L/4$处挠度、拱顶、$L/4$和拱脚截面

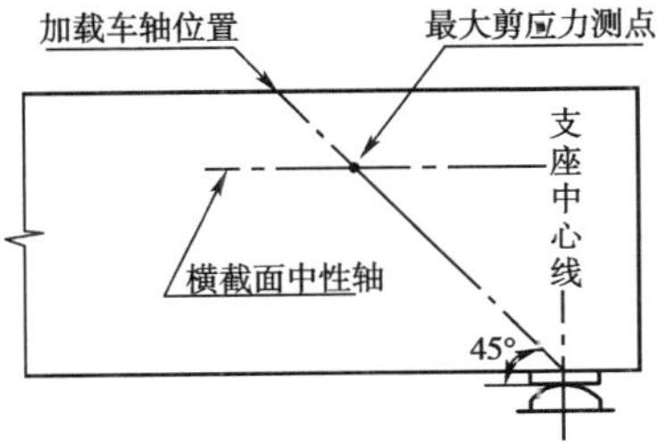

图4-3-2 梁桥最大剪应力测点图

应变。

8. 仪器的选择

(1)载货车；

(2)静态数据采集仪；

(3)百分表及光电挠度仪等；

(4)应变片及传感器等。

9. 静载试验过程

1)准备工作

(1)试验前对试验桥逐孔查看，并根据计算分析及现场实际情况选取试验孔，清理桥面，标记加载位置及测点布设位置。

(2)试验前，按照试验方案租用试验车辆并量取试验车辆原始数据，试验车装载过磅，记录车辆轴重及总重。

(3)对试验孔按试验方案中应变和挠度测点布置方式进行放样，在梁底安装应变传感器，同时布设挠度百分表。

(4)安装测试仪器及传感器连接导线，调试仪器，检查各传感器及百分表工作情况，确保处于良好工作状态。

(5)进行预加载，进一步检查传感器、百分表读数，检查反应是否正常灵敏。经检查，一切没有问题后，封闭交通，按试验方案工况位置进行试验。

2)荷载试验

(1)对每一工况的每一次加载，试验车辆就位后，关闭发动机并持续5min以上，待数据完全稳定后进行记录。卸载10min以上再进行重复加载，以便使结构弹性变形得以恢复，减小结构塑性残余变形。

(2)各工况按方案确定的荷载等级分级加载。

(3)严格按设计的加载程序进行加载，荷载的大小、截面内力的大小应由小到大逐渐增大，并随时做好停止加载和卸载的准备工作。

10. 静载试验数据分析及计算

1)理论分析与计算

(1)试验桥跨的设计内力验算。设计内力验算是按照试验桥梁的设计图纸与设计荷载，选取合理的计算图式，按照设计规范，运用结构分析方法，采用专门桥梁计算软件或通用分析软件，计算出桥梁结构的设计内力。

(2)试验荷载效应计算。试验荷载效应计算是在设计内力验算结果的基础上，确定加载位置、加载等级以及在试验荷载作用下的结构反应。

2)试验数据分析

(1)测值修正；

(2)温度影响修正；

(3)支点沉降影响修正；

(4)各测点变位(挠度、位移、沉降)与应变计算；

(5)应力计算。

11.静载试验承载能力评定

1)结构工作状况

(1)校验系数 η

校验系数 η 是指桥梁结构某测试点(截面)实测值与计算值之比,是评定结构工作状况、确定桥梁承载能力的一个重要指标。

$$\eta=\frac{S_e}{S_s} \tag{4-3-2}$$

式中:S_e——试验荷载作用下测量的弹性变位(或应变)值;

S_s——试验荷载作用下的理论计算变位(或应变)值。

S_e 和 S_s 的比较可用实测的横截面平均值与计算比较,也可考虑荷载横截面向不均匀分布而选用实测最大值与考虑横向增大系数的计算值进行比较。增大系数最好采用实测值,如无实测值也可再用理论计算值。

(2)实测值与理论值的关系曲线

由于理论的变位(或应变)一般是按线性关系计算,所以如测点实测弹性变位(或应变)与理论计算值成正比,其关系曲线接近于直线,说明结构处于良好的弹性工作状态。

(3)相对残余变位(或应变)

测点在控制荷载工况作用下的相对残余变位(或应变)越小,说明结构越接近弹性工作状况。

相对残余变位(或应变)按下式计算:

$$S'_p=\frac{S_p}{S_t}\times 100\% \tag{4-3-3}$$

式中:S'_p——相对残余变位(或应变);

S_p——相对校验系数;

S_t——相对理论计算变位(或应变)。

2)结构的强度及稳定性

当荷载试验项目比较全面时,可采用荷载试验主要挠度测点的校验系数 η 来评定结构的强度和稳定性。

验算时用荷载试验后的旧桥验算系数 Z_2 代替原有的旧桥验算系数 Z_1,对桥梁结构抗力效应予以提高或折减。

砖石和混凝土桥:

$$S_d(\gamma_{s0}\varphi\sum\gamma_{s1}Q)\leqslant R_d\left(\frac{R_1}{\gamma_m},\alpha_k\right)\times Z_2 \tag{4-3-4}$$

钢筋混凝土及预应力混凝土桥:

$$S_d(\gamma_g G,\gamma_q\sum Q)\leqslant\gamma_b R_d\left(\frac{R_c}{\gamma_c},\frac{R_s}{\gamma_s}\right)\times Z_2 \tag{4-3-5}$$

根据 η 值由表4-3-1 查取 Z_2 的取值范围。

3)地基和基础

当试验荷载作用下墩台沉降、水平位移及倾角较小,符合上部结构验算要求,卸载后变位基本回复时，认为地基与基础在验算荷载作用下能正常工作。

经过荷载试验的旧桥验算系数 Z_2 值 表 4-3-1

η	Z_2	η	Z_2
0.4 及以下	1.20 ~ 1.30	0.8	1.00 ~ 1.10
0.5	1.15 ~ 1.25	0.9	0.97 ~ 1.07
0.6	1.10 ~ 1.20	1.0	0.95 ~ 1.05
0.7	1.05 ~ 1.15		

当试验荷载作用下墩台沉降、水平位移及倾角较大或不稳定，卸载后变位不能回复时，应进一步对地基、基础进行探查、验算，必要时应对地基基础进行加固处理。

4）结构的刚度要求

试验荷载作用下，主要测点挠度校验系数 η 应不大于 1，各点挠度不超过现行规范规定的允许值。即

圬工拱桥：一个桥范围内正负挠度的最大绝对值之和不小于 $L/1\ 000$，履带车和挂车要验算时提高 20%；

钢筋混凝土桥： 梁桥主梁跨中 $L/600$

梁桥主要悬臂端 $L/300$

桁架、拱桥 $L/300$

5）裂缝

试验荷载作用下绝大部分裂缝宽度应不大于规定的允许值；试验荷载后所有裂缝应不大于规定的允许值。

对旧桥试验荷载作用下，绝大部分裂缝宽度及荷载试验后所有裂缝应不大于表 4-1-6 规定的允许值。

12. 静载试验报告的编写

静载试验报告的内容应该包括下列各项：

（1）试验概况；

（2）试验目的；

（3）试验方案设计；

（4）试验日期及试验过程；

（5）各项试验达到的精度；

（6）试验成果与分析；

（7）试验记录摘要；

（8）技术结论；

（9）经验教训；

（10）有关图表、照片。

三、桥梁结构动载试验

桥梁结构动载试验是指将静止的荷载作用于桥梁上的指定位置，测试结构的动应变、动挠度以及动加速度等。

1. 桥梁动载试验的任务

(1)测定动荷载的动力特性。

(2)测定结构的动力特性。

(3)测定结构在动荷载作用下的强迫振动相响应。

2. 桥梁动载试验的项目

(1)测定结构在动力荷载下的响应,即结构在动荷载作用下强迫振动特性。

(2)测定桥跨结构的自振特性。

(3)测定动荷载本身的动力特性。

(4)疲劳性能试验。

3. 桥梁动载试验的测量仪器

(1)测量动应变:动态电阻应变仪并配以记录仪器。

(2)测量振动:低频拾振器并配以低频测振放大器及记录仪器。

(3)测量动挠度:光电挠度仪或电阻应变位移计并配动态电阻应变仪及记录仪器。

4. 桥梁动载试验的效率

动载试验的效率定义为:

$$\eta_{\mathrm{d}}=\frac{S_{\mathrm{d}}}{S} \tag{4-3-6}$$

式中:S_{d}——动载试验荷载作用下控制截面最大计算内力值;

S——标准汽车荷载作用下控制截面最大计算内力值(不计入汽车荷载冲击系数);

η_{d}——一般取为1。

5. 桥梁动载试验的测点布置

1)拾振器的布置

测点拾振器一般按照结构振形形状,在变位较大的部位布置测点,尽可能避开各阶振形的节点,以免丢失模态。

2)动应变测点的布置

动应变测点一般应布置在结构产生最大拉应变的截面处,并注意温度补偿。

6. 桥梁动载试验的测试内容

(1)跑车试验(无障碍行车试验)。

(2)跳车试验(有障碍行车)。

(3)刹车试验(制动试验)。

(4)脉动试验。

7. 桥梁动载试验结果的评定与分析

桥梁结构动力性能的各参数,如固有频率、阻尼比、振形、动力冲击系数等,及动力响应的大小,是宏观评价桥梁结构的整体刚度、运营性能的重要指标,也是一些规范评价桥梁安全运营性能的主要尺度。目前,虽然国内外规范对桥梁结构的动力响应、动力特性尚无统一的评价尺度,但一般认为:桥梁结构的动力特性反映了结构的整体刚度、桥面平整度及耗散外部振动能量输入的能力,同时,过大的动力响应会影响车辆的安全行驶,会引起乘客的不舒适,应予以避免。在实际测试中,通常通过以下几个方面来评价桥梁结构的动力性能。

(1)比较桥梁结构频率的理论值与实测值,如果实测值大于理论计算值,说明桥梁结构的实际刚度较大;反之,则说明桥梁结构的刚度偏小,可能存在开裂或其他不正常的现象。

(2)根据动力冲击系数的实测值来评价桥梁结构的行车性能,实测冲击系数较大,则说明桥梁结构的行车性能差,桥面平整度不良;反之亦然。

(3)实测阻尼比的大小反映了桥梁结构耗散外部能量输入的能力,阻尼比大,说明桥梁耗散外部能量输入的能力大,振动衰减得快;阻尼比小,说明桥梁耗散外部能量输入的能力差,振动衰减得慢。但是,过大的阻尼比可能是由于桥梁结构存在开裂或支座工作不正常等现象引起的。

8. 桥梁动载试验的试验报告编写

桥梁动载试验的试验报告应包括以下内容:

(1)试验目的。

(2)试验依据。

(3)试验方案。

(4)试验过程说明。

(5)各项试验达到的精度。

(6)试验成果与分析。

(7)试验记录摘录。

(8)技术结论。

(9)图表信息。

小　结

通过本任务的学习,掌握桥梁荷载试验的原理和方法,了解桥梁结构在试验荷载作用下的实际工作状态,从而判断桥梁结构的安全承载能力及评价桥梁的营运质量;掌握进行桥梁静载及动载试验的步骤、内容和方法。

复习思考题

1. 桥梁一般检查的主要内容有哪些?
2. 桥梁一般检查报告应包括哪些内容?
3. 梁式桥的常见裂缝有哪几种?
4. 拱式桥的常见裂缝有哪几种?
5. 简述用回弹法检测混凝土构件强度的步骤。
6. 三跨连续梁在荷载试验时应考虑哪些工况?
7. 混凝土芯样端面不平整时应采取什么补救措施?
8. 简述测量碳化深度方法。
9. 百分表及千分表检测挠度的注意事项有哪些?
10. 桥梁荷载试验的一般程序是什么?
11. 桥梁静载试验、动载试验报告应包括哪些内容?

学习情境5 涵洞工程检测

情境导入

在公路工程建设中，涵洞的主要作用是为宣泄地面水流（包括小河沟）而设置的横穿路基的小型排水构造物。同时，涵洞也可用来供行人或车辆通行，这种涵洞称为通道。按照《公路桥涵设计通用规范》（JTG D60—2004）规定：单孔标准跨径 $L_0 < 5\text{m}$，或多孔跨径总长 $L < 8\text{m}$，均称为涵洞。

学习目标

【知识目标】 掌握圆管涵、盖板涵、箱涵、拱涵等涵洞工程的质量检测项目和检测方法，正确填写原始记录和检验评定表，对工程质量做出正确评价。

【能力目标】 能够对涵洞工程的质量进行检测评定。

任务导入

涵洞作为路基工程中的一个分部工程，与桥梁相比，其检测往往不被重视，但实际上涵洞的检测具有很重要的作用，那么，涵洞工程在施工和营运中有哪些检测内容呢？让我们来学一学吧。

任务目的

（1）涵洞试验检测是控制涵洞施工质量的主要手段。

（2）对于高填土涵洞或采用了新型材料、新施工工艺的涵洞，需要通过试验检测鉴定其是否符合国家标准和设计文件要求。同时，通过试验检测，可为新设计理念和新施工工艺积累实践资料。

（3）涵洞试验检测还可以对其安全状况进行评估，了解其真实运行现状。对于运行年限较长的路段，涵洞容易出现漏水、老化等现象，这就直接威胁到工程的安全营运，限制了工程效益的发挥，造成了极大的安全隐患。定期对其检测，及时发现问题，为涵洞的修补加固提供了可靠依据，可尽早解决安全隐患。

任务实施

一、涵洞检测内容

涵洞检测的内容主要包括：

(1)洞身检测

洞身检测的内容,包括洞身基础、涵(墩)台身、上部构造、支座等。

(2)洞口检测

涵洞的洞口形式主要有八字式、一字式、端墙式、锥坡式、直墙式、扭坡式、平头式、走廊式、流线形式、急流槽等。这些形式的洞口采用的材料主要是浆砌片石,其检测可按浆砌工程进行。

(3)填土检测

填土检测的内容,主要检测填土的土质、压实度及表面平顺度等。

另外,明涵的铺装按桥梁中的桥面系和附属工程的检测进行,设有桩基础的涵台则按桥梁中的桩基础检测方法及要求进行。

二、涵洞总体检测评定

1. 施工期涵洞总体检测

1)基本要求

(1)涵洞施工期检测应严格按照设计图纸、施工规范和有关技术操作规程的要求进行。对施工中已完成的每一步工作,施工单位均应做出检测、鉴定,结果要符合设计图纸、施工规范及有关技术操作规程的要求,并且应由驻地监理签字确认。交工验收时,要检查施工自检报告,施工总结报告及施工资料;同时还要检查监理单位独立抽检资料、监理工作报告及质量评定资料。

(2)各接缝、沉降缝位置正确,填缝无空鼓、开裂、漏水现象;若有预制构件,其接缝须与沉降缝吻合。其中,开裂、漏水情况的检测、试验相当重要,它直接影响涵洞的使用寿命。每个涵洞施工结束时应进行抗渗试验。防水层的设置应按设计规定进行。防水层材料可采用沥青、油毛毡、防水布、水泥砂浆、三合土等。涵洞(基础和墙身)沉降缝处两端面应竖直、平整,上下不得交错。填缝料应具有弹性和不透水性,并应填塞紧密。沉降缝宽度应符合设计规定,若设计无规定时,可采用 20 ~ 30mm 的沉降缝。预制涵管的沉降缝应设在管节接缝处。

(3)涵洞内不得遗留建筑垃圾、杂物等。

2)实测项目

涵洞总体检测项目包括轴线偏位,流水面高程,涵底铺砌厚度,涵长,孔径,净高。具体检测情况及权值见表 5-0-1。

3)外观鉴定

(1)洞身顺直,进出口、洞身、沟槽等衔接平顺,无阻水现象。不符合要求时减 1 ~ 3 分。

(2)帽石、一字墙或八字墙等应平直,与路线边坡、线形匹配,棱角分明。不符合要求时减1 ~3分。

(3)涵洞处路面平顺,无跳车现象。不符合要求时减 2 ~4 分。洞身与路基相接处,机械压实可能不完整,那么必要时需要人工加工,保证衔接处无跳车现象。

(4)外露混凝土表面平整,颜色一致。不符合要求时减 1 ~3 分。

涵洞总体实测项目 表5-0-1

项次	检查项目	规定值或允许偏差(mm)	检查方法和频率	权值
1	轴线偏位(mm)	明涵20,暗涵50	经纬仪:检查2处	2
2△	流水面高程(mm)	±20	水准仪、尺量:检查洞口2处,拉线检查中间12处	3
3	涵底铺砌厚度(mm)	+40,-10	尺量:检查3~5处	1
4	长度(mm)	+100,-50	尺量:检查中心线	1
5△	孔径(mm)	±20	尺量:检查3~5处	3
6	净高(mm)	明涵±20 暗涵±50	尺量:检查3~5处	1

注:实际工程无项次3时,该项不参与评定。

2. 营运期涵洞总体检测

营运期涵洞的检测主要采用普查的方式进行。普查包括外观检查和必要的现场检测。外观检查主要检查涵洞表面有无疏松层、剥蚀深度和剥蚀面积、裂缝状况、钢筋是否外露及锈蚀、地基沉降、渗漏等;必要的现场检测包括混凝土的强度、碳化深度。

1)营运期涵洞总体检测的内容

(1)混凝土涵洞的表面剥蚀检测。主要检测混凝土表面有无疏松层、剥蚀深度和剥蚀面积等。

(2)涵洞裂缝检测。主要检测裂缝的宽度、长度及裂缝发生的部位和分布情况。

(3)混凝土涵洞的碳化和锈蚀检测。主要检测涵洞混凝土的碳化深度、钢筋保护层厚度和钢筋锈蚀情况。

(4)涵洞混凝土和片石砌体的强度检测。

(5)变形缝、伸缩缝的检测。主要检测变形缝、伸缩缝的宽度,嵌缝材料的老化状况,漏水情况。

(6)涵洞的变形检测。主要检测涵(墩)台基础变位,盖板、拱圈、箱涵顶板、底板和侧墙的变形,以及管节的错位等。

(7)其他,包括混凝土的脱空、涵洞面渗或点渗等。在营运期进行养护时,应定期进行开裂、漏水检查,一旦发现问题就立及时修补。

2)检测方法

(1)混凝土裂缝宽度的检测,可以采用读数显微镜进行。

(2)可以采用超声波仪检测混凝土裂缝的深度,对可能贯穿性裂缝还可辅以压水试验方法检测。

(3)土强度可以采用回弹法和取芯法进行检测。

(4)混凝土碳化深度的检测可按电力行业标准《水工混凝土试验规程》(DL/T 5150—2001)中第6.1.3条进行。

(5)钢筋锈蚀状态采用半电池电位法检测。

(6)采用探地雷达检测涵洞顶板混凝土是否脱空、混凝土中是否存在孔洞等缺陷。

3)检测和评估的主要结果

在进行各项检测后,对每个检测项目给出一个折减系数;然后根据折减系数重新复核计算涵洞的强度等各项指标,判断其是否满足使用要求,继续营运会不会安全。同时,指出安全和不安全的项目。

3. 涵台质量检测评定

1)基本要求

(1)所用的水泥、砂、石、水、外掺剂、混合材料及石料的强度、质量和规格必须符合有关技术规范的要求,按规定的配合比施工。

(2)地基承载力及基础埋置深度须满足设计要求。

(3)混凝土不得出现露筋和空洞现象。

(4)砌块应错缝、坐浆挤紧,嵌缝料和砂浆饱满,无空洞、宽缝、大堆砂浆填隙和假缝。

2)实测项目

实测项目见表5-0-2。

涵台实测项目 表5-0-2

项次	检查项目		规定值或允许偏差	检查方法和频率	权值
1△	混凝土或砂浆强度(MPa)		在合格标准内	按"评定1"或"评定2"检查	3
2	涵台断面尺寸(mm)	片石砌体	±20	尺量:检查3~5处	1
		混凝土	±15		
3	竖直度或斜度(mm)		0.3%台高	吊垂线或经纬仪:测量2处	1
4△	顶面高程(mm)		±10	水准仪:测量3处	2

注:表中"评定1"、"评定2"分别指《公路工程质量检验评定标准(土建工程)》(JTG F80/1—2004)中的附录D及附录F的相关内容。

3)外观鉴定

(1)涵台线条顺直,表面平整。不符合要求时减1~3分。

(2)蜂窝、麻面面积不得超过该面面积的0.5%。不符合要求时,每超过0.5%减3分;深度超过1cm者必须处理。

(3)砌缝匀称,勾缝平顺,无开裂和脱落现象。不符合要求时减1~3分。

三、涵洞检测评定

1. 圆管涵检测评定

1)涵管制作质量评定

(1)基本要求

①所用的水泥、砂、石、水、外加剂和掺和料的质量规格应符合有关规范的要求,按规定的配合比施工。

②混凝土应符合耐久性(抗冻、抗渗、抗侵蚀)等设计要求。

③不得出现露筋和空洞现象。

(2)实测项目

管节预制实测项目,见表5-0-3。

(3)外观鉴定

①蜂窝麻面面积不得超过该面面积的1%,不符合要求时,每超过1%减3分;深度超过1cm的必须处理。

管节预制实测项目 表5-0-3

项次	检查项目	规定值或允许偏差	检查方法和频率	权值
1△	混凝土强度(MPa)	在合格标准内	按"评定1"检查	3
2	内径(mm)	不小于设计	尺量:2个断面	2
3	壁厚(mm)	不小于设计壁厚-3	尺量:2个断面	2
4	顺直度	矢度不大于0.2%管节长	沿管节拉线量,取最大矢高	1
5	长度(mm)	+5,-0	尺量	1

②混凝土表面平整,不符合要求时减1~2分。

2)管座及涵管安装质量评定

(1)基本要求

①涵管必须检验合格方可安装。管节端面应平整并与其轴线垂直。斜交管涵进出水口管节的外端面,应按斜交角度进行处理。管壁内外侧表面应平直圆滑。

②地基承载力须满足设计要求,涵管与管座、垫层或地基紧密贴合,垫稳坐实。与涵管接触的管座或天然地基必须做成与管身弧度紧密贴合的弧形管座,安装管节时应注意保持完整。

③接缝填料嵌填密实,接缝表面平整,无间断、裂缝、空鼓现象。对插口管,接口应平直,环形间隙应均匀,并应安装特制的胶圈或用沥青、麻絮等防水材料填塞,并用M10砂浆填塞接缝抹角。接缝宽度不得大于1~2cm,禁止加大接缝宽度来满足涵长的要求;接口处要平整,并用有弹性的不透水材料嵌塞密实。

④每节管底坡度均不得出现反坡。保证涵管内壁齐平,管道内不得遗留泥土等杂物。

⑤管座沉降缝应与涵管接头平齐,无错位现象。最好在涵洞全长范围内,每3~5m设置一道沉降缝。

⑥要求防渗漏的倒虹吸涵管须做渗漏试验,渗漏量应满足要求。进行渗漏试验时,可参考路面渗水试验的方法。

(2)实测项目

管座及涵管安装实测项目,见表5-0-4。

管座及涵管安装实测项目 表5-0-4

项次	检查项目		规定值或允许偏差	检查方法和频率	权值
1△	管座或垫层混凝土强度		在合格标准内	按"评定1"检查	3
2	管座或垫层宽度、厚度		≥设计值	尺量:抽查3个断面	2
3	相邻管节底面错台(mm)	管径≤1m	3	尺量:检查3~5个接头	2
		管径>1m	5		

注:表中"评定1"指《公路工程质量检验评定标准(土建工程)》(JTG F80/1—2004)中的附录D的相关内容。

(3)外观鉴定

管壁顺直,接缝平整,填缝饱满。不符合要求时减1~3分。

3)施工质量检测控制

基坑开挖可采用人工配合机械开挖,基坑检查合格后,铺筑碎石垫层,小型振动压路机分层压实,压实度达到95%以上。基础混凝土在管节安装前后分两次浇筑,重点控制新旧混凝土的接合及管基混凝土与管壁的接合,及时进行养护。

涵管由厂家预制或自行预制，检验合格后运至工地。准确计算管涵全长与管节的配置以及端墙的准确位置。从下游开始安装，使接头面向上游安装，每节涵管紧密相贴于已铺好的基座上，使涵管受力均匀。

管节装卸、运输、安装过程中采取防碰撞措施，避免管节损坏或产生裂纹；涵管装卸、安装机具及存放场地必须得到监理工程师的许可，安装时严格按规范规定操作。

4）几个分项工程质量检验评定表

混凝土管节预制分项工程、管涵分项工程、管道基础及管节安装分项工程质量检验评定，见表5-0-5～表5-0-7。

混凝土管节预制分项工程质量检验评定表 表5-0-5

项次	检查项目	规定值或允许偏差	频率	实测值或实测偏差值										质量评定		
				1	2	3	4	5	6	7	8	9	10	平均、代表值	合格率（%）	实得分
1	混凝土强度（MPa）															
2	内径偏差（mm）															
3	管节长度偏差（mm）															
4	管壁厚度偏差（mm）															
合计																

外观鉴定		减分		检测人员意见：	监理工程师意见：
质量保证资料		减分			
工程质量等级		得分			
注：				检测人员：	监理工程师：

检验： 记录： 复核： 年 月 日

管涵分项工程质量检验评定表 表5-0-6

项次	检查项目		规定值或允许偏差	频率	实测值或实测偏差值										质量评定		
					1	2	3	4	5	6	7	8	9	10	平均、代表值	合格率（%）	实得分
1	混凝土强度（MPa）		在合格标准内	按“评定1”检查													
2	轴线偏位（mm）		50	纵、横向各2处													
3	涵底流水面高程（mm）		±20	洞口、中间各2处													
4	涵管长度（mm）		+100，-50	用尺量													
5	涵座宽、厚度（mm）		大于设计	用尺量3处													
6	管节底面错口（mm）	管径≤1m	3	检查接头处													
		管径＞1m	5														
合计																	

外观鉴定		减分		检测人员意见：	监理工程师意见：
质量保证资料		减分			
工程质量等级		得分			
注：				检测人员：	监理工程师：

检验： 记录： 复核： 年 月 日

注：本表中的“评定1”指《公路工程质量检验评定标准（土建工程）》（JTG F80/1—2004）中附录D的相关内容。

管道基础及管节安装分项工程质量检验评定表 表5-0-7

项次	检查项目		规定值或允许偏差	频率	实测值或实测偏差值										质量评定		
					1	2	3	4	5	6	7	8	9	10	平均、代表值	合格率（%）	实得分
1	混凝土抗压强度或砂浆强度（MPa）		在合格标准内	按"评定1、评定2"检查													
2	管轴线偏位（mm）		50	每两井间测3处													
3	管内底高程（mm）		±20	每两井间测2处													
4	基础宽度（mm）		不小于设计值	每两井间测3处													
5	管座宽度（mm）		不小于设计值	每两井间测2处													
6	抹带	宽度	不小于设计值	按10%抽查													
		厚度	不小于设计值														
7	相邻管内底错口（mm）		5（下游低于上游）	按10%抽查													
合计																	

外观鉴定		减分		检测人员意见：	监理工程师意见：
质量保证资料		减分			
工程质量等级		得分		检测人员：	监理工程师：
注：					

检验： 记录： 复核： 年 月 日

注：表中"评定1、评定2"分别指《公路工程质量检验评定标准（土建工程）》（JTG F80/1—2004）中的附录D及附录F的相关内容。

2. 盖板涵检测评定

1）盖板制作质量评定

（1）基本要求

①混凝土所用的水泥、砂、石、水、外掺剂及混合料的质量和规格必须符合有关技术规范要求，按规定的配合比施工。

②分块施工时接缝应与沉降缝吻合。当涵身较长时，可沿长度方向分段进行，接缝应设在涵身沉降缝处。沉降缝必须贯穿整个断面（包括基础），缝宽1~2cm；沉降缝应用沥青麻絮或其他具有弹性的防水材料填塞。

③板体不得出现露筋和空洞现象。注意检查盖板上、下面的方向，斜交涵洞应注意斜交角度方向，避免发生反向错误。

（2）实测项目

盖板制作实测项目，见表5-0-8。

（3）外观鉴定

①混凝土表面平整，棱线顺直，无严重啃边、掉角。不符合要求时减1~2分。

②蜂窝、麻面面积不得超过该面面积的 0.5%。不符合要求时，每超过 0.5% 减 3 分；深度超过 1cm 者必须处理。

③混凝土表面出现非受力裂缝，减 1 ~ 3 分，裂缝宽度超过设计规定或设计未规定时超过 0.15mm 必须处理。

盖板制作实测项目 表 5-0-8

项次	检查项目		规定值或允许偏差	检查方法和频率	权值
1△	混凝土强度（MPa）		在合格标准内	按“评定 1”检查	3
2△	高度（mm）		明涵：+10，-0 暗涵：不小于设计值	尺量：抽查 30% 的板，每板检查 3 个断面	2
3	宽度（mm）	现浇	±20		1
		预制	±10		
4	长度（mm）		+20，-10	尺量：抽查 30% 的板，每板检查两侧	1

注：表中“评定 1”指《公路工程质量检验评定标准（土建工程）》（JTG F80/1—2004）中附录 D 的相关内容。

2）施工质量检验控制

涵洞在施工期的质量检验非常重要。施工质量检验除了上述要求外，还要满足轴线偏位、结构尺寸等各项尺寸和高程的要求，偏差不能超过规定值。表 5-0-9 是混凝土盖板预制时施工质量检验控制表。

混凝土盖板预制施工质量检验表 表 5-0-9

项次	检查项目		规定值或允许偏差	频率	设计值	实测值或实测偏差值							
						1	2	3	4	5	6	7	8
1	混凝土和砂浆强度（MPa）		在合格标准内	按“评定 1、评定 2”检查									
2	轴线偏位（mm）	明涵	20	纵、横向各 2 处									
		暗涵	50										
3	结构尺寸（mm）		±20	用尺量 3 ~ 5 处									
4	涵底流水面高程（mm）		±20	洞口、中间各 2 处									
5	长度（mm）		+100，-50	用尺量									
6	孔径（mm）		±20	用尺量 3 处									
7	顶面高程（mm）	明涵	±20	检查 3 处									
		暗涵	±50										
检查意见：													

检验： 记录： 复核： 年 月 日

注：表中“评定 1、评定 2”指《公路工程质量检验评定标准（土建工程）》（JTG F80/1—2004）中附录 D 及附录 F 的相关内容。

3）盖板安装质量评定

（1）基本要求

①安装前，盖板、涵台、涵墩及支承面检验必须合格。

②盖板就位后，板与支承面须密合，否则应重新安装。上、下部连接可将台墙高度砌筑到盖板支点处的顶面，使盖板与台墙顶紧，起支撑作用。上、下部如采用栓钉连接，钉孔位置上、下部一并考虑。栓钉可用盖板的主筋制作，栓钉长度为盖板厚度加台帽厚度。每块盖板在预制时端部各预留一个钉孔，盖板安装后在每一个钉孔中插两个栓钉，再用C20小石子混凝土填满捣实。

③板与板之间接缝填充材料的规格和强度应符合设计要求，并与沉降缝吻合。

（2）实测项目

盖板安装实测项目，见表5-0-10。

（3）外观鉴定

板的填缝应平整密实。不符合要求时减1~2分。营运期养护检测时，应注意盖板与涵墩、台帽的偏位，涵墩、台帽的变形，板与板间的连接，以及涵墩、台的开裂等情况。

盖板安装实测项目 表5-0-10

项次	检查项目	规定值或允许偏差	检查方法和频率	权值
1	支承面中心偏位（mm）	10	尺量：每孔抽查4~6个	2
2	相邻板最大高差（mm）	10	尺量：抽查20%	1

3.箱涵检测评定

1）箱涵浇筑质量评定

（1）基本要求

①混凝土所用的水泥、砂、石、水、外掺剂及混合材料的质量规格必须符合有关技术规范的要求，按规定的配合比施工。

②地基承载力及基础埋置深度须满足设计要求。

③箱体不得出现露筋和空洞现象。

（2）实测项目

箱涵浇筑实测项目，见表5-0-11。

箱涵浇筑实测项目 表5-0-11

项次	检查项目	规定值或允许偏差	检查方法和频率	权值
1△	混凝土强度（MPa）	在合格标准内	按“评定1”检查	3
2	高度（mm）	+5，-10	尺量：检查3个断面	1
3	宽度（mm）	±30		1
4△	顶板厚（mm）	明涵：+10，-0 暗涵：不小于设计值	尺量：检查3~5处	2
5	侧墙和底板厚（mm）	不小于设计值	尺量：检查3~5处	1
6	平整度（mm）	5	2m直尺：每10m检查2处×3尺	1

注：表中“评定1”指《公路工程质量检验评定标准（土建工程）》（JTG F80/1—2004）中附录D的相关内容。

箱涵高度、宽度、顶板厚、侧墙和底板厚等尺寸检测均用尺量，比较简单。在此只对平整度的检测方法（2m 直尺法）作说明。

2m 直尺法检测步骤：

①选择测试地点。

②清扫测定位置处脏物。

③在施工过程中检测时，根据需要确定方向，将 2m 直尺摆在测试地点的箱涵面上。

④目测 2m 直尺底面与路面的间隙情况，确定间隙为最大的位置。

⑤用有高度标线的塞尺塞进间隙处，量记其最大间隙的高度（mm），准确到 0.2mm。

⑥施工结束后检测时，在箱涵上每 10m 检测 2 处，并且每处连续量 3 尺，并按上述步骤测记 3 个最大间隙值。

2m 直尺法检测数据处理与评定：每一处连续测定 3 尺时，判断每一个测定值是否合格，根据要求计算合格率，并计算 3 个最大间隙的平均值。记录表上应报告平均值、不合格尺数和合格率。

$$合格率(\%) = 合格尺数/总测尺数 \times 100\%$$

（3）外观鉴定

箱涵浇筑质量的外观鉴定，与盖板预制的外观鉴定相同。

2）箱涵施工质量检测控制

（1）基础处理

采用人工配合机械开挖，开挖前注意做好防排水设施，开挖按变形缝设置跳槽开挖，必要时做好临时支护工作。

基底须整平夯实，并做基底承载力检测，若达不到 150kPa，则需换填碎石或砂砾。基底满足设计要求承载力后，按设计要求立模进行混凝土垫层施工。表 5-0-12 是混凝土基础施工的质量检测表，可根据表中内容检测箱涵混凝土基础施工是否合格。

混凝土基础施工质量检验表 表 5-0-12

<table>
<tr><th rowspan="2">项次</th><th rowspan="2" colspan="2">检 查 项 目</th><th rowspan="2">规定值或允许偏差</th><th rowspan="2">频　率</th><th rowspan="2">设计值</th><th colspan="10">实测值或实测偏差值</th></tr>
<tr><th>1</th><th>2</th><th>3</th><th>4</th><th>5</th><th>6</th><th>7</th><th>8</th><th>9</th><th>10</th></tr>
<tr><td>1</td><td colspan="2">混凝土强度（MPa）</td><td>在合格标准内</td><td>按“评定 1”检查</td><td></td><td></td><td></td><td></td><td></td><td></td><td></td><td></td><td></td><td></td><td></td></tr>
<tr><td>2</td><td colspan="2">平面尺寸（mm）</td><td>±50</td><td>尺量长、宽各 3 处</td><td></td><td></td><td></td><td></td><td></td><td></td><td></td><td></td><td></td><td></td><td></td></tr>
<tr><td rowspan="2">3</td><td rowspan="2">基础底面高程（mm）</td><td>土质</td><td>±50</td><td rowspan="2">5～8 点</td><td></td><td></td><td></td><td></td><td></td><td></td><td></td><td></td><td></td><td></td><td></td></tr>
<tr><td>石质</td><td>+50，-200</td><td></td><td></td><td></td><td></td><td></td><td></td><td></td><td></td><td></td><td></td><td></td></tr>
<tr><td>4</td><td colspan="2">基础顶面高程（mm）</td><td>±30</td><td>5～8 点</td><td></td><td></td><td></td><td></td><td></td><td></td><td></td><td></td><td></td><td></td><td></td></tr>
<tr><td>5</td><td colspan="2">轴线偏位（mm）</td><td>25</td><td>纵、横各 2 点</td><td></td><td></td><td></td><td></td><td></td><td></td><td></td><td></td><td></td><td></td><td></td></tr>
<tr><td colspan="5">检查意见：</td><td colspan="11"></td></tr>
</table>

检验：　　　　记录：　　　　复核：　　　　日期：

注：表中“评定 1”指《公路工程质量检验评定标准（土建工程）》（JTG F80/1—2004）中附录 D 的相关内容。

(2)底板及侧墙钢筋绑扎

在垫层上测量放线并画出钢筋布置大样及立模边线,然后绑扎底板及侧墙钢筋。绑扎侧墙钢筋时,在外侧用钢管搭设临时支架以防钢筋笼变形。钢筋主筋保护层为2.5cm(墙身钢筋靠内模侧绑双峰式垫块),底板下层钢筋保护层为5cm,钢筋锚固长度为35d,搭接长度为42d,钢筋搭接接头百分率不大于25%。

(3)内支撑及内模施工

内支撑可采用ϕ50钢管搭设,纵横向布距不大于1m,竖向布距不大于1.2m,顶部用可调托撑顶纵梁,纵梁上布置横梁,横梁上为顶模。内支撑的横向钢管应与内侧模在横竖带节点处用钢管卡子连接(内外模的横竖带均采用双根钢管),起到横向内支撑作用。内模可采用1.5m^2的大平面模板制作,表面要求光洁无错台,模板接缝加贴密封胶条。

(4)绑扎顶板钢筋、立外模

设计要求绑扎,支撑箍筋应适当予以点焊,保证上层钢筋网片不变形。

外模采用普通钢模板组拼,外模的固定采用ϕ16拉杆内外对拉,并以圆木或钢管辅助支顶。

(5)混凝土浇筑

混凝土可采用商品混凝土。灌注入仓可采用吊车配合下料漏斗进行,振捣可采用插入式振捣棒。

(6)变形缝处理

箱涵涵身每隔10~18m设变形缝一圈(包括基础),凡地基土质发生变化以及地基填挖交界处,均设置变形缝,缝宽2~3cm。

箱涵在变形缝设置处,外围混凝土应加厚一圈,加厚尺寸为25cm。在变形缝设置处内侧镶嵌3cm厚油浸软木板,外侧填塞止水密封膏。为了保证整个变形缝竖直且在一个截面上,立模堵头处须立两块分离式模板(夹紧止水带)。

4.拱涵检测评定

1)拱涵浇(砌)筑质量评定

拱涵按照主拱圈材料来分,主要可分为石拱涵、钢筋混凝土拱涵、素混凝土拱涵。不同材料的试验检测有所不同,在此不对材料的检测多作解释,主要对拱涵的整体检测进行说明。

(1)基本要求

拱涵浇(砌)筑的基本要求与涵台相同。

(2)实测项目

拱涵浇(砌)筑实测项目,见表5-0-13。

(3)外观鉴定

①线形圆顺,表面平整。不符合要求时减1~3分。浆砌时,其拱圈的受力面砌缝应尽可能作辐射状和垂直于拱圈的轴线。

②混凝土蜂窝、麻面面积不得超过该面面积的0.5%。不符合要求时,每超过0.5%减3分;深度超过1cm者必须处理。

③砌缝匀称,勾缝平顺,无开裂和脱落现象。不符合要求时减1~3分。

拱涵浇(砌)筑实测项目　　表5-0-13

项次	检查项目		规定值或允许偏差	检查方法和频率	权值
1△	混凝土或砂浆强度(MPa)		在合格标准内	按"评定1或评定2"检查	3
2△	拱圈厚度(mm)	砌体	±20	尺量:检查拱顶、拱脚3处	2
		混凝土	±15		
3	内弧线偏离设计弧线(mm)		±20	样板:检查拱顶、1/4跨3处	1

注:表中"评定1、评定2"分别指《公路工程质量检验评定标准(土建工程)》(JTG F80/1—2004)中附录D及附录F的相关内容。

2)施工质量控制检测

台背排水设施,在干旱少雨的地区可以不用,但在雨水较多的地区应按图示设置;高填土石拱涵,可不考虑台背排水设施。拱圈强度应达到设计强度的70%时,方可拆除拱架,但必须达到设计强度后方可进行填土。如拱架未拆除,拱圈强度达到设计强度的70%时,可进行填土。但必须在拱圈强度达到设计强度后,方可拆除拱架。涵洞台后填土必须分层夯实,分层厚度不宜大于30cm,压实厚度不宜低于90%。压实范围为1~2倍填土高。

5.一字墙和八字墙检测评定

1)质量评定

(1)基本要求

①混凝土或砂浆所用的水泥、砂、水的质量应符合有关规范的要求,按规定的配合比施工。

②砌块的强度、规格和质量应符合有关规定。

③地基承载力及基础埋置深度必须满足设计要求。

④砌块应分层错缝砌筑,坐浆挤紧,嵌填饱满密实,不得有空洞。

⑤抹面应压光、无空鼓现象。

(2)实测项目

一字墙和八字墙实测项目,见表5-0-14。

一字墙和八字墙实测项目　　表5-0-14

项次	检查项目	规定值或允许偏差	检查方式和频率	权值
1△	混凝土或砂浆强度(MPa)	在合格标准内	按"评定1、评定2"检查	4
2	平面位置(mm)	50	经纬仪:检查墙两端	1
3	顶面高程(mm)	±20	水准仪:检查墙两端	1
4	底面高程(mm)	±50		1
5	竖直度或坡度(%)	0.5	吊垂线:每墙检查2处	1
6△	断面尺寸(mm)	不小于设计	尺量:各墙两端断面	2

注:表中"评定1、评定2"分别指《公路工程质量检验评定标准(土建工程)》(JTG F80/1—2004)中附录D及附录F的相关内容。

(3)外观鉴定

①墙体直顺、表面平整。不符合要求时,减1~3分。

②砌缝无裂隙;勾缝平顺,无脱落、开裂现象。不符合要求时减1~4分。

③混凝土墙蜂窝、麻面面积不得超过该面面积的0.5%。不符合要求时,每超过0.5%减3分;深度超过1cm者必须处理。

2)施工质量检测控制

涵洞进出口处的八字墙与台墙设缝隔开,缝内用沥青麻絮或其他具有弹性的材料填塞。涵洞的进水口、出水口、洞身与八字墙或一字墙洞口的建筑应设缝隔开,缝宽2~3cm,并填以沥青麻絮或其他不透水材料。

四、涵洞填土检测评定

1.质量评定

1)基本要求

(1)填土时涵洞圬工主体强度不得低于设计和规范规定的强度。

(2)填土土质、施工顺序应符合设计要求。

(3)洞顶及洞身两侧不小于两倍孔径范围的填土须分层、对称填筑压实,每层表面平整,路拱合适。

(4)已成路堤应挖出台阶。

2)实测项目

涵洞填土的实测项目主要是填土层的压实度检测。压实度检测的规定值为:高速公路、一级公路为96%,二级公路为95%,三、四级公路为94%。检测时,可以采用密度法检测,在每个车道每个压实层均检测2处。其权值为1。

3)外观鉴定

(1)表面平整,边线顺畅。不符合要求时,减1~2分。

(2)边坡坡面平顺、稳定,不得亏坡。不符合要求时,减2~4分。

2.施工质量检测控制

涵洞完成后,当涵洞砌体砂浆或混凝土强度达到设计强度的75%时,方可进行回填土。回填土要符合质量要求,涵洞处路堤缺口填土从涵身两侧不小于2倍孔径范围内,同时按水平分层,对称地按照设计要求的压实度填筑、夯(压)实。用机械填土时,除按照上述规定办理外,涵洞顶上填土厚度必须大于0.5~1m时,才允许机械通过,且在使用振动压路机碾压时,禁止开动振动源。

严格控制分层厚度和密实度,设专人负责监督检查,检查频率每$50m^2$检验1点,不足$50m^2$时至少检验1点,每点都要合格,采用小型机械压实。回填土的分层厚度为0.1~0.2m。压实度全部达到规定要求。

五、涵洞质量检验评定表

涵洞质量检验评定,见表5-0-15~表5-0-22。

表 5-0-15

涵洞总体质量检验评定表

项目名称：　　　　工程合同段：　　　　（子）分项工程名称：　　　　工程部位：

施工单位：　　　　监理单位：　　　　使用者类别：

基本要求	①涵洞施工应严格按照设计图纸、施工规范和有关技术操作规程要求进行；②各接缝、沉降缝位置正确，填缝无空鼓、开裂、漏水现象；若有预制构件，其接缝应与沉降缝吻合；③涵洞内不得遗留建筑垃圾、杂物等							
项次	检查项目	规定值或允许偏差	检查方法和频率	权值	检查实测值	平均值代表值	合格率（%）	得分
1	轴线偏位（mm）	明涵 20，暗涵 50	经纬仪：检查 2 处	2				
2△	流水面高程（mm）	±20	水准仪、尺量：检查洞口 2 处，拉线检查中间 1～2 处	3				
3	涵底铺砌厚度（mm）	+40，-10	尺量：检查 3～5 处	1				
4	长度（mm）	+100，-50	尺量：检查中心线	1				
5△	孔径（mm）	±20	尺量：检查 3～5 处	3				
6	净高（mm）	明涵 ±20，暗涵 ±50	尺量：检查 3～5 处	1				
7	（子）分项工程得分							
8	外观鉴定	洞身直顺，进出口、洞身、沟槽等衔接平顺，无阻水现象。不符合要求时，减 1～3 分		检查结果				
		帽石、一字墙或八字墙等应平直，与路线边坡、线形匹配，棱角分明。不符合要求时，减 1～3 分						
		涵洞处路面平顺，无跳车现象。不符合要求时，减 2～4 分						
		外露混凝土表面平整，颜色一致。不符合要求时，减 1～3 分						
9	质量保证资料	施工资料和图表必须齐全，不缺乏最基本数据且不得伪造涂改。不符合要求时，不予检查和评定。资料不全者，视情况每项减 1～3 分						
10	（子）分项工程评分值							
11	质量等级							

监理工程师：　　　　日期：　　　　检测人：　　　　日期：　　　　承包人：　　　　日期：

涵台质量检验评定表

表 5-0-16

项目名称： 工程合同段： （子）分项工程名称： 工程部位：

施工单位： 监理单位： 使用者类别：

项次	检查项目		规定值或允许偏差	检查方法和频率	权值	检查实测值	平均值代表值	合格率（%）	得分
基本要求	①所用材料的质量和规格必须符合有关技术规范的要求，按规定的配合比施工；②地基承载力及基础深度须满足设计要求；③混凝土不得出现露筋和空洞现象；④砌块应错缝、坐浆挤紧，嵌缝料和砂浆饱满，无空洞、宽缝、大堆砂浆填隙和假缝								
1△	混凝土和砂浆强度（MPa）		在合格标准内	按附录 D 或 F 检查	3				
2	涵台断面尺寸（mm）	片石砌体	±20	尺量：检查 3～5 处	1				
		混凝土	±15						
3	竖直度或斜度（mm）		0.3% 台高	吊垂线或经纬仪：测量 2 处	1				
4△	顶面高程（mm）		±10	水准仪：测量 3 处	2				
5	（子）分项工程得分								
6	外观鉴定		涵台线条顺直，表面平整。不符合要求时，减 1～3 分		检查结果				
			蜂窝、麻面面积不得超过该面面积的 0.5%。不符合要求时，每超过 0.5% 减 3 分；深度超过 10mm 者必须处理						
			砌缝匀称，勾缝平顺，无开裂和脱落现象。不符合要求时，减 1～3 分						
7	质量保证资料		施工资料和图表必须齐全，不缺乏最基本数据且不得伪造涂改。不符合要求时，不予检查和评定；资料不全者，视情况每项减 1～3 分						
8	（子）分项工程评分值								
9	质量等级								

监理工程师： 日期： 检测人： 日期： 承包人： 日期：

管座及涵管安装质量检验评定表

表 5-0-17

项目名称：　　工程合同段：　　（子）分项工程名称：　　工程部位：

施工单位：　　监理单位：　　使用者类别：

项次	检查项目		规定值或允许偏差	检查方法和频率	权值	检查实测值	平均值代表值	合格率（%）	得分
基本要求	①涵管必须检验合格方可安装；②地基承载力须满足设计要求，涵管与管座、垫层或地基紧密贴合，垫稳坐实；③接缝填料嵌填密实，接缝表面平整，无间断、裂缝、空鼓现象；④每节管底坡度均不得出现反坡；⑤管座沉降缝应与涵管接头平齐，无错位现象；⑥要求防渗漏的倒虹吸涵管须做渗漏试验，渗漏量应满足要求								
1△	管座及垫层混凝土强度（MPa）		在合格标准内	按附录 D 检查	3				
2	管座或垫层宽度、厚度（mm）		≥设计值	尺量：抽查 3 个断面	2				
3	相邻管节底面错台（mm）	管径≤1m	3	尺量：检查 3～5 个接头	2				
		管径＞1m	5						
4	（子）分项工程得分								
5	外观鉴定		管壁顺直，接缝平整，填缝饱满。不符合要求时，减 1～3 分		检查结果				
6	质量保证资料		施工资料和图表必须齐全，不缺乏最基本数据且不得伪造涂改。不符合要求时，不予检查和评定。资料不全者，视情况每项减 1～3 分						
7	（子）分项工程评分值								
8	质量等级								

监理工程师：　　日期：　　检测人：　　日期：　　承包人：　　日期：

盖板制作质量检验评定表

表 5-0-18

项目名称：　　　工程合同段：　　　（子）分项工程名称：　　　工程部位：

施工单位：　　　监理单位：　　　使用者类别：

基本要求	①混凝土所用材料的质量和规格必须符合有关规范的要求，按规定的配合比施工；②分块施工时接缝应与沉降缝吻合；③板体不得出现露筋和空洞现象								
项次	检查项目		规定值或允许偏差	检查方法和频率	权值	检查实测值	平均值代表值	合格率（%）	得分
1△	混凝土强度（MPa）		在合格标准内	按附录 D 检查	3				
2△	高度（mm）	明涵	+10，-0	尺量：抽查 30% 的板，每板检查 3 个断面	2				
		暗涵	不小于设计值						
3	宽度（mm）	现浇	±20		1				
		预制	±10						
4	长度（mm）		+20，-10	尺量：抽查 30% 的板，每板检查两侧	1				
5	（子）分项工程得分								
6	外观鉴定		混凝土表面平整，棱线顺直，无严重啃边、掉角。不符合要求时，减 1～2 分		检查结果				
			蜂窝、麻面面积不得超过该面面积的 0.5%。不符合要求时，每超过 0.5% 减 3 分；深度超过 10mm 者必须处理						
			混凝土表面无非受力裂缝；出现非受力裂缝时，减 1～3 分；裂缝宽度超过设计规定或设计未规定时，超过 0.15mm 必须处理						
7	质量保证资料		施工资料和图表必须齐全，不缺乏最基本数据且不得伪造涂改。不符合要求时，不予检查和评定；资料不全者，视情况每项减 1～3 分						
8	（子）分项工程评分值								
9	质量等级								

监理工程师：　　　日期：　　　检测人：　　　日期：　　　承包人：　　　日期：

盖板安装质量检验评定表

表 5-0-19

项目名称：　　工程合同段：　　（子）分项工程名称：　　工程部位：

施工单位：　　监理单位：　　使用者类别：

项次	检查项目	规定值或允许偏差	检查方法和频率	权值	检查实测值	平均值代表值	合格率（%）	得分
基本要求	①安装前，盖板、涵台、墩及支承面检验必须合格；②盖板就位后，板与支承面须密合，否则应重新安装；③板与板之间接缝填充材料的规格和强度应符合要求，并与沉降缝吻合							
1	支承面中心偏位（mm）	10	尺量：每孔抽查4～6个	2				
2	相邻板最大高差（mm）	10	尺量：抽查20%	1				
3	（子）分项工程得分							
4	外观鉴定	板的填缝应平整密实。不符合要求时，减1～2分		检查结果				
5	质量保证资料	施工资料和图表必须齐全，不缺乏最基本数据且不得伪造涂改。不符合要求时，不予检查和评定；资料不全者，视情况每项减1～3分		检查结果				
6	（子）分项工程评分值							
7	质量等级							

监理工程师：　　日期：　　检测人：　　日期：　　承包人：　　日期：

箱涵浇筑质量检验评定表

表 5-0-20

项目名称： 工程合同段： （子）分项工程名称： 工程部位：

施工单位： 监理单位： 使用者类别：

项次	检查项目		规定值或允许偏差	检查方法和频率	权值	检查实测值	平均值代表值	合格率（%）	得分
基本要求	①混凝土所用材料的质量和规格必须符合有关技术规范的要求，按规定的配合比施工；②地基承载力及基础埋置深度须满足设计要求；③箱体不得出现露筋和空洞现象								
1△	混凝土强度（MPa）		在合格标准内	按附录D检查	3				
2	高度（mm）		+5，-10	尺量：检查3个断面	1				
3	宽度（mm）		±30		1				
4△	顶板厚（mm）	明涵	+10，-0	尺量：检查3~5处	2				
		暗涵	不小于设计值						
5	侧墙和底板厚（mm）		不小于设计值	尺量：检查3~5处	1				
6	平整度（mm）		5	2m直尺：每10m检查2处×3尺	1				
7	（子）分项工程得分								
8	外观鉴定		混凝土表面平整，棱线顺直，无严重啃边、掉角。不符合要求时，减1~2分		检查结果				
			蜂窝、麻面面积不得超过该面面积的0.5%。不符合要求时，每超过0.5%减3分；深度超过10mm者必须处理						
			混凝土表面无非受力裂缝，出现非受力裂缝时，减1~3分；裂缝宽度超过设计规定或设计未规定时超过0.15mm者必须处理						
9	质量保证资料		施工资料和图表必须齐全，不缺乏最基本数据且不得伪造涂改。不符合要求时，不予检查和评定；资料不全者，视情况每项减1~3分						
10	（子）分项工程评分值								
11	质量等级								

监理工程师： 日期： 检测人： 日期： 承包人： 日期：

拱涵浇(砌)筑质量检验评定表

表 5-0-21

项目名称： 工程合同段： (子)分项工程名称： 工程部位：

施工单位： 监理单位： 使用者类别：

项次	检查项目		规定值或允许偏差	检查方法和频率	权值	检查实测值	平均值代表值	合格率(%)	得分
基本要求	①所用的水泥、砂、石、水、外掺剂、混合材料的质量和规格必须符合有关技术规范的要求，按规定的配合比施工；②地基承载力及基础埋置深度必须满足设计要求；③混凝土不得出现露筋和空洞现象；④砌块应错缝、坐浆挤紧，嵌缝料和砂浆饱满，无空洞、宽缝、大堆砂浆填隙和假缝								
1△	混凝土或砂浆强度(MPa)		在合格标准内	按附录 D 或 F 检查	3				
2△	拱圈厚度(mm)	砌体	±20	尺量：检查拱顶、拱脚 3 处	2				
		混凝土	±15						
3	内弧线偏离设计弧线(mm)		±20	样板：检查拱顶、1/4 跨 3 处	1				
4	(子)分项工程得分								
5	外观鉴定		线形圆顺，表面平整。不符合要求时，减 1 ~3 分		检查结果				
			混凝土蜂窝、麻面面积不得超过该面积的 0.5%。不符合要求时，每超过 0.5% 减 3 分；深度超过 10mm 者必须处理						
			砌缝匀称，勾缝平顺，无开裂和脱落现象。不符合要求时，减 1 ~3 分						
6	质量保证资料		施工资料和图表必须齐全，不缺乏最基本数据且不得伪造涂改。不符合要求时，不予检查和评定；资料不全者，视情况每项减 1 ~3 分						
7	(子)分项工程评分值								
8	质量等级								

监理工程师： 日期： 检测人： 日期： 承包人： 日期：

一字墙或八字墙质量检验评定表

表 5-0-22

项目名称：　　工程合同段：　　(子)分项工程名称：　　工程部位：

施工单位：　　监理单位：　　使用者类别：

<table>
<tr><td>基本要求</td><td colspan="9">①砌块、砂、水的质量和规格应符合有关规范要求，混凝土或砂浆应按规定的配合比施工；②地基承载力及基础埋置深度必须满足设计要求；③砌块应分层错缝砌筑，坐浆挤紧，嵌填饱满密实，不得有空洞；④抹面应压光、无空鼓现象</td></tr>
<tr><td>项次</td><td>检 查 项 目</td><td>规定值或允许偏差</td><td>检查方法和频率</td><td>权值</td><td>设计值</td><td>检查实测值</td><td>平均值
代表值</td><td>合格率
(%)</td><td>得分</td></tr>
<tr><td>1△</td><td>混凝土或砂浆强度(MPa)</td><td>在合格标准内</td><td>按附录 D 或 F 检查</td><td>4</td><td></td><td></td><td></td><td></td><td></td></tr>
<tr><td>2</td><td>平面位置(mm)</td><td>50</td><td>经纬仪：检查墙两端</td><td>1</td><td></td><td></td><td></td><td></td><td></td></tr>
<tr><td>3</td><td>顶面高程(mm)</td><td>±20</td><td rowspan="2">水准仪：检查墙两端</td><td>1</td><td></td><td></td><td></td><td></td><td></td></tr>
<tr><td>4</td><td>底面高程(mm)</td><td>±50</td><td>1</td><td></td><td></td><td></td><td></td><td></td></tr>
<tr><td>5</td><td>竖直度或坡度(%)</td><td>0.5</td><td>吊垂线：每墙检查 2 处</td><td>1</td><td></td><td></td><td></td><td></td><td></td></tr>
<tr><td>6△</td><td>断面尺寸(mm)</td><td>不小于设计</td><td>尺量：各墙两端断面</td><td>2</td><td></td><td></td><td></td><td></td><td></td></tr>
<tr><td>7</td><td colspan="3">(子)分项工程得分</td><td></td><td colspan="5"></td></tr>
<tr><td rowspan="3">8</td><td rowspan="3">外观鉴定</td><td colspan="2">墙体直顺、表面平整。不符合要求时，减 1～3 分</td><td rowspan="4">检查
结果</td><td colspan="4"></td><td></td></tr>
<tr><td colspan="2">砌缝无裂隙，勾缝平顺，无脱落、开裂现象。不符合要求时，减 1～4 分</td><td colspan="4"></td><td></td></tr>
<tr><td colspan="2">混凝土墙蜂窝、麻面面积不得超过该面面积的 0.5%。不符合要求时，每超过 0.5%减 3 分；深度超过 10mm 者必须处理</td><td colspan="4"></td><td></td></tr>
<tr><td>9</td><td>质量保证资料</td><td colspan="2">施工资料和图表必须齐全，不缺乏最基本数据且不得伪造涂改。不符合要求时，不予检查和评定；资料不全者，视情况每项减 1～3 分</td><td colspan="4"></td><td></td></tr>
<tr><td>10</td><td>(子)分项工程评分值</td><td colspan="8"></td></tr>
<tr><td>11</td><td>质量等级</td><td colspan="8"></td></tr>
</table>

监理工程师：　　日期：　　检测人：　　日期：　　承包人：　　日期：

小　结

涵洞检测是控制施工质量的主要手段。涵洞按其构造形式可分为圆管涵、盖板涵、箱涵、拱涵。涵洞检测主要针对这几类涵洞洞身、洞口和填土，从基本要求、检测项目、外观鉴定和施工质量控制上进行检测，并且对检测的每一项标明分值。

复习思考题

1. 施工期涵洞总体检测的基本要求是什么？
2. 圆管涵检测的基本要求是什么？
3. 盖板涵检测的基本要求是什么？
4. 箱涵检测的基本要求是什么？

附录　测区混凝土强度换算表

回弹法测区混凝土强度换算表（统一）　　附表

平均回弹值 R_m	测区混凝土强度换算值 $f^{c}_{cu,i}$ (MPa)												
	平均碳化深度值 d_m (mm)												
	0	0.5	1.0	1.5	2.0	2.5	3.0	3.5	4.0	4.5	5.0	5.5	≥6.0
20.0	10.3	10.1	—	—	—	—	—	—	—	—	—	—	—
20.2	10.5	10.3	10.0	—	—	—	—	—	—	—	—	—	—
20.4	10.7	10.5	10.2	—	—	—	—	—	—	—	—	—	—
20.6	11.0	10.8	10.4	10.1	—	—	—	—	—	—	—	—	—
20.8	11.2	11.0	10.6	10.3	—	—	—	—	—	—	—	—	—
21.0	11.4	11.2	10.8	10.5	10.0	—	—	—	—	—	—	—	—
21.2	11.6	11.4	11.0	10.7	10.2	—	—	—	—	—	—	—	—
21.4	11.8	11.6	11.2	10.9	10.4	10.0	—	—	—	—	—	—	—
21.6	12.0	11.8	11.4	11.0	10.6	10.2	—	—	—	—	—	—	—
21.8	12.3	12.1	11.7	11.3	10.8	10.5	10.1	—	—	—	—	—	—
22.0	12.5	12.2	11.9	11.5	11.0	10.6	10.2	—	—	—	—	—	—
22.2	12.7	12.4	12.1	11.7	11.2	10.8	10.4	10.0	—	—	—	—	—
22.4	13.0	12.7	12.4	12.0	11.4	11.0	10.7	10.3	10.0	—	—	—	—
22.6	13.2	12.9	12.5	12.1	11.6	11.2	10.8	10.4	10.2	—	—	—	—
22.8	13.4	13.1	12.7	12.3	11.8	11.4	11.0	10.6	10.3	—	—	—	—
23.0	13.7	13.4	13.0	12.6	12.1	11.6	11.2	10.8	10.5	10.1	—	—	—
23.2	13.9	13.6	13.2	12.8	12.2	11.8	11.4	11.0	10.7	10.3	10.0	—	—
23.4	14.1	13.8	13.4	13.0	12.4	12.0	11.6	11.2	10.9	10.4	10.2	—	—
23.6	14.4	14.1	13.7	13.2	12.7	12.2	11.8	11.4	11.1	10.7	10.4	10.1	—
23.8	14.6	14.3	13.9	13.4	12.8	12.4	12.0	11.5	11.2	10.8	10.5	10.2	—
24.0	14.9	14.6	14.2	13.7	13.1	12.7	12.2	11.8	11.5	11.0	10.7	10.4	10.1
24.2	15.1	14.8	14.3	13.9	13.3	12.8	12.4	11.9	11.6	11.2	10.9	10.6	10.3
24.4	15.4	15.1	14.6	14.2	13.6	13.1	12.6	12.2	11.9	11.4	11.1	10.8	10.4
24.6	15.6	15.3	14.8	14.4	13.7	13.3	12.8	12.3	12.0	11.5	11.2	10.9	10.6
24.8	15.9	15.6	15.1	14.6	14.0	13.5	13.0	12.6	12.2	11.8	11.4	11.1	10.7
25.0	16.2	15.9	15.4	14.9	14.3	13.8	13.3	12.8	12.5	12.0	11.7	11.3	10.9
25.2	16.4	16.1	15.6	15.1	14.4	13.9	13.4	13.0	12.6	12.1	11.8	11.5	11.0
25.4	16.7	16.4	15.9	15.4	14.7	14.2	13.7	13.2	12.9	12.4	12.0	11.7	11.2
25.6	16.9	16.6	16.1	15.7	14.9	14.4	13.9	13.4	13.0	12.5	12.2	11.8	11.3
25.8	17.2	16.9	16.3	15.8	15.1	14.6	14.1	13.6	13.2	12.7	12.4	12.0	11.5
26.0	17.5	17.2	16.6	16.1	15.4	14.9	14.4	13.8	13.5	13.0	12.6	12.2	11.6
26.2	17.8	17.4	16.9	16.4	15.7	15.1	14.6	14.0	13.7	13.2	12.8	12.4	11.8
26.4	18.0	17.6	17.1	16.6	15.8	15.3	14.8	14.2	13.9	13.3	13.0	12.6	12.0
26.6	18.3	17.9	17.4	16.8	16.1	15.6	15.0	14.4	14.1	13.5	13.2	12.8	12.1
26.8	18.6	18.2	17.7	17.1	16.4	15.8	15.3	14.6	14.3	13.8	13.4	12.9	12.3
27.0	18.9	18.5	18.0	17.4	16.6	16.1	15.5	14.8	14.6	14.0	13.6	13.1	12.4
27.2	19.1	18.7	18.1	17.6	16.8	16.2	15.7	15.0	14.7	14.1	13.8	13.3	12.6
27.4	19.4	19.0	18.4	17.8	17.0	16.4	15.9	15.2	14.9	14.3	14.0	13.4	12.7
27.6	19.7	19.3	18.7	18.0	17.2	16.6	16.1	15.4	15.1	14.5	14.1	13.6	12.9
27.8	20.0	19.6	19.0	18.2	17.4	16.8	16.3	15.6	15.3	14.7	14.2	13.7	13.0
28.0	20.3	19.7	19.2	18.4	17.6	17.0	16.5	15.8	15.4	14.8	14.4	13.9	13.2

续上表

平均回弹值 R_m	测区混凝土强度换算值 $f^c_{cu,i}$（MPa）												
	平均碳化深度值 d_m（mm）												
	0	0.5	1.0	1.5	2.0	2.5	3.0	3.5	4.0	4.5	5.0	5.5	≥6.0
28.2	20.6	20.0	19.5	18.6	17.8	17.2	16.7	16.0	15.6	15.0	14.6	14.0	13.3
28.4	20.9	20.3	19.7	18.8	18.0	17.4	16.9	16.2	15.8	15.2	14.8	14.2	13.5
28.6	21.2	20.6	20.0	19.1	18.2	17.6	17.1	16.4	16.0	15.4	15.1	14.3	13.6
28.8	21.5	20.9	20.2	19.4	18.5	17.8	17.3	16.6	16.2	15.6	15.2	14.5	13.8
29.0	21.8	21.1	20.5	19.6	18.7	18.1	17.5	16.8	16.4	15.8	15.4	14.6	13.9
29.2	22.1	21.4	20.8	19.9	19.0	18.3	17.7	17.0	16.6	16.0	15.6	14.8	14.1
29.4	22.4	21.7	21.1	20.2	19.3	18.6	17.9	17.2	16.8	16.2	15.8	15.0	14.2
29.6	22.7	22.0	21.3	20.4	19.5	18.8	18.2	17.5	17.0	16.4	16.0	15.1	14.4
29.8	23.0	22.3	21.6	20.7	19.8	19.1	18.4	17.7	17.2	16.6	16.2	15.3	14.5
30.0	23.3	22.6	21.9	21.0	20.0	19.3	18.6	17.9	17.4	16.8	16.4	15.4	14.7
30.2	23.6	22.9	22.2	21.2	20.3	19.6	18.9	18.2	17.6	17.0	16.6	15.6	14.9
30.4	23.9	23.2	22.5	21.5	20.6	19.8	19.1	18.4	17.8	17.2	16.8	15.8	15.1
30.6	24.3	23.6	22.8	21.9	20.9	20.2	19.4	18.7	18.0	17.5	17.0	16.0	15.2
30.8	24.6	23.9	23.1	22.1	21.2	20.4	19.7	18.9	18.2	17.7	17.2	16.2	15.4
31.0	24.9	24.2	23.4	22.4	21.4	20.7	19.7	19.2	18.4	17.9	17.4	16.4	15.5
31.2	25.2	24.4	23.7	22.7	21.7	20.9	20.2	19.4	18.6	18.1	17.6	16.6	15.7
31.4	25.6	24.8	24.1	23.0	22.0	21.2	20.5	19.7	18.9	18.4	17.8	16.9	15.8
31.6	25.9	25.1	24.3	23.3	22.3	21.5	20.7	19.9	19.2	18.6	18.0	17.1	16.0
31.8	26.2	25.4	24.6	23.6	22.5	21.7	21.0	20.2	19.4	18.9	18.2	17.3	16.2
32.0	26.5	25.7	24.9	23.9	22.8	22.0	21.2	20.4	19.6	19.1	18.4	17.5	16.4
32.2	26.9	26.1	25.3	24.2	23.1	22.3	21.5	20.7	19.9	19.4	18.6	17.7	16.6
32.4	27.2	26.4	25.6	24.5	23.4	22.6	21.8	20.9	20.1	19.6	18.8	17.9	16.8
32.6	27.6	26.8	25.9	24.8	23.7	22.9	22.1	21.3	20.4	19.9	19.0	18.1	17.0
32.8	27.9	27.1	26.2	25.1	24.0	23.2	22.3	21.5	20.6	20.1	19.2	18.3	17.2
33.0	28.2	27.4	26.5	25.4	24.3	23.4	22.6	21.7	20.9	20.3	19.4	18.5	17.4
33.2	28.6	27.7	26.8	25.7	24.6	23.7	22.9	22.0	21.2	20.5	19.6	18.7	17.6
33.4	28.9	28.0	27.1	26.0	24.9	24.0	23.1	22.3	21.4	20.7	19.8	18.9	17.8
33.6	29.3	28.4	27.4	26.4	25.2	24.2	23.3	26.6	21.7	20.9	20.0	19.1	18.0
33.8	29.6	28.7	27.7	26.6	25.4	24.4	23.5	22.8	21.9	21.1	20.2	19.3	18.2
34.0	30.0	29.1	28.0	26.8	25.6	24.6	23.7	23.0	22.1	21.3	20.4	19.5	18.3
34.2	30.3	29.4	28.3	27.0	25.8	24.8	23.9	23.2	22.3	21.5	20.6	19.7	18.4
34.4	30.7	29.8	28.6	27.2	26.0	25.0	24.1	23.4	22.5	21.7	20.8	19.8	18.6
34.6	31.1	30.2	28.9	27.4	26.2	25.2	24.3	23.6	22.7	21.9	21.0	20.0	18.8
34.8	31.4	30.5	29.2	27.6	26.4	25.4	24.5	23.8	22.9	22.1	21.2	20.2	19.0
35.0	31.8	30.8	29.6	28.0	27.6	25.8	24.8	24.0	23.2	22.3	21.4	20.4	19.2
35.2	32.1	31.1	29.9	28.2	27.0	26.0	25.0	24.2	23.4	22.5	21.6	20.6	19.4
35.4	32.5	31.5	30.2	28.6	27.3	26.3	25.4	24.4	23.7	22.8	21.8	20.8	19.6
35.6	32.9	31.9	30.6	29.0	27.6	26.6	25.7	24.7	24.0	23.0	22.0	21.0	19.8
35.8	33.3	32.3	31.0	29.3	28.0	27.0	26.0	25.0	24.3	23.3	22.2	21.2	20.0
36.0	33.6	32.6	31.2	29.6	28.2	27.2	26.2	25.2	24.5	23.5	22.4	21.4	20.2
36.2	34.0	33.0	31.6	29.9	28.6	27.5	26.5	25.5	24.8	23.8	22.6	21.6	20.4
36.4	34.4	33.4	32.0	30.3	28.9	27.9	26.8	25.8	25.1	24.1	22.8	21.8	20.6
36.6	34.8	33.8	32.4	30.6	29.2	28.2	27.1	26.1	25.4	24.4	23.0	22.0	20.9
36.8	35.2	34.1	32.7	31.0	29.6	28.5	27.5	26.4	25.7	24.6	23.2	22.2	21.1

续上表

平均回弹值 R_m	测区混凝土强度换算值 $f_{cu,i}^{c}$（MPa）												
	平均碳化深度值 d_m（mm）												
	0	0.5	1.0	1.5	2.0	2.5	3.0	3.5	4.0	4.5	5.0	5.5	≥6.0
37.0	35.5	34.4	33.0	31.2	29.8	28.8	27.7	26.6	25.9	24.8	23.4	22.4	21.3
37.2	35.9	34.8	33.3	31.6	30.2	29.1	28.0	26.9	26.2	25.1	23.7	22.6	21.5
37.4	36.3	35.2	33.8	31.9	30.5	29.4	28.3	27.2	26.5	25.4	24.0	22.9	21.8
37.6	36.7	35.6	31.4	32.3	30.8	29.7	28.6	27.5	26.8	25.7	24.2	23.1	22.0
37.8	37.1	36.0	34.5	32.6	31.2	30.0	28.9	27.8	27.1	26.0	24.5	23.4	22.3
38.0	37.5	36.4	34.9	33.0	31.5	30.3	29.2	28.1	27.4	26.2	24.8	23.6	22.5
38.2	34.9	36.8	35.2	33.4	31.8	31.6	29.5	28.4	27.7	26.5	25.0	23.9	22.7
38.4	38.3	37.2	35.6	33.7	32.1	30.9	29.8	28.7	28.0	26.8	25.3	24.1	23.0
38.6	38.7	37.5	36.0	34.1	32.4	31.2	30.1	29.0	28.3	27.0	25.5	24.4	23.2
38.8	39.1	37.9	36.4	34.4	32.7	31.5	30.4	29.3	28.5	27.2	25.8	24.6	23.5
39.0	39.5	38.2	36.7	35.7	33.0	31.8	30.6	29.6	28.8	27.4	26.0	24.8	23.7
39.2	39.9	38.5	37.0	35.0	33.3	32.1	30.8	29.8	28.9	27.6	26.2	25.0	24.0
39.4	40.3	38.8	37.3	35.3	33.6	32.4	31.0	30.0	29.2	27.8	26.4	25.2	24.2
39.6	40.7	39.1	37.6	35.6	33.9	32.7	31.2	30.2	29.4	28.0	26.6	25.4	24.4
39.8	41.2	39.6	38.0	35.9	34.2	33.0	31.4	30.5	29.7	28.2	26.8	25.6	24.7
40.0	41.6	39.9	38.3	36.2	34.5	33.3	31.7	30.8	30.0	28.4	27.0	25.8	25.0
40.2	42.0	40.3	38.6	36.5	34.8	33.6	32.0	31.1	30.2	28.6	27.3	26.0	25.2
40.4	42.4	40.7	39.0	36.9	35.1	33.9	32.3	31.4	30.5	28.8	27.6	26.2	25.4
40.6	42.8	41.1	39.4	37.2	35.4	34.2	32.6	31.7	30.8	29.1	27.8	26.5	25.7
40.8	43.3	41.6	39.8	37.7	35.7	34.5	32.9	32.0	31.2	29.4	28.1	26.8	26.0
41.0	43.7	42.2	40.2	38.0	36.0	34.8	33.2	32.3	31.5	29.7	28.4	27.1	26.2
41.2	44.1	42.3	40.6	38.4	36.3	35.1	33.5	32.6	31.8	30.8	28.7	27.3	26.5
41.4	44.5	42.7	40.9	38.7	36.6	35.4	33.8	32.9	32.0	30.3	28.9	27.6	26.7
41.6	45.0	43.2	41.4	39.2	36.9	35.7	34.2	33.3	32.4	30.6	29.2	27.9	27.0
41.8	45.4	43.6	41.8	39.5	37.2	36.0	34.5	33.6	32.7	30.9	29.5	28.1	27.2
42.0	45.9	44.1	42.2	39.9	37.6	36.3	34.9	34.0	33.0	31.2	29.8	28.5	27.5
42.2	46.3	44.4	42.6	40.3	38.0	36.3	35.2	34.3	33.3	31.5	30.1	28.7	27.8
42.4	46.7	44.8	43.0	40.6	38.3	36.9	35.5	34.6	33.6	31.8	30.4	29.0	28.0
42.6	47.2	45.3	43.4	41.1	38.7	37.3	35.9	34.9	34.0	32.1	30.7	29.3	28.3
42.8	47.6	45.7	43.8	41.4	39.0	37.6	36.2	35.2	34.3	32.4	30.9	29.5	28.6
43.0	48.1	46.2	44.2	41.8	39.4	38.0	36.6	35.6	34.6	32.7	31.3	29.8	28.9
43.2	48.5	46.6	44.6	42.2	39.8	38.3	36.9	35.9	34.9	33.0	31.5	30.1	29.1
43.4	49.0	47.0	45.1	42.6	40.2	38.7	37.2	36.3	35.3	33.3	31.8	30.4	29.4
43.6	49.4	47.4	45.4	43.0	40.5	39.0	37.5	36.6	35.6	33.6	32.1	30.6	29.6
43.8	49.9	47.9	45.9	43.4	40.9	39.4	37.9	36.9	35.9	33.9	32.4	30.9	29.9
44.0	50.4	48.4	46.4	43.8	41.3	39.8	38.3	37.3	36.6	34.3	32.8	31.2	30.2
44.2	50.8	48.8	46.7	44.2	41.7	40.1	38.6	34.6	36.6	34.5	33.0	31.5	30.5
44.4	51.3	49.2	47.2	44.6	42.1	40.5	39.0	38.0	36.9	34.9	33.3	31.8	30.8
44.6	51.7	49.6	47.6	45.0	42.4	40.8	39.3	38.3	37.2	35.2	33.6	32.1	31.0
44.8	52.2	50.1	48.0	45.4	42.8	41.2	39.7	38.6	37.6	35.5	33.9	32.4	31.3
45.0	52.7	50.6	48.5	45.8	43.2	41.6	40.1	39.0	37.9	35.8	34.3	32.7	31.6
45.2	53.2	51.1	48.9	46.3	43.6	42.0	40.4	39.4	38.3	36.2	34.6	33.0	31.9
45.4	53.6	51.5	49.4	46.6	44.0	42.3	40.7	39.7	38.6	36.4	34.8	33.2	32.2

续上表

平均回弹值 R_m	测区混凝土强度换算值 $f_{cu,i}^c$（MPa）												
	平均碳化深度值 d_m（mm）												
	0	0.5	1.0	1.5	2.0	2.5	3.0	3.5	4.0	4.5	5.0	5.5	≥6.0
45.6	54.1	51.9	49.8	47.1	44.4	42.7	41.1	40.0	39.0	36.8	35.2	33.5	32.5
45.8	54.6	52.4	50.2	47.5	44.8	43.1	41.5	40.4	39.3	37.1	35.5	33.9	32.8
46.0	55.0	52.8	50.6	47.9	45.2	43.5	41.9	40.8	39.7	37.5	35.8	34.2	33.1
46.2	55.5	53.3	51.1	48.3	45.5	43.8	42.2	41.1	40.0	37.7	36.1	34.4	33.3
46.4	56.0	53.8	51.5	48.7	45.9	44.2	42.6	41.4	40.3	38.1	36.4	34.7	33.6
46.6	56.5	54.2	52.0	49.2	46.3	44.6	42.9	41.8	40.7	38.4	36.7	35.0	33.9
46.8	57.0	54.7	52.4	49.6	46.7	45.0	43.3	42.2	41.0	38.8	37.0	35.3	34.2
47.0	57.5	55.2	52.9	50.0	47.2	45.2	43.7	42.6	41.4	39.1	37.4	35.6	34.5
47.2	58.0	55.7	53.4	50.5	47.6	45.8	44.1	42.9	41.8	39.4	37.7	36.0	34.8
47.4	58.5	56.2	53.8	50.9	48.0	46.2	44.5	43.3	42.1	39.8	38.0	36.3	35.1
47.6	59.0	56.6	54.3	51.3	48.4	46.6	44.8	43.7	42.5	40.1	38.4	36.6	35.4
47.8	59.5	57.1	54.7	51.8	48.8	47.0	45.2	44.0	42.8	40.5	38.7	36.9	35.7
48.0	60.0	57.6	55.2	52.2	49.2	47.4	45.6	44.4	43.2	40.8	39.0	37.2	36.0
48.2	—	58.0	55.7	52.6	49.6	47.8	46.0	44.8	43.6	41.1	39.3	37.5	36.3
48.4	—	58.6	56.1	53.1	50.0	48.2	46.4	45.1	43.9	40.5	39.6	37.8	36.6
48.6	—	59.0	56.6	53.6	50.4	48.6	46.7	45.5	44.3	41.8	40.0	38.1	36.9
48.8	—	59.5	57.1	54.0	50.9	49.0	47.1	45.9	44.6	42.2	40.3	38.4	37.2
49.0	—	60.0	57.5	54.4	51.3	49.4	47.5	46.2	45.0	42.5	40.6	38.8	37.5
49.2	—	—	58.0	54.8	51.7	49.8	47.9	46.6	45.4	42.8	41.0	39.1	37.8
49.4	—	—	58.5	55.3	52.1	50.2	48.3	47.1	45.8	43.2	41.3	39.4	38.2
49.6	—	—	58.9	55.7	52.5	50.6	48.7	47.4	46.2	43.6	41.7	39.7	38.5
49.8	—	—	59.4	56.2	53.0	51.0	19.1	47.8	46.5	43.9	42.0	40.1	38.8
50.0	—	—	59.9	56.7	53.4	51.4	49.5	48.2	46.9	44.3	42.3	40.4	39.1
50.2	—	—	—	57.1	53.8	51.9	49.9	48.5	47.2	44.6	42.6	40.7	39.4
50.4	—	—	—	57.6	54.3	52.3	50.3	49.0	47.7	45.0	43.0	41.0	39.7
50.6				58.0	54.7	52.7	50.7	49.4	48.0	45.4	43.4	41.4	40.0
50.8				58.5	55.1	53.1	51.1	49.8	48.4	45.7	43.7	41.7	40.3
51.0				59.0	55.6	53.5	51.5	50.1	48.8	46.1	44.1	42.0	40.7
51.2				59.4	56.0	54.0	51.9	50.5	49.2	46.4	44.4	42.3	41.0
51.4				59.9	56.4	54.4	52.3	50.9	49.6	46.8	44.7	42.7	41.3
51.6					56.9	54.8	52.7	51.3	50.0	47.2	45.1	43.0	41.6
51.8					57.3	55.2	53.1	51.7	50.7	47.5	45.4	43.3	41.8
52.0					57.8	55.7	53.6	52.1	50.7	47.9	45.8	43.7	42.3
52.2					58.2	56.1	54.0	52.5	51.1	48.3	46.2	44.0	42.6
52.4					58.7	56.5	54.4	53.0	51.5	48.7	46.5	44.4	43.0
52.6					59.1	57.0	54.8	53.4	51.9	49.0	46.9	44.7	43.3
52.8					59.6	57.4	55.2	53.8	52.3	49.4	47.3	45.1	43.6
53.0					60.0	57.8	55.6	54.2	52.7	49.8	47.6	45.4	43.9
53.2						58.3	56.1	54.6	53.1	50.2	48.0	45.8	44.3
53.4						58.7	56.5	55.0	53.5	50.5	48.3	46.1	44.6
53.6						59.2	56.9	55.4	53.9	50.9	48.7	46.4	44.9
53.8						59.6	57.3	55.8	54.3	51.3	49.0	46.8	45.3
54.0							57.8	56.3	54.7	51.7	49.4	47.1	45.6

续上表

平均回弹值 R_m	测区混凝土强度换算值 $f^c_{cu,i}$（MPa）												
	平均碳化深度值 d_m（mm）												
	0	0.5	1.0	1.5	2.0	2.5	3.0	3.5	4.0	4.5	5.0	5.5	≥6.0
54.2							58.2	56.7	55.1	52.1	49.8	47.5	46.0
54.4							58.6	57.1	55.6	52.5	50.2	47.9	46.3
54.6							59.1	57.5	56.0	52.9	50.5	48.2	46.6
54.8							59.5	57.9	56.4	53.2	50.9	48.5	47.0
55.0							59.9	58.4	56.8	53.6	51.3	48.9	57.3
55.2								58.8	57.2	54.0	51.6	49.3	47.7
55.4								59.2	57.6	54.4	52.0	49.6	48.6
55.6								59.7	58.0	54.8	52.4	52.0	48.4
55.8									58.5	55.2	52.8	50.3	48.7
56.0									58.9	55.6	53.2	50.7	49.1
56.2									59.3	56.0	53.5	51.1	49.4
56.4									59.7	56.4	53.9	51.4	49.8
56.6										56.8	54.3	51.8	51.0
56.8										57.2	54.7	52.2	50.5
57.0										57.6	55.1	52.5	50.8
57.2										58.0	55.5	52.9	51.2
57.4										58.4	55.9	53.3	51.6
57.6										58.9	56.3	53.7	51.9
57.8										59.3	56.7	54.0	52.3
58.0										59.7	57.0	54.4	52.7
58.2											57.4	54.8	53.0
58.4											57.8	55.2	53.4
58.6											58.2	55.6	53.8
58.8											58.6	55.9	54.1
59.0											59.0	56.3	54.5
59.2											59.4	56.7	54.9
59.4											59.8	57.1	55.2
59.6												57.5	55.6
59.8												57.9	56.0
60.0												58.3	56.4

注：本表系按全国统一曲线制定。

参考文献

[1] 中华人民共和国行业标准. JTG F80/1—2004 公路工程质量检验评定标准[S]. 北京:人民交通出版社,2004.
[2] 中华人民共和国行业标准. JTG/T F50—2011 公路桥涵施工技术规范[S]. 北京:人民交通出版社,2011.
[3] 中华人民共和国行业标准. JTG D60—2004 公路桥涵设计通用规范[S]. 北京:人民交通出版社,2004.
[4] 中华人民共和国行业标准. JTG D62—2012 公路钢筋混凝土及预应力混凝土桥涵设计规范[S]. 北京:人民交通出版社,2012.
[5] 中华人民共和国行业标准. JTG D61—2005 公路圬工桥涵设计规范[S]. 北京:人民交通出版社,2005.
[6] 中华人民共和国行业标准. JTG D63—2007 公路桥涵地基与基础设计规范[S]. 北京:人民交通出版社,1985.
[7] 中华人民共和国行业标准. JTJ 055—83 公路工程金属试验规程[S]. 北京:人民交通出版社,1984.
[8] 中华人民共和国行业标准. JTG E41—2005 公路工程岩石试验规程[S]. 北京:人民交通出版社,2005.
[9] 中华人民共和国行业标准. JTG E42—2005 公路工程集料试验规程[S]. 北京:人民交通出版社,2005.
[10] 中华人民共和国行业标准. JTG E30—2005 公路工程水泥及水泥混凝土试验规程[S]. 北京:人民交通出版社,2005.
[11] 中华人民共和国国家标准. GB/T 5224—2003 预应力混凝土用钢绞线[S]. 北京:中国标准出版社,2003.
[12] 中华人民共和国国家标准. GB/T 5223—2002 预应力混凝土用钢丝[S]. 北京:中国标准出版社,2002.
[13] 中华人民共和国国家标准. GB/T 14370—2000 预应力筋用锚具、夹具和连接器[S]. 北京:中国标准出版社,2000.
[14] 中华人民共和国行业标准. JGJ/T 23—2001 回弹法检测混凝土抗压强度技术规程[S]. 北京:人民交通出版社,2001.
[15] 中华人民共和国行业标准. CECS 02:88 超声回弹综合法检测混凝土抗压强度技术规程[S]. 北京:人民交通出版社,1988.
[16] 中华人民共和国行业标准. CECS 03:88 钻芯法检测混凝土强度技术规程[S]. 北京:人民交通出版社,1988.
[17] 中华人民共和国行业标准. CECS 21:2000 超声法检测混凝土缺陷技术规程[S]. 北京:人民交通出版社,2000.
[18] 中华人民共和国行业标准. JTG/T F81-01—2004 公路工程基桩动测检测规程[S].

北京:人民交通出版社,2004.
[19] 中华人民共和国行业标准. JGJ 55—2000 普通混凝土配合比设计规程[S]. 北京:中国建筑工业出版社,2001.
[20] 中华人民共和国行业标准. JGJ/98—2000 砌筑砂浆配合比设计规程[S]. 北京:中国建筑工业出版社,2001.
[21] 中华人民共和国国家标准. GB 50203—2002 砌体工程施工质量验收规范[S]. 北京:中国建筑工业出版社,2002.
[22] 中华人民共和国国家标准. GB 50204—2002 混凝土结构工程施工质量验收规范[S]. 北京:中国建筑工业出版社,2002.
[23] 中华人民共和国行业标准. JTJ 042—94 公路隧道施工技术规范[S]. 北京:人民交通出版社,1994.
[24] 中华人民共和国行业标准. JTJ 026.1—99 公路隧道通风照明设计规范[S]. 北京:人民交通出版社,1999.
[25] 王建华,孙胜江. 桥涵工程试验检测技术[M]. 北京:人民交通出版社,2004.
[26] 卞国炎. 公路施工试验与检测[M]. 北京:人民交通出版社,2003.
[27] 刘自明. 桥梁工程检测手册[M]. 北京:人民交通出版社,2002.
[28] 朱新实,刘效尧. 预应力技术及材料设备[M]. 北京:人民交通出版社,2005.
[29] 刘志强. 公路工程试验检测技术与标准规范应用实务手册[M]. 吉林:吉林音像出版社,2003.
[30] 凌治平,易经武. 基础工程[M]. 北京:人民交通出版社,1997.
[31] 朱之基. 混凝土灌注桩质量无损检测技术[M]. 北京:人民交通出版社,1993.
[32] 吴新璇. 混凝土无损检测技术手册[M]. 北京. 人民交通出版社,2003.
[33] 刘志明,王邦楣. 桥梁工程鉴定与加固手册[M]. 北京:人民交通出版社,2004.
[34] 陈开利,王邦楣,林亚超. 桥梁工程检测手册[M]. 北京:人民交通出版社,2005.
[35] 金桃,张美珍. 公路工程检测技术[M]. 北京:人民交通出版社,2005.
[36] 谌润水,胡钊芳. 公路桥梁荷载试验[M]. 北京:人民交通出版社,2003.
[37] 黄晓明,张晓冰,高英. 公路工程检测手册[M]. 北京:人民交通出版社,2004.
[38] 周德军. 公路与桥梁检测技术[M]. 北京:人民交通出版社,2005.
[39] 伍必庆. 道路材料试验[M]. 北京:人民交通出版社,2002.
[40] 夏连学,宁金成. 公路与桥梁结构检测[M]. 河南:黄河水利出版社,2002.
[41] 张俊平. 桥梁检测[M]. 北京:人民交通出版社,2002.
[42] 张美珍. 公路工程试验与检测[M]. 北京:人民交通出版社,2003.
[43] 孙忠义,王建华. 公路工程试验工程师手册[M]. 北京:人民交通出版社,2004.
[44] 任高升. 土质与公路建筑材料[M]. 北京:人民交通出版社,2001.
[45] 周福田. 土工试验及地基承载力检测[M]. 北京:人民交通出版社,2000.
[46] 陈建勋,马建秦. 隧道工程检测技术[M]. 北京:人民交通出版社,2005.
[47] 杨文渊. 公路工程质检工程师手册——桥涵工程部分[M]. 北京:人民交通出版社,2005.